汽车
电子商务入门与案例分析

张仕奇　娄志伟　主　编
杨光明　楚宜民　副主编

QICHE
DIANZI SHANGWU RUMEN
YU ANLI FENXI

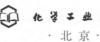

化学工业出版社
·北京·

本书共八章，分别从汽车电子商务概述、汽车电子商务的典型交易模式、汽车电子商务系统及运行环境、汽车网络营销、汽车行业的电子商务应用、汽车电子商务客户服务和管理、汽车电子商务物流及供应链管理、汽车电子商务安全体系八个方面出发，系统、全面地归纳、总结和分析当前汽车电子商务的发展现状。全书对汽车电子商务既有理论总结和分析，又有经典案例介绍和拓展，使读者能够充分了解和掌握汽车电子商务的发展现状及相关的技术水平和理论研究等。

本书适合汽车电商企业、汽车传统企业、汽车相关管理部门以及机构相关人员参考使用，也适合各院校汽车专业类学生学习使用，还可作为培训用书。

图书在版编目（CIP）数据

汽车电子商务入门与案例分析/张仕奇，娄志伟主编. —北京：化学工业出版社，2019.3
ISBN 978-7-122-33833-4

Ⅰ.①汽⋯ Ⅱ.①张⋯ ②娄⋯ Ⅲ.①汽车-电子商务 Ⅳ.①F766-39

中国版本图书馆 CIP 数据核字（2019）第 021995 号

责任编辑：韩庆利　　　　　　　　　　　文字编辑：张绪瑞
责任校对：宋　玮　　　　　　　　　　　装帧设计：刘丽华

出版发行：化学工业出版社（北京市东城区青年湖南街 13 号　邮政编码 100011）
印　　刷：北京京华铭诚工贸有限公司
装　　订：三河市振勇印装有限公司
710mm×1000mm　1/16　印张 15¼　字数 285 千字　2019 年 5 月北京第 1 版第 1 次印刷

购书咨询：010-64518888　　售后服务：010-64518899
网　　址：http://www.cip.com.cn
凡购买本书，如有缺损质量问题，本社销售中心负责调换。

定　　价：59.00 元　　　　　　　　　　　　　版权所有　违者必究

前言

随着互联网技术的快速发展，电子商务不仅改变了人们的商务模式，也改变了人们的生活，电子商务也逐渐成为人们必须适应的新的商务交易模式。电子商务从20世纪后期出现后，在短短几十年的时间就成为了信息化时代的标志性事物。从本质上来说，电子商务是人类追求高的工作效率，促使商务活动信息化不断发展的结果，也是一种新的经济形态，在企业、市场甚至是国家经济运行中扮演着越来越重要的角色。

电子商务具有普遍性、方便性、整体性、安全性和协调性的特点。电子商务的基本组成要素包括网络基础环境、用户、物流配送、认证中心、银行、商家等。汽车电子商务的应用范围极其广泛，可分为不同的种类。同时，汽车电子商务可提供网上交易和管理等全过程的服务。因此，它具有广告宣传、咨询洽谈、网上定购、网上支付、电子账户、服务传递、意见征询、交易管理、潜在客户开发等各项功能。

本书本着"入门"为宗旨，突出实用性、实践性和可操作性，理论联系实际、充分总结经验、反映时代特征的原则，兼顾社会读者和在校学生的学习需要，深入广泛搜集材料，特别是吸收了国内外汽车电子商务的成果进行编写。内容涵盖汽车电子商务的基本理论和技能，同时有针对性地选择典型案例进行分析，以培养读者运用专业知识解决实际问题的能力。

本书由张仕奇、娄志伟主编，杨光明、楚宜民为副主编，参加编写的还有程国元、潘明明、徐峰、陈焰、杨小波、夏红民、卢小虎、程宇航、汪倩倩、黄芸、陈忠民、潘珊珊、韩满林、桂黎红、王治平、江建刚。全书由张仕奇负责统稿。

由于编者能力有限，加之编写时间仓促，书中难免有不足之处，敬请读者批评指正。

编　者

目录

第一章 汽车电子商务概述 ... 1
- 一、汽车电子商务的类别 ... 2
- 二、汽车电子商务的主要功能 ... 4
- 三、汽车电子商务的业务流程 ... 7
- 四、汽车电子商务的优势和存在的问题 ... 8
- 五、汽车电子商务的发展 ... 12

第二章 汽车电子商务的典型交易模式 ... 19
第一节 汽车电子商务运行模式 ... 20
- 一、汽车行业电子商务的模式 ... 20
- 二、汽车电子商务网站的分类 ... 23

第二节 汽车行业的在线零售与B2C模式 ... 29
- 一、B2C电子商务概述 ... 29
- 二、汽车在线零售 ... 34

第三节 汽车行业电子商务的B2B模式 ... 36
- 一、B2B电子商务概述 ... 36
- 二、汽车B2B电子商务模式 ... 38
- 三、新车B2B汽车电商 ... 39

第四节 汽车行业电子商务的C2C模式 ... 40
- 一、C2C电子商务模式概述 ... 40
- 二、汽车C2C电子商务模式 ... 42

第五节 汽车行业电子商务的O2O模式 ... 42
- 一、电子商务O2O模式概述 ... 42
- 二、汽车行业电子商务的O2O模式 ... 44
- 三、汽车电商B2C模式与O2O模式的对比 ... 47

第三章 汽车电子商务系统及运行环境 ... 55
第一节 电子商务系统概述 ... 56

一、电子商务系统的概念 ………………………………………… 56
　　二、电子商务系统的体系结构 …………………………………… 56
　第二节　汽车电子商务平台 ………………………………………… 59
　　一、厂商和经销商的自建平台 …………………………………… 59
　　二、垂直平台和资讯平台 ………………………………………… 60
　　三、传统电商企业 ………………………………………………… 60
　第三节　汽车电子商务支付系统 …………………………………… 60
　　一、电子商务支付系统的概念 …………………………………… 60
　　二、电子支付系统分类 …………………………………………… 61
　　三、电子支付系统的安全性 ……………………………………… 63
　第四节　汽车电子商务的运行环境 ………………………………… 64
　　一、汽车电子商务的企业环境 …………………………………… 64
　　二、汽车电子商务的国际贸易环境 ……………………………… 72
　　三、汽车电子商务的法律法规环境 ……………………………… 73

第四章　汽车网络营销　79

　第一节　网络营销概述 ……………………………………………… 80
　　一、网络营销的概念 ……………………………………………… 80
　　二、网络营销的特点和优势 ……………………………………… 80
　　三、网络营销的方式 ……………………………………………… 82
　第二节　汽车网络营销 ……………………………………………… 84
　　一、汽车网络营销的优势 ………………………………………… 85
　　二、汽车网络营销的展现形式 …………………………………… 86
　　三、汽车网络营销的发展前景 …………………………………… 88
　第三节　网上 4S 店 ………………………………………………… 89
　　一、网上 4S 店的优势 …………………………………………… 89
　　二、网上 4S 店的营销方法 ……………………………………… 90

第五章　汽车行业的电子商务应用　95

　第一节　汽车整车电子商务 ………………………………………… 96
　　一、汽车整车电子商务概述 ……………………………………… 96
　　二、新车电子商务应用 …………………………………………… 96
　　三、二手车电子商务应用 ………………………………………… 106
　第二节　汽车配件电子商务 ………………………………………… 114
　　一、汽车配件电子商务概述 ……………………………………… 114

二、汽车配件电子商务现状分析……………………………………116
　　三、汽车配件电子商务的发展前景…………………………………119
第三节　汽车保险电子商务……………………………………………121
　　一、汽车保险概述……………………………………………………121
　　二、保险电子商务概述………………………………………………127
　　三、汽车保险电子商务概述…………………………………………128
　　四、汽车保险电子商务的业务流程…………………………………129
第四节　汽车租赁电子商务……………………………………………130
　　一、汽车租赁概述……………………………………………………130
　　二、汽车租赁电子商务概述…………………………………………133
　　三、新能源汽车分时租赁O2O模式…………………………………136
第五节　汽车金融电子商务……………………………………………140
　　一、汽车金融电子商务概述…………………………………………140
　　二、汽车金融电子商务的现状………………………………………142
　　三、汽车金融电子商务的应用前景…………………………………143
第六节　汽车后市场电子商务…………………………………………143
　　一、汽车后市场电子商务概述………………………………………143
　　二、汽车后市场领域电商模式………………………………………144
　　三、中国汽车后市场电商发展趋势…………………………………149
　　四、中国汽车后市场规模预测………………………………………150

第六章　汽车电子商务客户服务和管理　163

第一节　电子商务客户关系管理………………………………………164
　　一、客户关系管理概述………………………………………………164
　　二、客户关系管理在汽车行业的应用………………………………166
　　三、汽车客户关系管理对策研究……………………………………168
　　四、汽车行业客户关系管理的应用价值……………………………169
　　五、实施CRM需要注意的问题………………………………………171
第二节　汽车企业的客户关系管理系统………………………………174
　　一、客户关系管理系统概述…………………………………………174
　　二、客户关系管理系统的安全………………………………………175
　　三、客户关系管理系统的功能………………………………………175
　　四、汽车业CRM应用的四个层次……………………………………178
　　五、汽车企业CRM系统总体设计……………………………………179
第三节　汽车企业的呼叫中心…………………………………………179

一、呼叫中心概述⋯⋯⋯⋯⋯⋯⋯⋯⋯⋯⋯⋯⋯⋯⋯⋯⋯⋯⋯⋯⋯⋯⋯⋯ 180
　　二、呼叫中心与电子商务的关系⋯⋯⋯⋯⋯⋯⋯⋯⋯⋯⋯⋯⋯⋯⋯⋯⋯ 182
　　三、面向汽车用户的呼叫中心⋯⋯⋯⋯⋯⋯⋯⋯⋯⋯⋯⋯⋯⋯⋯⋯⋯⋯ 182
　第四节　客户数据挖掘⋯⋯⋯⋯⋯⋯⋯⋯⋯⋯⋯⋯⋯⋯⋯⋯⋯⋯⋯⋯⋯⋯ 184
　　一、数据挖掘（DM）与商业智能（BI）⋯⋯⋯⋯⋯⋯⋯⋯⋯⋯⋯⋯⋯ 184
　　二、数据挖掘的作用⋯⋯⋯⋯⋯⋯⋯⋯⋯⋯⋯⋯⋯⋯⋯⋯⋯⋯⋯⋯⋯⋯ 186
　　三、数据挖掘的流程⋯⋯⋯⋯⋯⋯⋯⋯⋯⋯⋯⋯⋯⋯⋯⋯⋯⋯⋯⋯⋯⋯ 187
　　四、CRM 中数据挖掘的应用⋯⋯⋯⋯⋯⋯⋯⋯⋯⋯⋯⋯⋯⋯⋯⋯⋯⋯ 188

第七章　汽车电子商务物流及供应链管理　193

　第一节　汽车电子商务物流⋯⋯⋯⋯⋯⋯⋯⋯⋯⋯⋯⋯⋯⋯⋯⋯⋯⋯⋯⋯ 194
　　一、物流概述⋯⋯⋯⋯⋯⋯⋯⋯⋯⋯⋯⋯⋯⋯⋯⋯⋯⋯⋯⋯⋯⋯⋯⋯⋯ 194
　　二、汽车物流概述⋯⋯⋯⋯⋯⋯⋯⋯⋯⋯⋯⋯⋯⋯⋯⋯⋯⋯⋯⋯⋯⋯⋯ 197
　　三、电子商务物流⋯⋯⋯⋯⋯⋯⋯⋯⋯⋯⋯⋯⋯⋯⋯⋯⋯⋯⋯⋯⋯⋯⋯ 200
　　四、汽车电子商务物流⋯⋯⋯⋯⋯⋯⋯⋯⋯⋯⋯⋯⋯⋯⋯⋯⋯⋯⋯⋯⋯ 205
　　五、汽车零部件物流与整车物流⋯⋯⋯⋯⋯⋯⋯⋯⋯⋯⋯⋯⋯⋯⋯⋯⋯ 207
　第二节　汽车电子商务供应链管理⋯⋯⋯⋯⋯⋯⋯⋯⋯⋯⋯⋯⋯⋯⋯⋯⋯ 211
　　一、供应链的概念⋯⋯⋯⋯⋯⋯⋯⋯⋯⋯⋯⋯⋯⋯⋯⋯⋯⋯⋯⋯⋯⋯⋯ 211
　　二、供应链的特点⋯⋯⋯⋯⋯⋯⋯⋯⋯⋯⋯⋯⋯⋯⋯⋯⋯⋯⋯⋯⋯⋯⋯ 212
　　三、供应链模型⋯⋯⋯⋯⋯⋯⋯⋯⋯⋯⋯⋯⋯⋯⋯⋯⋯⋯⋯⋯⋯⋯⋯⋯ 212
　　四、供应链管理⋯⋯⋯⋯⋯⋯⋯⋯⋯⋯⋯⋯⋯⋯⋯⋯⋯⋯⋯⋯⋯⋯⋯⋯ 213
　　五、汽车行业供应链管理⋯⋯⋯⋯⋯⋯⋯⋯⋯⋯⋯⋯⋯⋯⋯⋯⋯⋯⋯⋯ 214

第八章　汽车电子商务安全体系　219

　第一节　电子商务安全概述⋯⋯⋯⋯⋯⋯⋯⋯⋯⋯⋯⋯⋯⋯⋯⋯⋯⋯⋯⋯ 220
　　一、电子商务安全威胁⋯⋯⋯⋯⋯⋯⋯⋯⋯⋯⋯⋯⋯⋯⋯⋯⋯⋯⋯⋯⋯ 220
　　二、电子商务安全需求⋯⋯⋯⋯⋯⋯⋯⋯⋯⋯⋯⋯⋯⋯⋯⋯⋯⋯⋯⋯⋯ 221
　　三、电子商务安全控制体系⋯⋯⋯⋯⋯⋯⋯⋯⋯⋯⋯⋯⋯⋯⋯⋯⋯⋯⋯ 222
　第二节　汽车电子商务的安全技术⋯⋯⋯⋯⋯⋯⋯⋯⋯⋯⋯⋯⋯⋯⋯⋯⋯ 222
　　一、网络安全技术⋯⋯⋯⋯⋯⋯⋯⋯⋯⋯⋯⋯⋯⋯⋯⋯⋯⋯⋯⋯⋯⋯⋯ 222
　　二、电子商务的安全协议⋯⋯⋯⋯⋯⋯⋯⋯⋯⋯⋯⋯⋯⋯⋯⋯⋯⋯⋯⋯ 224
　第三节　汽车企业电子商务安全现状⋯⋯⋯⋯⋯⋯⋯⋯⋯⋯⋯⋯⋯⋯⋯⋯ 227
　　一、安全现状⋯⋯⋯⋯⋯⋯⋯⋯⋯⋯⋯⋯⋯⋯⋯⋯⋯⋯⋯⋯⋯⋯⋯⋯⋯ 227
　　二、存在的问题⋯⋯⋯⋯⋯⋯⋯⋯⋯⋯⋯⋯⋯⋯⋯⋯⋯⋯⋯⋯⋯⋯⋯⋯ 227
　　三、安全策略⋯⋯⋯⋯⋯⋯⋯⋯⋯⋯⋯⋯⋯⋯⋯⋯⋯⋯⋯⋯⋯⋯⋯⋯⋯ 229

第四节　电子商务法律法规……………………………………………… 229
　一、电子商务法概述…………………………………………………… 229
　二、电子商务法的特点………………………………………………… 230

参考文献　　　　　　　　　　　　　　　　　　　　　233

第一章

汽车电子商务概述

一、汽车电子商务的类别

汽车电子商务的应用范围极其广泛，可分为不同的种类。

1. 按照汽车电子商务活动的范围分类

按照汽车电子商务活动的范围分类，可分为本地汽车电子商务、远程国内汽车电子商务和全球汽车电子商务。

（1）本地汽车电子商务

是指利用同域或同区的网络系统所进行的汽车电子商务活动。同区的汽车电子商务活动是利用 Internet、Intranet（内联网）或专用网将参与商务活动的各方电子信息系统、金融系统的电子信息系统、商品检验信息系统、税务和工商信息系统、物流信息系统、本地区 EDI 中心系统等连接成一个网络系统。本地汽车电子商务系统是远程国内汽车电子商务活动和全球汽车电子商务活动的基础系统，建立和完善本地汽车电子商务系统是实现全球汽车电子商务活动的起始条件。

（2）远程国内汽车电子商务

是指在本国范围内进行的网上汽车电子商务活动。由于其活动范围比本地汽车电子商务的范围大，因此对软硬件技术要求较高。

（3）全球汽车电子商务

是指在全世界范围内通过全球网络进行的电子商贸活动。全球汽车电子商务活动的业务内容复杂、信息交换频繁、设计范围宽泛，如涉及进出口公司、海关、金融、认证、税务、商检、运输等环节和系统，这就要求全球汽车电子商务系统为商贸活动提供准确、安全、可靠的保证。为达此目的，必须制定全球统一的电子商务标准和电子商务协议。

2. 按汽车电子商务的交易对象分类

（1）企业与企业之间的电子商务（B2B）

是指汽车行业供、求企业之间以及协作企业之间利用网络交换信息，传递各种票据，支付货款，从而使商务活动全过程实现电子化。通过专用网络或增值网络进行的电子数据交换（EDI），可以说是这种类型的电子商务最早而且最为典型的应用。特别是近几年来，随着 Internet 的发展，越来越多的企业和公司已经开始利用 Internet 进行贸易活动。

（2）企业与消费者之间的电子商务（B2C）

其典型应用便是网上购车，即电子化的销售。它随着 Internet 的出现而迅速发展起来。目前，在 Internet 上遍布着各种类型的汽车电子商务网站，提供不同品牌汽车的信息和购买服务。消费者在家中通过与 Internet 相连的计算机，便可以在网上选购自己需要的车型，而不必亲自到专卖店去挑选。

（3）企业与政府之间的电子商务（B2G）

这种电子商务活动可以覆盖企业、公司与政府组织间的各种事务。例如，政府采购清单通过 Internet 发布，企业、公司可以电子化方式来完成对政府采购的响应。

（4）企业内部的电子商务

企业通过防火墙等安全措施将企业 Intranet（内联网）与 Internet 隔离，从而将企业内联网作为一种安全、有效的商务工具，用来自动处理商务操作及工作流程，实现企业内部数据库信息的共享，并为企业内部通信和联系提供快捷的通道。企业内联网的商务应用，可以增强企业商务活动处理的敏捷性，能够对市场状况的变化作出更加灵敏的反应，为客户提供更加全面、优质、高效的服务。

3. 按汽车电子商务的交易阶段分类

汽车电子商务按业务过程中的不同阶段可以划分为交易前、交易中和交易后三个阶段。

① 交易前（Pro-Trade/Transaction）汽车电子商务，主要包括在线采购、新车发布和汽车信息发布咨询等。

② 交易中（Trade/Transaction）汽车电子商务，主要包括汽车在线购买、定制和电子转账等。

③ 交易后（Post-Trade/Transaction）汽车电子商务，主要包括汽车售后服务工程。

4. 按汽车电子商务的交易内容分类

（1）电子购物与贸易

这种汽车电子商务活动是以实物商品为内容的。交易前信息的查询、订货及货款的支付过程都可以通过网络来完成，但是汽车产品最终到达顾客手中，要依赖于传统的送货网络来完成。

（2）网上信息商品服务

这是以无形的信息商品或服务为内容的汽车电子商务，如各种汽车行业信息、品牌信息、价格信息、汽车配置等的查询和网上信息咨询服务等。这种汽车电子商务的全过程都可以通过网络来完成。

（3）电子银行与金融服务

这是为以上两种汽车电子商务活动提供方便、快捷的电子支付手段的网上银行和相关金融组织的活动。这种活动是实现真正意义上的汽车电子商务的基本前提条件之一，同时也是货币电子化的根本原因。

5. **按汽车电子商务的网络基础分类**

(1) 基于 Internet 的汽车电子商务

商家通过 Internet 进行信息的发布、产品的宣传以及网上销售、售前售后服务等，如虚拟商店、网上购车、网上信息服务等，都适宜在 Internet 上开展。

(2) 基于 Intranet 的汽车电子商务

通过 Intranet，完成企业内部信息的发布、交流、反馈，进行业务流程和人、财、物的协调、管理，加强对企业内部有关数据库及文件系统的管理，通过防火墙技术及设置访问权限等措施，保证企业机密信息的安全。

(3) 基于 Extranet（外联网）的汽车电子商务

相关企业之间，如企业与其供货商、购货商、代理商、大客户以及维护服务中心等，以俱乐部的形式通过 Extranet 相互沟通信息、协同运作，实现网上实时交易过程，以便提高运作效率和效益。

(4) 基于其他网络的汽车电子商务

如在其他增值网上的传统 EDI、视频会议、视频点播（VOD）业务等。

二、汽车电子商务的主要功能

汽车电子商务可提供网上交易和管理等全过程的服务。因此，它具有广告宣传、咨询洽谈、网上定购、网上支付、电子账户、服务传递、意见征询、交易管理、潜在客户开发等各项功能。

1. **广告宣传**

传统广告宣传方式，受限于时间、空间，使得传播面有限，而汽车电子商务可凭借汽车相关互联网企业的 Web 服务器和客户的浏览，在 Internet 上传播各类商业信息。客户可借助网上的检索工具迅速地找到所需的汽车商品信息，而商家可利用网上主页（Home Page）和电子邮件（E-mail）在全球范围内做广告宣传。与以往的各类广告相比，网上的广告成本最为低廉，而给客户的信息量却最为丰富和便捷。同时由于客户对汽车商品的性能和使用有具体要求，在网络上还很容易形成讨论、测评等氛围，更有利于消费者直观地了解商品。

2. **咨询洽谈**

电子商务可借助非实时的电子邮件（E-mail）、新闻组（News Group）和实时的讨论组（chat）来了解市场和商品信息、洽谈交易事务，汽车相关企业如有进一步的需求，还可用网络会议来交流即时的图形信息。网上的咨询和洽谈能超越人们面对面洽谈的限制，提供多种方便的异地交谈形式。同时由于移动网络设备的兴起，平板电脑、智能手机的广泛应用，在各种通信软件上也能有效地实现咨询和洽谈。如图1-1所示为人人车首页。

图 1-1 人人车首页

3. 网上订购

电子商务可借助网络交易平台实现网上订购。网上订购通常都是在商品介绍的页面上提供十分友好的订购提示信息和订购交互沟通软件。当客户填完订购单后,通常系统会回复确认信息单来保证订购信息的收悉。订购信息也可采用加密或者第三方担保的方式使客户和商家的商业信息不会泄漏。

4. 网上支付

电子商务要成为一个完整的过程,网上支付是重要的环节。客户和商家之间可采用银行卡账号实施支付。在网上直接采用电子支付手段可减少交易中很多人员的开销。网上支付需要更为可靠的信息传输安全性控制以防止欺骗、窃听、冒用等非法行为,现在网上支付一般由第三方交易平台担保付款,比如支付宝、财付通、微信等。如图 1-2 所示为第三方支付平台。

5. 电子账户

网上支付必须要有电子金融来支持,即银行或信用卡公司及保险公司等金融单位要为金融服务提供网上操作的服务,而电子账户管理其基本的组成部分。信用卡号或银行账号都是电子账户的标志,而其可信度需配以必要技术措施来保证,如数字凭证、数字签名、加密等手段的应用保证了电子账户的安全性。

6. 服务传递

对于已付了款的客户应将其订购的车辆尽快地传递到他们的手中。而有些车辆在本地,有些车辆在异地,电子邮件能在网络中进行物流的调配。而最适合在

 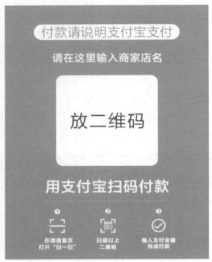

图 1-2　第三方支付平台

网上直接传递的是商品信息。它能直接从车辆库存中寻找信息，确保客户尽快提车。如图 1-3 所示为汽车之家首页。

图 1-3　汽车之家首页

7. 意见征询

电子商务能十分方便地采用网页上的"选择""填空"等格式文件来收集服务的反馈意见，这样使企业的市场运营能形成一个封闭的回路。客户的反馈意见不仅能提高售后服务的水平，更使企业获得改进商品、发现市场的商业机会。

8. 交易管理

整个交易管理将涉及人、财、物多个方面，企业和企业、企业和客户及企业内部等方面的协调和管理。因此，交易管理是涉及商务活动全过程的管理。电子商务的发展，将会提供一个良好的交易管理的网络环境及多种多样的应用服务系统，这样能保证电子商务获得更广泛的应用（如图1-4所示为人人车服务保障）。

图1-4　人人车服务保障

三、汽车电子商务的业务流程

1. 汽车电子商务的主要参与者

汽车企业是汽车电子商务最主要的推动者和受益者，消费者作为经济活动中不可缺少的一环也必然要介入到汽车电子商务的环境中。政府作为现代经济生活的调控者，在电子商务环境中应该起什么样的作用，是由每个国家的具体国情来决定的。最具有电子商务特色的另外一个重要参与者是中介机构，大部分金融性服务行业，如银行、保险公司、信用卡公司、基金组织、风险投资公司都是中介机构。

2. 汽车电子商务实现的四个阶段

（1）交易前的准备

这一阶段包括买卖双方和参加交易的各方在签约前的各种准备活动。

对买方而言，要在确定目标商品的前提下，进行货源市场调查和市场分析，准备购货款，制定购货计划，反复进行市场查询，最后确定和审批购货计划。对个人消费者而言，准备过程虽然不一定如此复杂，但也需要经历商品信息调查的过程。

对卖方而言，根据自己所要销售的商品制作广告进行宣传，或召开商品新闻发布会；根据全面的市场调查和市场分析得出的结果，制订适当的销售策略和销售方式；了解各个买方国家的贸易政策，利用Internet和各种汽车电子商务网络发布商品广告，寻找贸易伙伴和交易机会。涉及交易的其他各方（中介方、银行金融机构、信用卡公司、海关系统、商检系统、保险公司、税务系统、运输公司）也都为进行汽车电子商务交易做好准备。

（2）谈判和签订合同

电子商务的特点是可以签订电子商务贸易合同，因此在这一阶段，交易双方可以利用现代电子通信设备和通信方法，就交易的细节进行谈判，将双方在交易中的权利和义务、所购买商品的种类、数量、价格、交货地点、交货期、交易方式和运输方式、违约和索赔等合同条款，全部以电子交易合同作出全面详细的规定，并以书面文件或电子文件形式签订贸易合同。以电子文件形式签订合同时，合同双方可以利用电子数据交换（EDI）进行签约，可以通过数字签名等方式签名。

（3）办理交易进行前的手续

这一阶段是指买卖双方签订合同后到合同开始履行之前办理各种手续的过程，也是双方贸易前的交易准备过程。电子商务交易涉及很多有关方面，买卖双方要利用EDI与有关各方进行各种电子票据和电子单证的交换，直到各种手续齐备，卖方可以将商品向买方发货为止。

（4）交易合同的履行和索赔

这一阶段是从买卖双方办完所有各种手续之后开始。卖方要备货、组货，同时进行报关、保险、取证、信用等，然后将商品交付给运输公司包装、起运、发货。买卖双方可以通过汽车电子商务服务器跟踪发出的货物，银行和金融机构也按照合同处理双方收付款并进行结算，出具相应的银行单据等。当买方收到自己所购商品时，整个交易过程即告结束。索赔是在买卖双方交易过程中出现违约时，需要进行违约处理的工作，受损方要向违约方索赔。

以上四个阶段中，除物流配送的实际实施以外，几乎所有过程都可以在计算机网络系上以电子商务的方式完成。

四、汽车电子商务的优势和存在的问题

1. 汽车电子商务的优势

汽车电子商务将传统商业活动中物流、资金流、信息流的传递方式利用网络

科技整合，企业将重要的信息以全球信息网、企业内部网或外联网直接与分布各地的客户、员工、经销商及供应商连接，创造更具竞争力的经营优势。汽车电子商务与传统的商务活动方式相比，具有以下几个特点。

(1) 交易虚拟化、透明化

通过 Internet 为代表的计算机互联网络进行的贸易，贸易双方从贸易磋商、合同签订到支付等，无需当面进行，均通过计算机互联网络完成，整个交易完全虚拟化。对卖方来说，可以到网络管理机构申请域名，制作自己的主页，组织商品信息上网。而虚拟现实、网上聊天等新技术的发展使买方能够根据自己的需求选择广告，并将信息反馈给卖方。通过信息的互动，签订电子合同，完成交易并进行电子支付。整个交易都在网络这个虚拟的环境中进行。而且，买卖双方从交易的洽谈、签约到贷款的支付、交货通知等整个交易过程都在网络上进行，通畅、快捷的信息传输可以保证各种信息之间互相对接，可以防止伪造信息的流通。

(2) 交易成本低

电子商务使得买卖双方的交易成本大大降低，具体表现如下。

① 距离越远，网络上进行信息传递的成本相对于信件、电话、传真而言就越低，此外，缩短时间及减少重复的数据录入也降低了信息成本。

② 买卖双方通过网络进行商务活动，无需中介者参与，减少了交易的有关环节。

③ 卖方可通过互联网络进行商品介绍、宣传，减少了在传统方式下做广告、发印刷品等大量费用。

④ 电子商务实行"无纸贸易"，可减少 90% 的文件处理费用。

⑤ 互联网使买卖双方即时沟通供需信息，使无库存生产和无库存销售成为可能，从而使库存成本降为零。

⑥ 企业利用内部网（Intranet）可实现"无纸办公（OA）"，提高了内部信息传递的效率，并降低管理成本。通过互联网络把其公司总部、代理商以及分布在其他国家的子公司、分公司联系在一起，及时对各地市场情况做出反应，即时生产，即时销售，降低存货费用，采用高效快捷的配送公司提供交货服务，从而降低商品成本。

⑦ 传统的贸易平台是地面店铺，新的电子商务贸易平台则是电脑或移动通信终端。

(3) 交易效率高

由于互联网络将贸易中的商业报文标准化，使商业报文能在世界各地瞬间完成传递与计算机自动处理，将原料采购、商品生产、需求与销售、银行汇兑、保险、货物托运及申报等过程在最短的时间内完成。传统贸易方式中，用信件、电话和传真传递信息,必须有人的参与,且每个环节都要花不少时间。有时由于人员合作和工作时间的问题,会延误传输时间,失去最佳商机。电子商务克服了传统贸易方式费用高、易出错、处理速度慢等缺点,极大地缩短了交易时间,使整个交易非常简捷与方便。

(4) 全新的时空优势

传统商务是以固定不变的销售地点(即商店)和固定不变的销售时间为特征的店铺式销售。Internet 上的销售通过以信息库为特征的网上商店进行,所以它的销售空间随网络体系的延伸而延伸,没有任何地理障碍;它的零售时间由消费者即网上用户自己决定。因此,Internet 上的销售相对于传统销售模式具有全新的时空优势,这种优势可在更大程度、更大范围满足网上用户的消费需求。事实上,Internet 上的购物已没有了国界,也没有了昼夜之别。

(5) 全方位展示产品及服务,扩大市场机会

由于网络是永不闭幕的交易场所,企业的商业机会将大大增加。传统媒体的受众一般都限定在一定的范围内,因而广告也只在一定的范围内起作用;而 Internet 却可以使企业的触角伸向世界各地,大大扩展了企业的商业机会。

传统销售模式是在店铺中把真实的商品展示给客户,但对一般客户而言,对所购买商品的认识往往很肤浅,也无法了解商品的内在质量,容易被商品的外观、包装等外在因素所困惑;而网络销售可以利用网上的多媒体功能(如精美的图片、逼真的声音和视频短片),全方位展示产品及服务功能的内部结构,有助于消费者充分了解商品及服务,从而吸引更多理性的客户。企业通过与潜在的客户建立网上商务关系,还可以覆盖原来难以通过传统渠道覆盖的市场,增加企业的市场机会。

(6) 及时了解客户需求

利用网络技术,企业不仅可以进行产品宣传和在线交易,而且可以随时在网上进行市场需求方面的调研。通过上网查询就可以得到世界各地的产品信息,这比搜寻传统媒体的产品需求信息要方便得多;企业可以在网上对消费者发放问卷,对回收的电子文件及时进行分析,省去了数据的录入工作,比传统的定期和不定期的市场调研快捷。这种方法能够使企业及时了解市场需求,并以此来安排生产,从而缩短生产周期,降低生产成本。

(7) 提高客户服务水平

汽车电子商务作为一种全新的商业模式,为汽车营销提供了一种新的思路:企业能够以更加快捷、方便的方式为客户提供高效的个性化服务。由于 Internet 的实时互动式沟通以及没有任何外界因素干扰,使得汽车产品及服务的消费者更易表达出自己对产品及服务的评价。这些评价一方面可以使经销商能够很方便地对市场上的产品和服务进行检验,更深入地了解用户的内在需求,获得对公司有

用的信息，针对市场需求开发适销对路的产品，提供客户需要的服务；另一方面还有利于经销商之间的即时互动式沟通，因为在电子商务时代，广泛结网将成为企业谋求持续发展的重要手段。

2. 汽车电子商务存在的问题

我国汽车行业电子商务的发展已经有了一定的基础，但存在一些问题，集中体现在以下一些方面。

(1) 认识问题

由于电子商务是一项新生事物，到目前为止，有些汽车企业还对其缺乏正确的认识，存在几种不正确的思想。

① 汽车行业发展电子商务还为时过早，等到时机成熟时再考虑。

② 电子商务就是建设网站，所以有的企业建起了一个没有实质性内容的网站就以为已经开展电子商务了。

③ 电子商务就是网上售车，如果不能达到这一目的，就对电子商务的实际意义产生怀疑。

④ 认为开展电子商务是企业信息管理部门的事，只要重视对计算机系统、网络系统和应用软件等技术平台建设的投入就能解决问题了。

这些对电子商务的错误认识，导致了汽车电子商务的发展进展缓慢。因此，树立对汽车电子商务的正确思想，特别是转变汽车企业主要领导的思想观念，使他们积极主动地推动汽车电子商务的发展既十分必要，也极为紧迫。

(2) 管理问题

作为国民经济支柱产业的汽车工业存在着管理水平滞后的问题，与电子商务的发展要求存在较大的差距。目前，我国大多数汽车生产企业在采购、生产、销售、售后服务等许多方面还是相对独立的手工操作，对人和物的管理还相对粗放，信息流、资金流和物流还基本没有实行集约经营管理，致使企业资源的配置不能得到最优化，毫无疑问，这种管理模式难以适应电子商务条件下各环节高效、协调、统一、即时的要求。

对于大多数的汽车企业而言，缺乏高效、先进的企业管理信息系统的支持，是影响其电子商务发展的重要原因，因为在生产、库存、财务管理、客户支持等相关环节没有相应的资源共享和信息支持，电子商务很难实现。几乎所有的世界著名汽车生产商都拥有高度发达的企业资源计划（ERP）、客户关系管理（CRM）、供应链管理（SCM）等系统，这些信息系统的应用可有效地提高企业的生产管理水平、降低商品库存、提高销售能力和客户服务的水平，是电子商务的基本组成部分。而我国的汽车企业在这方面存在较大的差距，尽管有些企业已经实施了 ERP 等系统，但是，由于原来的管理基础较差以及管理人员的水平较低等原因，真正能发挥这些信息系统的作用，并使其与电子商务发展做到有机集成的汽车企业可以说还非常少。加强管理系统的开发与应用，切实提高企业的管理水平，是我国汽车企业发展电子商务的重要前提。

（3）标准问题

由于汽车商品的品种多、规格复杂，不同的企业执行各自的标准，导致整个汽车行业的标准统一极为困难，特别是汽车零部件由于自身基础、国家归口管理等多方面的原因，长期以来缺乏适用于生产和销售的商品标准，导致整个行业出现"散、乱、杂"的局面，以至于产生了鱼龙混杂、存在假冒伪劣商品的结局。这种缺乏行业标准或行业标准混乱的现象很大程度上会影响汽车电子商务的有序进行。因此，加强标准的统一和规范，并通过法律法规的形式加以贯彻实施是促进电子商务发展的重要条件。

（4）网络安全问题

在我国，尽管离真正在网上实现汽车交易还有很长的路要走，但是汽车零部件、装修件等的网上交易，以及汽车供应商和生产商的网上交易在现阶段不但可行，而且十分必要。而目前的网络安全问题还在一定程度上影响着网上交易的进行。

（5）消费者的观念问题

要开展B2C的汽车交易，不能不考虑消费者的观念问题。目前，我国消费者对汽车电子商务的接受程度还比较低，据有关调查，经常光顾汽车网站的访问者中，真正愿意全过程体验网上购车者不到15%。由于汽车消费在消费者投资中占据着较高的比重，许多消费者仍相信眼见为实，谨慎投资。所以在当前，希望能有较大规模的B2C汽车网上交易还很难。

五、汽车电子商务的发展

1. 国外汽车电子商务现状

电子商务在欧美一些国家已经相当发达，而且得到政府的鼓励。美国在1997年就规定政府各部门必须在Internet上购买不少于450万件的商品，同时把指标分解到各地方政府和各部门，以培养网上购物的习惯和环境。正是由于美国及早将网络开发列为发展的重中之重，美国的电子商务才在全球取得明显优势。1999年，通用与Commerce One合作建立了名为TradeXchange的电子商务中心（如图1-5 TradeXchange），其目的是为了加速零部件采购过程和降低采购成本，并强制性地要求所有零部件供

图1-5　TradeXchange

应商使用该系统。如今，通用、福特和戴姆勒-克莱斯勒三大汽车公司联合组建了一家全球最大的汽车零部件采购网络——科维森特（COVISINT），日本日产汽车公司和法国雷诺汽车公司也加入了这一采购系统。各大汽车公司通过该中心同其几万家供应商进行联网。

在美国人们在网上买汽车、私人飞机也有很大比例，而且完全是通过物流送货上门的方式完成交易的。可见除了完善的物流配送体系和网络支付体系外，完善的售后服务体系和契约社会的信用体系也是必须具备的。

而欧美的汽车网站大多也是以新车和二手车的销售为主体的赢利模式，以咨询作为主要载体的模式并不多。目前美国在线汽车经销商渐成气候，众多新车和二手车经销商在网上卖车。据美国汽车经销商协会（NADA）调查，83%的经销商有自己的网站，有网站的经销商中，62%已进行了网上售车，98%的交易网站是互动式的，消费者可以在线订货并进行在线现金交易，经销商能够按消费者需求组装并在数天内供货。可以说，美国已经完全实现了汽车商务的电子商业模式。

2. 国内汽车电子商务现状

汽车电子商务主要分为三大领域：整车、汽车配件和汽车后市场。汽车后市场涵盖汽车金融、汽车维修美容、二手车及租车等。每个领域的市场规模均是万亿元级，远比家电 3C（Computer, Communication, Consumer Electronic, 简称 3C）市场规模大。汽车电商属于重电商领域，因为涉及线下和非互联网服务的支撑，所以汽车电商的成功，除了具有互联网的基因之外，更需要和复杂的汽车产业紧密结合在一起。

国内汽车整车电子商务相对国外起步较晚，但也已初见成效。长城汽车于 2013 建立独有的 B2C 电子商务平台，并将哈弗 H2 作为线上、线下同时销售的首款车型。还有更多的汽车制造厂商通过与电商平台合作的方式进行试水，如宝马、奥迪、沃尔沃、一汽丰田、东风日产、北京现代、长安汽车等都已进入天猫商城。2013 年 8 月，天猫商城举行"天猫汽车节"，在为期十几天的"汽车节"中，天猫商城共售出了 3000 多辆整车，相当于国内销售量最好的 4S 店大半年的业绩。同时，由于受到各个一线城市汽车限购政策的持续影响，迫使厂商的渠道进一步下沉到二、三线城市。而在厂商不断开拓新渠道的同时，网络购物潮也波及了汽车产业，中国的汽车厂商不得不开始思考，互联网是否也是一个可以被利用的集中顾客和销售的渠道（如图 1-6 所示为天猫汽车节）。

因为中国汽车配件市场存在巨大商机，汽车配件电子商务这一新途径也正在被各个行业的参与者尝试。通过互联网，零配件生产企业、流通企业和维修应用企业可以得到有效的串联，尤其是生产和流通型企业可以获得直接面对消费者的机会，从而提升企业覆盖范围和业务深度，为企业的脱颖而出提供了良好的

图1-6 天猫汽车节

机遇。

2012年开始，二手车电商平台逐渐进入人们的视野。以往传统的黄牛交易为行业主流的二手车行业，冲破重重阻碍，开始崭露头角。2012年，中国479.14万辆二手车交易当中，二手车电子商务平台的交易量达到了5万辆，为全国二手车交易贡献了1%的宝贵份额，这是一个明显的信号。借势移动互联网平台，车易拍、优信拍、273、大搜车等二手车在线交易平台已经成为拉开中国二手车网络交易暴增序幕的重要力量。虽然总规模仍然较小，但网络平台的交易量已经第一次可以用百分比计量，这说明中国二手车电商已经完成了起步，开始步入发展阶段（如图1-7所示为车易拍首页）。

图1-7 车易拍首页

在汽车售后领域的4S店，也在顺应潮流加快发展各自的售后电子商务系统，包括连接客户的客户关系管理系统（CRM）、连接厂商的企业资源计划（ERP）系统和供应链管理系统（SCM）、汽车配件电子商务、汽车金融电子商务等。

3. 我国汽车电子商务的发展前景

未来，我国汽车电子商务发展中O2O模式还将持续，更趋向于经销商在一线而整车厂家呐喊助威，更依托第三方平台，二手车网购和新车网购将继续分离。

整体来说，我国的汽车电子商务还处于探索阶段，未来发展将呈现以下特点。

（1）O2O模式还将持续

我国的消费者还以首次购车为主，消费者对车并不熟悉，需要眼见为实，另外，市场上车型上市、更新速度快，大多数消费者还是需要到4S店看车，以获得真实的体验。因此，线上线下相结合的网购模式更适合我国市场，不过这种模式需要线上购车有足够的价格优势，否则消费者将失去选择线上购车的意义。

（2）经销商在一线，整车厂家摇旗助威

从中外汽车电商的经验来看，厂家直接售车的效果并不好，真正实现网上购车服务的主体还应是经销商，因为消费者看车、试驾、提车等环节直接面对的还是经销商。在整个过程中厂家应该做的是支持经销商，和网站配合共同实现销售，而厂家自身则是做好宣传工作，树立良好品牌形象，帮助经销商集客。

（3）依托第三方平台

中国人购物喜欢货比三家，同一品牌也要选择两家4S店比一比，因此，无论是厂家投入的购车网站还是某个经销商建设的单一品牌的购车网站市场空间都很狭窄。而像天猫商城这样既有品牌保证，又可以进行多款商品比较的购物型网站，会是我国网上购车的主要平台。同时，易车网等汽车垂直网站在和4S店合作的模式上不断探索，也将是一种重要的网购途径。总之，厂家或经销商和第三方平台的合作不可避免。

（4）二手车网购和新车网购继续分离

我国二手车市场还不成熟，规模还不大，年交易量仅为新车交易量的1/4。而且二手车市场本身存在着一些问题，需要和新车采用不同的规则进行交易。因此，新车和二手车网购在我国将会探索出不同的模式。

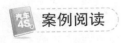
案例阅读

互联网汽车平台案例——汽车之家

北京时间2013年12月11日晚，国内互联网汽车平台汽车之家于美国纽交所正式挂牌上市，开盘价30.16美元，相较于17美元的发行价，足足高出

77%。整整一个月之前，汽车之家推出O2O疯狂购车节活动，并实现了26.43亿销售额，由此可以看出，汽车之家能够成功吸引到美国投资人的眼球并非仅因其坐拥巨大流量，从汽车信息平台正逐渐转向电子商务平台同样为这次上市提供了巨大帮助。

一、基本信息

汽车之家成立于2005年6月，为汽车消费者提供买车、用车、养车等服务。2012年8月底，与盛拓传媒正式拆分，并和"二手车之家"共同组建为一个独立的汽车行业网站，这次拆分并没有让汽车之家受到任何负面影响，反而月度覆盖人数接近8000万，并且，中国互联网汽车用户60%的时间花费在汽车之家上。

2016年6月25日，汽车之家股权交易案尘埃落定，澳大利亚电讯随后将更新的股东名册交付给平安信托，交割正式完成，平安持有汽车之家47.4%股份，标志着平安正式成为汽车之家最大股东。

二、盈利方式

汽车之家的盈利方式非常简单清晰，主要包括两个方面：经销商会员营收与广告营收。

经销商会员营收：汽车之家网站目前覆盖了全国22809个经销商，用户可以在网站上快速找到合适的经销商及报价信息。其中，有9320个经销商成为汽车之家的付费会员，这些会员按季度或年度支付固定费用，可以更新汽车报价、位置等信息，同时在用户搜索时可享受排名靠前、客户管理关系、互动以及数据分析等服务。2010年，汽车之家从经销商会员方面获得的营收占比仅为6.9%，随后，会员数不断快速增长，2012年占比超过19%，2013年前9个月占比超过25.6%，总额达到2.12亿元。

广告营收：汽车之家网站拥有庞大的用户流量基础，为广告营收打下坚实基础。汽车之家广告营收包括厂商广告与经销商广告两部分，其IPO路演显示，2013年前9个月，汽车之家来自品牌广告的收入为6.17亿元，其中厂商广告占比60%；经销商广告占比14%。

三、运营重点

发力移动端：汽车之家最早做内容编辑，随用户数量增多，发现用户希望能够互相交流，提供真实可靠的信息，因此逐渐加入论坛版块，为满足用户需求随后又加入交易平台。现在用户对移动设备的依赖逐渐赶超PC端，因此汽车之家开始逐渐布局移动端，对智能手机浏览汽车之家进行优化。

汽车O2O领域：汽车之家从信息平台转向电商平台也会非常自然，此外，信息平台布局O2O，可以最大力度地解决汽车价格不透明问题，让消费者以最优惠价格买到中意的车。但对于汽车之家来说，要发展好O2O模式的一大难点就是如何处理好与汽车经销商之间的利益矛盾。

二手车市场：汽车之家旗下有"汽车之家"与"二手车之家"两个网站，但此前发展重点一直是汽车之家这个新车信息与交易平台。从长远考虑，二手车市场潜力更大，在我国，二手车交易仅占整个汽车销售的19.9%，但在英美等二手车市场较为成熟的国家二手车交易在整个汽车销售市场占比高达70%，可见，我国二手车市场有很大的发展空间。但目前，大搜车、瓜子二手车、58二手车、赶集二手车、易车的淘车网等二手车平台已经提前布局了二手车市场，而汽车之家要重点发展这个市场，除了要有足够的资金运营，能够吸引消费者的新颖商业模式同样不可或缺。如图1-8所示为二手车之家。

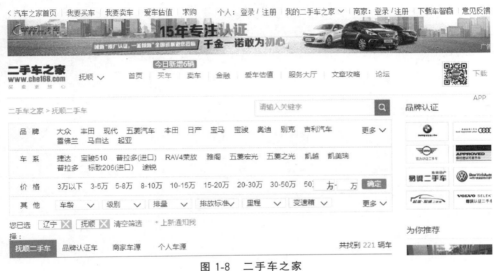

图1-8 二手车之家

四、竞争优势与不足

优势：①汽车之家网站内容专业，在用户之间形成良好口碑，节省了大量购买流量的资金。实际上，汽车之家成立之初，流量上并没有太大优势，2009年1月中国汽车销售量突破73万辆，成为超越美国的全球汽车销售冠军，中国这次汽车行业的爆发也成为汽车之家崛起的重要因素，再加上高效的管理与战略布局，对网站流量推广起到了很大作用。②汽车之家以消费者体验为导向，这也是汽车之家的公司文化与使命，纵观其网站内容到论坛再到交易平台的几次转型，都是以消费者需求为中心而变化。这也是其拥有超过千万日均UV的重要原因。

不足：汽车之家处于从信息平台向交易平台转型的阶段，这种商业模式的转变，除了需要花费时间成本进行探索，还可能会对其盈利造成负面影响。

五、机遇与挑战

移动端与二手车平台都是潜力非常大的市场，汽车O2O在国内也处于起步阶段，但要布局移动端、发力二手车平台，汽车之家面临着已经布局在这些领域对手们的竞争，以及需要逐步转型这两种挑战，这些挑战很可能会对汽车之家的盈利前景产生负面影响；而要发力汽车O2O，汽车之家拥有巨大的线上流量，可将其转化为线下消费者，从而获取大量利益，但目前的难点是如何处理好与线下经销商之间的利益关系。

友好协商和谈判是最好的选择。互联网企业管理和运营模式与传统信托公司大相径庭。互联网企业的发展需要专业、有经验的管理团队。汽车之家管理层若能够实现未来十年构建的蓝图，将成为中国"互联网＋"战略的重要一环，而平安信托方面则应该在企业上升途中，起到正向的推动作用，力求获得财务投资者的长期收益。这一切的基础，是汽车之家业绩的持续且稳步的上升。

第二章

汽车电子商务的典型交易模式

第一节　汽车电子商务运行模式
第二节　汽车行业的在线零售与B2C模式
第三节　汽车行业电子商务的B2B模式
第四节　汽车行业电子商务的C2C模式
第五节　汽车行业电子商务的O2O模式

第一节 汽车电子商务运行模式

一、汽车行业电子商务的模式

对汽车企业而言,真正的电子商务是利用以 Internet 为核心的信息技术,进行商务活动和企业资源管理。它的核心是高效率地管理企业的所有信息,帮助企业创建一条畅通于供应商、企业内部、经销商、客户之间的信息流,并通过高效率的管理、增值和应用,把供应商、企业、经销商、客户连接在一起,形成企业供应链。

汽车行业电子商务应用一般可分为:企业网络营销、企业与分销渠道网络联系、企业网上直接销售、供应链网上集成。我国汽车行业的电子商务应用也已逐步展开,我们不能把电子商务片面理解为电子商店或建立网站,这种有电子无商务的方式不能算作真正意义的电子商务。

1. B2B 模式

B2B 模式即企业间的电子商务。美国汽车行业 B2B 的电子商务中心模式主要用于改善汽车生产商和零部件供应商的关系,通过集成供应链的上游企业,达到降低采购成本和提高效率的目的。例如 TradeXchange,Ford 公司的 AutoXchange,以及第一章提到的 COVISINT,都是 B2B 电子商务中心采购模式的成功典范。

目前,我国汽车行业的各大中型企业都建立了自己的网站,基本上都有自己的 ERP(Enterprise Resource Planning)系统,在其内部已有了较完善的供应链管理。何时何处采购、采购多少都可直接由 MRP(Manufacturing Resource Planning)根据生产计划自动决定,为生产提供及时的原材料和零部件。另外,大型汽车集团公司采购的原材料及零部件量大面广,其中直接采购约占总采购量的 60%~80%,电子商务采购使买卖双方的交易费用大大降低,效率大大提高。因此,B2B 的模式是我国汽车电子商务最有效、最直接的模式。

2. B2C 模式

也就是通常说的直接面向消费者销售产品和服务的商业零售模式。这种企业对消费者的模式,由于受消费者观念和能力以及汽车本身产品特性的影响,不是现在汽车电子商务的主流。但由于其营销方式的特殊性,它在汽车销售方面仍有一定的优势，如它能扩大产品的销售范围，加强和终端客户的联系，满足消费者个性化消费的需求。

3. 供应链集成模式

电子商务的任何一笔交易，都包含着信息流、资金流和物流，其中信息流既包括商品信息的提供、网络营销、技术支持、售后服务，也包括各种商业活动凭证，还包括交易方的支付能力、商业信誉等。资金流主要是指资金的转移过程。在电子商务系统里，信息流和资金流的处理可以通过网络本身解决，但物流是商品的实体流动，只有通过传统的物理方式才能解决。在汽车行业实现电子商务，就是要高效率地管理企业的所有信息，创建一条畅通于供应商、企事业内部、经销商、客户之间的信息流，把他们紧密地连接在一起，形成供应链。只有这样，才是实现了真正意义上的电子商务——供应链集成模式电子商务。

各制造厂商利用 ERP 系统实现从原材料采购到产品完成整个过程的各种资源计划与控制，主要目标是以产品生产为导向的成本控制。企业各种资源共享的计划与控制通过信息系统集成，形成企业内部各业务系统间通畅的信息流，通过 iProcurement 与上游供应商连接，通过 CRM 与下游客户连接，形成供应链中各企业的信息集成，提高整个供应链的效率。基于网络技术，企业在应用 ERP 系统实现内部资金流、物流与信息流一体化管理的基础上，借助 iProcurement、ERP 和 CRM 集成一体化运行可以帮助企业实现对整个供应链的管理。

汽车制造商与上游供应商通过电子商务平台组成一个高效的上游零部件产品供应链，上游供应商包括原材料供应商、零件供应商和部件供应商。汽车零部件的供应十分复杂，分为好几层。如福特公司，它将大型集成系统、座椅、车轮和制动器等列为第一层，第二层是向第一层提供部件的公司，此外还有第三层供应商。福特通过它的电子商务采购平台，同各层供应商建立密切的联系。这样，当福特公司通知第一层供应商需要多少红色、蓝色和紫色座椅的时候，属于第二层的皮革供应商也能在网上随时看到福特对各种颜色座椅的需求变化，并开始准备存货，而不必等待座椅制造商告诉它需要什么皮革，从而使汽车部件供需关系改善，大量节省交易费用，降低成本，减少库存，如图 2-1 所示为汽车电商供应链。

在这一模式中，汽车的销售模式削弱了传统销售渠道的中间环节，汽车生产厂商从传统多级销售体系的身后走出来，直接面对消费者。通过完善的同消费者联系，掌握顾客信息，提供符合消费者需要的汽车和相关服务，形成批量定制。汽车生产商将直接接受消费者网上订货，然后组装汽车，打上自己的品牌，通过完善的第三方物流配送系统直接送到消费者手中，让消费者真正享受到足不出户就可以得到想要的一切。

汽车行业业务范围全面，接触的部门较多，有工商、税务、保险、银行、海

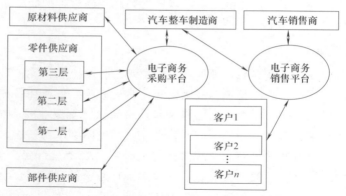

图 2-1　汽车电商供应链

关等，这些部门与企业之间的业务联系也是通过网络来完成的。

　　总之，基于供应链的电子商务模式是在整个社会信息化建设和网络经济发展水平非常成熟情况下的一种理想模式，以我国现有经济、技术水平不可能马上实现这一理想模式，只有在它的指导下制订各项规划，逐步提高我国信息化和汽车行业管理水平，开展各种方式的有益探索，我国汽车行业的电子商务才能有美好的未来。

4. 汽车后市场电子商务模式

　　汽车后市场即 AM（After Market），指汽车整车销售以后的各类市场，包含在使用汽车的过程中所发生的与汽车有关的费用，狭义上包含维修、保养、零配件、美容、改装、油品、租赁、保险、广告、装潢等内容，广义上涵盖驾校、停车场、车友俱乐部、救援系统、交通信息服务、二手车等方面。如图 2-2 所示为我国汽车后市场分类结构。

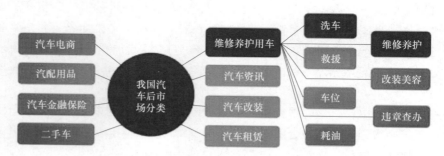

图 2-2　我国汽车后市场分类结构

　　整个汽车产业链的利润主要分布在汽车制造、整车和零部件销售以及汽车后服务这三大块，其中，新车产销利润占比仅为 20%，汽车后服务市场的利润占比却高达 60% 左右。随着电子商务逐渐发展，汽车售后服务市场也开始涉足电子商务。

5. 汽车租赁模式

汽车租赁正逐步渗透到新车市场、二手车市场以及汽车金融市场，在不同场景应用下产生新的产品，推动着汽车产业链整合及升级。

一嗨租车和神州租车等汽车租赁公司不约而同地选择了全国战略和网络化管理模式。除此之外，更提供了国内鲜有的代驾服务，为异地出差的商务人士提供机场接送、点对点接送、城际接送以及城市包天等全方位的服务。利用国内租车行业的成长初期，大力地发展和开拓市场，同时盯准客户的需要，弥补市场的不足。更重要的是，全面地运用电子商务模式，将租车手续更为简化，付费也更加安全，带给消费者全新的租车体验。如图2-3所示为一嗨租车首页。

图 2-3　一嗨租车首页

6. 汽车共享模式

汽车共享，是指许多人合用一辆车，即开车人对车辆只有使用权，而没有所有权，有点类似于在租车行里短时间包车。它手续简便，打个电话或通过网上就可以预约订车。汽车共享一般是通过某个公司来协调车辆，并负责车辆的保险和停放等问题。

二、汽车电子商务网站的分类

目前我国有近千家汽车网站，众多汽车网站百花齐放，但具备电子商务功能的网站不多。汽车电子商务网站主要分为三类：电子商务综合平台，如天猫、京东、亚马逊等；行业垂直平台，如整车类的汽车之家、易车网，汽配类的养车无忧等（如图2-4所示为养车无忧首页）；汽车厂商自建的电商网站，如上海汽车集团的车享网等。

图 2-4　养车无忧首页

有数据显示，目前在第三方平台带来的汽车销售额中，以京东、天猫为代表的综合电商平台占80%，垂直网站占12%，其余部分由整车企业自建平台实现。

1. **综合平台类网站**

综合平台类B2C是常见的第三方购物平台网站。它有庞大的购物群体，有稳定的网站平台，有完备的支付体系、物流配送、诚信安全体系（尽管仍然有很多不足），促进了买卖双方的交易行为。如同传统商城一样，综合平台本身不进行销售，而是提供了完备的销售配套。天猫、京东等大型综合性网站一直是大多数网民、企业在电子商务交易过程中的最主要的综合平台。

天猫的盈利模式是提供一个交易平台，吸纳厂家和经销商入驻开店，收取年费和服务费。例如汽车行业销售新车或二手车时，开设旗舰店的年费为70万元，专营店为30万元，专卖店则为6万元。新车销售暂不收取提成，汽车零配件和美容收取2%。

综合电商向汽车配件领域的延伸，主要受网站丰富自身交易品类的需求推动。淘宝、天猫每日在售的汽车零配件产品多达几十万件，注册的店铺数量达到千家以上；京东商城和国美商城这种网上零售企业也都开辟了自己的汽车零配件业务模块，并可以提供数十个品牌车型的主流维修、维护用品；慧聪网和阿里巴巴这类商务方案洽谈平台也在很早之前就开始为汽配生产企业和流通企业牵线搭桥，使他们能够更好地进行批量流通或是外贸出口。如图 2-5 所示为综合平台类网站。

图 2-5　综合平台类网站

2. 垂直平台类网站

垂直型是指在一个分销渠道中，生产商、批发商、零售商被看作一个单一的体系。如果企业的电子商务站点是整合某一产品的不同生产商、批发商、零售商的商务行为，是直接面对客户的单一体系的交易平台，那么就可以称为垂直型网站。

垂直型网站主要有以下特点。

(1) 网站服务专业化，评价体系完整性

垂直 B2C 购物网站目标专一，专注某一行业的发展。在产品划分上，有单一特性，有助于产品细分，只做汽车、鞋、服装、母婴产品、钻石首饰或者手机数码等产品，有利于服务的专业化。客服对产品有一定专业知识，可以游刃有余地处理好与顾客之间的沟通，更好地为顾客服务。垂直 B2C 购物网站的物流管理比综合购物网站更高效、便捷，在很大程度上能缓解众多顾客对物流发货速度缓慢的不满。此外，垂直网站特别注重顾客的评价体系，关注用户评论，增加互动性，保证售前售后的良好服务，构建一个完整的评价体系。总而言之，垂直购物网站能够提供给顾客一站式购物的完美体验。

（2）提倡采用创新营销模式

垂直 B2C 购物网站比拼的重点一直是产品，产品要有独特之处，即使只是单一行业的深入拓展，也需要有吸引顾客眼球的地方。大多行业网站一直按照"会员＋广告"的赢利模式，而很多垂直型网站成立之初，也是按照先前有的"低价初验"的营销方式，这些模式相对来讲比较单薄。伴随着电子商务专业化空间的无限拓展，垂直行业网站在专业化建设的同时，也要注重产品的"新鲜"性及网络营销的创新模式。

（3）积极培养忠诚级别的客户

作为垂直 B2C 购物网站，关爱客户及情感营销是提高忠诚度的关键。国内数量众多的大型及中小型垂直行业网站发展迅猛，汽车垂直平台的典型代表则是易车网和汽车之家。汽车之家成立于 2005 年 6 月，是中国最大的汽车网站，用户浏览量第一，汽车之家的汽车资讯和数字服务是行业的代表。

现在的汽车整车电商非常迅速而明智地迎合了汽车厂商的需求，与厂商一起开始了对整车线上销售的探索之旅。这些电商中，有综合 B2C 平台，比如天猫、京东；有汽车行业垂直电商，比如易车网和汽车之家。

汽车配件垂直平台是指专注于销售车辆配件并提供相关售后服务的互联网电商平台。这类平台只专注于汽车配件的供应及销售，并能够提供更为准确的车型、配件匹配建议和维修维护建议，使消费者能够以更为简单的方式和相对合理的价格获得适合自己车型的汽车配件产品。目前国内专注于配件直销的网站大多刚刚开始起步，网站规模与综合电商平台相比只能算是九牛一毛，售后服务所能够覆盖的区域也最多只有几个城的范围，但其中有些网站已经展现出比较明显的差异化特征，以"盖世汽车网"旗下的"养车无忧"为例，其线上和线下相结合的运营方式，在上海等地已经受到了一定程度的接收和认可。如图 2-6 所示为盖世汽车。

图 2-6　盖世汽车

目前来看，无论传统的综合电商平台还是汽车垂直门户平台，对汽车电子商务的模式都处于探索阶段，正在尝试各种解决方案。与综合平台类网站相比，行业垂直平台网站更专注于汽车业务领域，是行业的权威专家，通过把网站资讯做得更专业、更权威、更精彩来吸引顾客。随着网络用户的增多和对各种服务要求的差异，网上充斥着海量信息，这就为专业化、细分化的网络平台和网络信息服务提供了充足的发展空间。

3. 车企自建平台

综合电商平台和垂直平台虽然流量较大，能产生更多销售线索，但车企却难以从中对汽车销售线索进行系统性管理。而车企如果自建电商平台，这些资料就可以汇成大数据库，并以此对客户信息进行及时掌握和跟踪，进一步提高销售转化率，同时能够打通后市场的各个环节，从而实现用户体验的提升。

目前有大众、丰田等25家汽车厂商进驻电子商务渠道，这其中大部分选择借助已建第三方电商平台，而自建平台可以说是最耗费资金的做法，但是保有用户资源以及价值链整合能力是车企不惜资金自建电商平台的根本原因。上汽集团在2014年投资2亿元推出了中国汽车市场首个B2C电子商务平台"车享平台"，东风、长安、广汽也相继表示要斥资自建电商平台。

从购车流程来看，车享平台与第三方平台基本类似，不同的是，消费者购车后，还可以注册成为为车享平台会员，通过"车享汇"反馈用车体验、传递用车需求，从而实现真正的线上线下闭环。此外，车享网虽然是由上汽集团自建的平台，但却是一个开放的平台，允许众多汽车经销商入驻，包括上汽集团之外的经销商。如图2-7所示为车享汇网站首页。

图2-7 车享汇网站首页

今后，车企建立 4S 店的需求会逐渐减少，将店面开到网上的需求会逐渐增加。比如特斯拉在市区建立体验中心，在城市郊区建立服务中心，整个过程由厂商主导，通过电子商务实现。电商一定是未来的方向，只是需要时间发展，而新品牌更容易在电商上获得成功。目前来说车企电商包括车享平台对于汽车厂商与经销商的价值更多体现在流量导引上，平台并不直接售卖，功能更类似于信息集成商、撮合者和后台客服处理者。如何把经销商利益与汽车电商的利益相融合，如何协调消费者的利益，选择什么样的盈利模式，这些难题仍待解决。

三种类型的汽车电商平台各商业模式定义及特点见表 2-1；三种类型的汽车电商主要参与者优劣势分析见表 2-2。

表 2-1 新车电商各商业模式定义及特点

模式分类		模式定义	特点	典型企业
综合电商型新车电商		开放性的新车线上销售平台，可接受不同形式的汽车销售主体入驻，包括主机厂、授权经销商、二级经销商或者其他类型的汽车电商	这类平台不参与整车销售的交易流程，仅提供信息、数据、金融等方面的服务支持，帮助企业完成整车销售	天猫、京东、苏宁、国美
垂直网站型新车电商		以获取销售线索为导向的在线平台，通过 PC 端网站、移动端 APP、微信或社交媒体等方式来获取更高精准度的潜在消费者，并将其导流至线下 4S 店进行后续的看车和交易	这类平台较汽车垂直网站传统导流方式而言，线索更精准，转化率更高，且根据成交结果收费。易车网、汽车之家正在向交易服务转型	易车网、汽车之家
车企和经销商自建型新车电商		由车企或经销商集团自建的整车在线交易的电商平台	这类平台由厂商独立运营，获取流量并树立品牌，最终实现线上平台与线下自有实体资源的有效联动。但该平台在车源方面仅提供旗下自有品牌车型，车源品牌丰富化程度较低	上汽集团、长城汽车、东风汽车、庞大集团
初创型企业电商	团购型新车电商	利用在线平台聚集对某品牌某款车型具有购买意向的消费者群体，当消费者人数达到一定数目后，由平台的专业人员组织定时定点到店看车并议价	通过消费者人数形成的购买量大的优势来提高议价能力	团车网
	自营门店型新车电商	线上平台运营的同时在线下布局自营的实体店，为线上客户提供看车、提车和咨询等服务，真正实现整车交易的 O2O 闭环	摆脱了对传统线下 4S 店的依赖，能够最大限度地保留自有客户资源，为后续业务开发提供了流量基础。但由于模式偏重，资金压力大	一猫汽车网、神州买买车

表 2-2 新车电商主要参与者优劣势分析

分类	典型代表	优势	劣势
综合电商平台	天猫 京东 苏宁 国美	·电商品牌效应,强大的资金实力 ·互联网及移动互联网流量入口 ·平台优势,具备支付、数据、金融等方面的服务能力	·用户聚焦能力弱 ·原本线下资源整合度不足,但近两年个别平台开始加大线下投入力度
垂直网站型网站	汽车之家 易车网 车讯网	·多年汽车网络媒体的用户积累,精准覆盖潜在购车用户 ·对潜在购车用户的属性、行为和需求有更精确的把握 ·与各品牌各区域的经销商有较为深入的合作	·媒体属性强,交易属性偏弱,但积极引入金融服务 ·不掌握车源,容易受限于车源方的制约
车企和经销商集团	上汽集团 庞大集团 吉利汽车 东风日产	·掌握定价权,拥有线下经销网络 ·成熟的线下服务体系,给用户提供良好的购车体验 ·新车市场集中,大企业有强势的市场话语权	·仅提供旗下自有品牌车型和产品,车源品牌丰富化程度较低 ·缺少互联网基因 ·获取用户流量成本高
初创型企业	一猫汽车网 团车网 行圆汽车	·灵活性较强,更能快速响应用户需求 ·互联网意识强,思维更加活跃,整合资源意识较强	·流量、资金等方面实力较弱 ·用户流量规模小

第二节 汽车行业的在线零售与 B2C 模式

一、B2C 电子商务概述

B2C 是 Business-to-Customer 的缩写,而其中文简称为"商对客"。"商对客"是电子商务的一种模式,也就是通常说的直接面向消费者销售产品和服务的商业零售模式。

企业与消费者之间的电子商务(Business to Customer,即 B2C),这是消费者利用因特网直接参与经济活动的形式,类同于商业电子化的零售商务。随着因特网的出现,网上销售迅速地发展起来。B2C 就是企业通过网络销售产品或服务给个人消费者。企业厂商直接将产品或服务推上网络,并提供充足资讯与便利的接口吸引消费者选购,这也是目前一般最常见的方式,例如网络购物、证券公司网络下单作业、一般网站的资料查询作业等等，都是属于企业直接接触顾客的作业方式。

1. B2C 电子商务的经营模式

B2C 电子商务企业的经营模式主要分为两种：经营无形产品和劳动的电子商务模式，以及经营实物商品的电子商务模式。

（1）经营无形产品和劳动的电子商务模式

① 网上订阅模式。网上订阅模式是指企业通过网页向消费者提供网上直接订阅、直接信息浏览的电子商务模式。消费者通过网络订阅相关信息服务，并在网上支付相关费用，企业按用户要求的时间，将相关的信息发送到用户指定的地点，通常是用户的信箱。该模式主要用来销售报刊杂志、有线电视节目等，主要包括在线服务和在线出版、在线娱乐等。如中国邮政和新华社主办的新华网，都推出了报刊杂志的网上订阅。如图 2-8 所示为中国邮政网上杂志订阅。

图 2-8 中国邮政网上杂志订阅

a. 在线服务（Online Services）。在线服务是指在线经营商通过每月向消费者收取固定的费用而提供各种形式的在线信息服务。

在线服务有以下的特点：一是基础信息的一步到位式服务。在线服务商一般都向订户提供基础的信息服务，客户通过浏览在线服务商所提供的信息，基本上就可以满足日常收集信息的要求。二是可靠的网络安全保障。由于在线服务都是在专有的网络上运行，通过在线服务商连接的网络的安全保障比直接连接国际互联网要可靠。三是向新订户提供支持服务系统。在线服务商既通过电脑网络，又通过电话向新的订户提供支持服务。

b. 在线出版（Online Publications）。在线出版指的是出版商通过互联网络向消费者提供非纸介质的电子刊物。所谓"在线"一般是指仅在网上发布而言。消费者可以通过网上订阅，下载刊物的信息。但对一般消费者来说，通过网上订阅销售电子刊物被证明存在一定的困难，因为它们基本上可以从其他的途径获取相同或类似的信息。因此，在线出版模式主要靠广告支持。

大多数的类似网站使用双轨制，即免费和订阅相结合。有些内容是免费的，有些内容是专门向订户提供的。这样，这些网站既能够吸引一般的访问者，保持较高的访问率，同时又有一定的营业收入。与大众化信息媒体相对的是，更趋于专业化的信息源的收费方式却比较成功。

c. 在线娱乐（Online Entertainment）。在线娱乐是无形产品和劳务在线销售中令人注目的一个领域。一些网站向消费者提供在线游戏，并收取一定的订阅费。目前看来，这一领域还比较成功。网站向消费者提供在线游戏、音乐、电影欣赏等服务。在线游戏又称网络游戏，简称网游，指以互联网为传输媒介，以游戏运营商服务器和用户计算机为处理终端，以游戏客户端软件为信息交互窗口的旨在实现娱乐、休闲、交流和取得虚拟成就的具有相当可持续性的个体性多人在线游戏。游戏类型主要有棋牌类、对战类和角色扮演类。收费模式主要分三种：道具收费、时间收费、客户端收费。

② 付费浏览模式。付费浏览模式是指企业通过网页安排向消费者提供计次收费性的网上信息浏览和信息下载的电子商务模式。消费者根据自己的需要，在网上有选择地购买一篇文章或是图书的部分内容作为参考，在数据库里查询的内容也可付费获取。

付费浏览模式是目前电子商务中发展较快的模式之一。该模式的成功要具备的条件为：

首先，消费者必须事先知道要购买的信息，并且判断该信息是否值得付费获取；其次，信息出售者必须有一套有效的交易方法，而且该方法要允许较低的交易金额。

网上信息出售者最担心的是知识产权问题。其担心客户从网站上获取了信息之后又再次分发或出售。一些信息技术公司针对这个问题开发了网上信息知识产权的保护技术。信息购买者作为代理人将信息再次出售，而且给予代售者一定的佣金，这样就鼓励了信息的合法传播。

③ 广告支持模式。广告支持模式指在线服务商免费向消费者或用户提供信息在线服务，而营业活动全部用广告收入支持。此模式是目前最成功的电子商务模式之一。例如，雅虎（Yahoo）等在线搜索服务网站就是依靠广告收入来维持经营活动的。信息搜索对于上网人员在信息浩瀚的互联网上找寻相关信息是最基础的服务。企业也最愿意在信息搜索网站上设置广告，特别是通过付费方式在网上设置广告图标，有兴趣的上网人员通过单击图标就可直接到达企业的网址。

由于广告支持模式需要上网企业的广告收入来维持，因此该企业网页能否吸引大量的广告就成为该模式能否成功的关键。而能否吸引网上广告又主要靠网站的知名度，而知名度又取决于该网站被访问的次数。广告网站必须对广告效果提供客观的评价和测评方法，以便公平地确定广告费用的计费方法和计费额。目前大致有以下几种计费方式：按被看到的次数计费、按用户录入的关键字计费、按单击广告图标计费。

④ 网上赠予模式。网上赠予模式是一种非传统的商业运作模式。企业借助于互联网向用户赠送软件产品，以扩大企业的知名度和市场份额。通过让消费者使用该产品，让消费者下载一个新版本的软件或购买另外一个相关的软件。由于所赠送的是无形的计算机软件产品，而用户是通过互联网自行下载，因而企业所投入的成本较低。因此，如果软件确有其实用特点，那么是很容易让消费者接受的。

采用网上赠予模式的企业主要有软件公司和出版商。计算机软件公司在发布新产品或新版本时通常在网上免费提供测试版，用户可以免费下载试用。这样，软件公司不仅可以取得一定的市场份额，而且也扩大了测试群体，保证了软件测试的效果。当最后版本公布时，测试用户可能购买该产品，或用户参与了测试版的试用可以享受到一定的折扣。有的出版商也采取网上赠予模式让用户试用，然后购买。

（2）经营实物商品的电子商务模式

实物商品指的是传统的有形商品，这种商品和劳务的交付不是通过计算机这一信息载体，而仍然通过传统的方式来实现。目前在互联网上所进行的实物商品的交易取得了很大进展，网上成交额有增无减。

网上实物商品销售的特点主要是网上在线销售的市场扩大了。与传统的店铺市场销售相比，网上销售可以将业务伸展到世界各个角落。

除此之外，网上商店仅需要少量的雇员，有些情况下，网上商店可以直接从经销商处订货，省去了商品储存的环节。在网上销售的商品中，一些出售独特商品的网上商店较为成功。独特商品商店之所以较为成功，是由其产品特点和国际互联网的特点决定的。在实际市场上，对于特殊商品的需求是有限的，由于市场上的特殊商品的消费者比较分散，传统的实物店铺市场的覆盖范围不足以支持店铺经营。而国际互联网触及世界市场的各个角落，人们可以根据自己的兴趣来搜索网上商店，因此，见缝插针式的商品在在线销售方面就更容易成功。

(3) 综合模式

实际上，多数企业网上销售并不是仅仅采用一种电子商务模式，而往往采用综合模式，即将各种模式结合起来实施电子商务。在网上销售中，一旦确定了电子商务的基本模式，企业不妨考虑一下采取综合模式的可能性。例如，一家旅行社的网站向客户提供旅游在线预订业务，同时也接受度假村、航空公司、饭店和旅游促销机构的广告，如有可能还可向客户提供一定的折扣或优惠，以便吸引更多客户的注意。一家书店不仅可以销售书籍，而且可以举办读书俱乐部等活动，接受来自其他行业和其他零售商店的广告。在网上尝试综合的电子商务模式有可能会带来额外的收入。在经营实物商品的电子商务模式方面，实物商品指的是传统的有形商品和劳务，这种商品和劳务的交付不是以电脑作为信息载体，而是通过传统的方式来实现。有形商品和服务的查询、订购、付款等活动将在网上进行，这种电子商务模式也称为在线销售。目前，企业实现在线销售主要有两种方式：一种是在网上开设独立的虚拟商店，另一种是参与并成为网上购物中心的一部分。网上实物商品销售的主要特点是在扩大市场的同时减少交易中的摩擦，提高交易效率。

2. 实施 B2C 电子商务的企业类型

(1) 经营线下商店的零售商

这些企业有着实实在在的商店或商场，网上的零售只是作为企业开拓市场的一条渠道，其并不依靠网上的销售生存。如美国的沃尔玛（Wal-Mart）、上海联华超市、国美电器、苏宁电器等，本身就是规模较大的零售商，逐渐建立网上交易平台拓展销售渠道。如国美的国美在线上可以获得和线下同样的商品，下单之后可通过国美电器线下送货。如图 2-9 所示为苏宁易购首页。

(2) 没有线下商店的虚拟零售企业

这类企业是电子商务的产物，网上销售是其唯一的销售方式。如美国的亚马逊（Amazon）网站目前已成为世界销售量最大的书店，但其并没有实体商店在线下支撑，网站通过线下的仓库中转货物。这种虚拟零售企业除了自营零售以外，还通过出租在线虚拟商店给其他制造商或商家获取服务费。

(3) 商品制造商

商品制造商采取网上直销的方式销售其产品，不仅给顾客带来了价格优势上的好处及商品客户化，而且减少了商品库存的积压。例如戴尔（DELL）计算机制造商是商品制造商网上销售最成功的例子。由于其建立了网上直销，DELL 公

图 2-9　苏宁易购

司跻身业内主要制造商之列。青岛海尔集团是中国家电制造业中的巨头之一，其通过建立自己的电子商务网站，一方面宣传海尔的企业形象；另一方面通过网上销售，加大了自己产品的市场推销力度。

二、汽车在线零售

1. 在线零售概述

英文 online shopping，广义上说是电子商务的 B2C 和 C2C 形式，狭义上是指 B2C 这一种形式在线零售，主要是指用户通过因特网进行产品或服务的购买。在因特网上，通过对产品或服务的浏览、比较，选购自己满意的商品或服务，并在网上下订单。当订单送达卖方时，卖方对订单做相应的处理，并通过网上发货或者离线发货即物流配送的方式，进行货物或服务的配送。

2. 在线零售的模式

① 狭义的 B2C 在线零售，从 B 端来看有直销和代销两种模式。

直销模式：即生产商自己组建电商团队搭建网上商城向消费者网售自己产品的模式，如苹果、华为等电子产品厂商的网上商城。

代销模式：即网上零售商向生产商采购商品，通过自己搭建的网上商城向消费者销售商品的模式，如京东、一号店等电商平台。

② 狭义的 B2C 在线零售，从 C 端来看，有超市模式和市场模式两种。

超市模式：消费者在某一固定零售商或生产商的网上平台向该特定商家进行采购的模式。如京东、一号店的自营模块。

市场模式：电商服务商提供一个市场平台，不同的零售商或生产商在该平台开设不同的店铺，消费者通过在该平台上对比浏览不同商家的商品进行采购。如淘宝、天猫等。

3. 线上零售流程

不管何种模式，基本的线上零售流程是相似的，一般都要经历以下步骤。

① 商品上架：商家将商品的照片、价格、规格和特点等信息发布到网上商店。

② 商品选购：消费者通过浏览对比商品信息，将采购的商品放入虚拟购物车。

③ 支付：如果消费者选择线上支付，可以通过信用卡和第三方支付平台等进行支付。

④ 商品交付：商家通过快递或邮寄等方式将商品交付到客户处。如果客户选择货到付款，在交付时将通过现金或刷卡的方式进行支付。

图 2-10　吉利天猫旗舰店

⑤ 售后服务：如果涉及到退换货、质量投诉等，消费者可以通过 IM、邮件或电话等方式与商家进行沟通。

4. 汽车在线零售

目前汽车在线零售刚刚起步，主要的在线零售形式是以 B2C 垂直在线零售模式进行，如易车网的易车商城、车易达电商平台、万车网电商平台，这些平台都可以进行新车在线销售，大部分都采用线上交易、线下 4S 店提车的方式进行。

另外，综合型的电商平台正在逐渐加入汽车在线零售的争夺。如天猫就进行过类似的尝试，早在 2013 年天猫双"十一"购物狂欢节，吉利汽车旗下帝豪 EC7、吉利 GX2、吉利熊猫等多款车型参与其中，并引入吉利天猫旗舰店，通过网络下单，平均每天销售 60 辆，在短短的 18 天内就成功销售车辆 1087 台。如图 2-10 所示为吉利天猫旗舰店。

第三节 汽车行业电子商务的 B2B 模式

一、B2B 电子商务概述

B2B（也有写成 BTB，是 Business-to-Business 的缩写）是指企业与企业之间通过专用网络或 Internet，进行数据信息的交换、传递，开展交易活动的商业模式。它将企业内部网和企业的产品及服务，通过 B2B 网站或移动客户端与客户紧密结合起来，通过网络的快速反应，为客户提供更好的服务，从而促进企业的业务发展。

（1）根据交易机制划分

① 产品目录式：这种模式主要是为卖方提供一种能够使用最低成本的销售渠道，同时也为买方提供了方便、快捷的一站式采购站点，产品目录式能够高度分散市场当中的供给方并将需求方汇合到一起，为买方提供需要的产品，为卖方提供可出售对象的信息；能够为买方获得更低的采购成本及库存成本，能够有效挖掘出更多的潜在供应商，还能够获得更多的商品信息。

② 拍卖式：一些特殊的买卖场所，为买方和卖方都提供更多的选择及机会，卖方能够吸引更多人员，能够获得比较高的存货周转速度以及销售价格，同时买方也能够获得更多的采购价格，有了更多选择余地。

③ 交易所式：把所有商品按照行业或者产业细分的方式进行商品摆放，通

过 B2B 交易市场为买方和卖方双方提供商品交易信息以及交易量的有关问题，卖方能够通过网上交易削减过多的存货，同时买方也能够获得更加方便和快捷的网上交易，能够有效实现立即购买。

④ 社区式：把所有的买方和卖方一同汇集起来，为其提供产业或者是行业专业信息，还有业内专业人员有关的社区，为买卖双方提供市场信息、行业新闻以及工作机会，还有在线聊天等多服务，吸引不同行业的买卖双方。

(2) 根据企业间商务关系划分

① 以交易为中心的 B2B 电子商务模式：双方之间的交易为主要服务内容，目的在于实现商品交易，主要的形式是为买卖双方提供在线产品交易信息，通常都是以一次性买卖活动为主要交易。

② 以供需为中心的 B2B 电子商务模式：双方之间的供需关系为主要服务内容，主要关注的内容是企业生产过程以及供应链，并不是商品交易，最主要的形式是供应商以及制造商二者之间构成的 B2B 供应以及采购市场，这主要是以供应商以及制造商之间的供需活动为主要内容的，以企业双方之间的合作关系为主要服务对象，通过利用网络信息技术管理合作企业之间的供应链，比如将企业资源计划以及产品数据管理，还有客户关系管理等有机地结合起来，有效实现企业和企业之间的无缝对接。

③ 以协作为中心的 B2B 电子商务模式：主要以企业和企业之间的虚拟合作为主要的服务对象，不仅重视供应链，还重视整个生产过程，尤其重视协作企业之间虚拟组织中价值链的整合与优化，最主要的形式为企业双方之间的协作平台，还有业务活动，主要涉及企业之间的协作，两者之间形成一个虚拟的价值链。通过企业之间协作平台对所有产品生产周期之间的业务活动提供最有效的管理环境。

(3) 根据买方和卖方在交易中所处的地位不同划分

① 以卖方为主：这种模式是最为常见的 B2B 模式，以卖方为主要服务对象的模式当中，服务的企业或者是提供产品的企业，也就是常说的卖方企业是占据主动位置的，首先由卖方企业将产品信息上传到网上，随后等待买方企业与其洽谈。

② 以买方为主：这种模式也是很常见的一种 B2B 模式，主要是由买方企业先在网上发布产品需求信息，然后由卖方企业在网上搜寻到买方企业需要的产品信息，向其提供产品买卖。

③ 中立模式：中立模式不管对于买方企业还是卖方企业来说都有着一样的吸引力，双方都希望能够通过 B2B 电子商务获得自己需要的产品或是信息，中立的 B2B 由于这种优势也才更能够在市场上获得成功。

二、汽车 B2B 电子商务模式

汽车 B2B 电子商务模式有两种常见类型：一种称为企业 B2B 电子商务网站；另一种称为集合式 B2B 电子商务网站。

(1) 企业 B2B 电子商务

企业 B2B 电子商务网站由企业建立，主要是为了适应互联网时代的变化，创造出一种新的运营方式，为本企业采购、销售、宣传提供平台，为企业客户提供在线服务。例如由通用汽车公司和 Commerce One 合作建立的 TradeXchange 电子商务中心，就是一个企业 B2B 电子商务网站。

20 世纪末，通用汽车公司与美国著名的 B2B 电子商务软件商 Commerce One 合作，建立起了一个名为 TradeXchange 的 B2B 电子商务中心，目的是加速零部件采购过程，降低采购成本。通用汽车公司计划将其所有的零部件采购都在 TradeXchange 上进行，它将强制其所有共计三万余家的零部件供应商使用该系统，采购额将高达每年 870 亿美元，并帮助通用汽车管理其计划生产、库存管理、消耗品订货事务的整个供应链。

TradeXchange 电子商务中心是偏向于大型汽车制造企业的供应商集成目录中心，流通的主要是生产性产品，购买方式以系统采购方式为主，购买前需要进行供应商资格认定签订了购买合同，该合同就具有长期效应，供应商与购买方形成长期合作关系。这是一种典型的目录中心模式，它将某特定行业的产品目录信息公布在网上，试图扩大与该产品相关的商品（如零部件、原材料等）供应商的范围。主要目标是在稳定的供货渠道中，使购买过程能自动完成，为购买者减少交易费用。

(2) 集合式 B2B 电子商务

集合式 B2B 电子商务网站是一个可以将众多的本行业买方和卖方汇聚在一起的交易所，并使其之间以浮动的价格进行交易，成交价格的形成由交易规则决定。例如由通用、福特和戴姆勒-克莱斯勒三大汽车公司组建的全球汽车零部件采购网络 COVISINT。

2000 年，通用、福特和戴姆勒-克莱斯勒三大汽车公司宣布，将利用各种的电子商务资源，联合组建一家全球最大的汽车零部件采购系统 COVISINT 电子商务中心。三大汽车公司将通过 COVISINT，同 5 万多家供应商进行联网。COVISINT 以每年超过 2500 亿美元的采购额成为全球最大的 B2B 电子商务交易中心。COVISINT 的会员借助于交易中心，减少了交易成本。正如福特经营 B2B 的总裁艾丽斯·迈尔斯（Alice Miles）指出："COVISINT 的真正价值在于通过加强透明度而减少存货。"企业无论规模大小，都可以注册成为 COVISINT 的会员，并通过 COVISINT 网站进行零部件交易，企业间资金的流动以及信息交流，企业内部的供应链管理，包括库存管理、运输管理、发布及获得相关信息等，以及企业之间的合作开发，从而达到降低采购、经销、管理成本，缩短产品开发与生产的周期，提高企业效益和消费者对最终产品——汽车的满意度的目的。

三、新车 B2B 汽车电商

整车 B2B 汽车电商，大约从 2012 年开始，主要形成于 2015 年，发展于 2016 年，2017 年汽车 B2B 平台进入关键时期，2018 年进入淘汰期。

1. 新车销量低速增长，中国汽车行业在运营压力下酝酿变革

B2B 模式新车电商当前在行业中扮演着"赋能者"的角色，为汽车流通、经销商交易搭建高效服务平台；未来，B2B 模式新车电商的业务将聚焦在搭建新型销售渠道、数据应用、拓展交易及出行服务，推动汽车行业产业互联网化进程。

中汽协数据显示，2009 年以来，中国汽车销量保持低速增长趋势，2017 年新车销售持续放缓，增长率为 4.6%，销量达 2931.7 万辆；同时 4S 店及经销商面临的库存压力持续走高。如图 2-11 所示为 2009～2017 年中国汽车销量。

图 2-11　2009～2017 年中国汽车销量

艾瑞分析认为，在多项税收政策及环保政策调整的导向下新车销量告别了爆发式增长的阶段；经销商集团在不断优胜劣汰的大环境下面临着较大的经营压力，汽车行业整体面临着结构调整的机遇。如图 2-12 所示为 2014～2017 年中国汽车经销商库存预警指数。

2. 分析市场供给与需求，我国汽车行业仍有较大的发展潜力

数据显示，我国人车比为 9.3∶1，相比拥有成熟汽车行业的美国人车比 1.4∶1，我国汽车市场距离饱和度仍有较大差距；同时，我国汽车产能连年提升，目前实际产能已经完全满足年度销售需求，我国汽车消费市场仍具备巨大的

图 2-12　2014～2017 年中国汽车经销商库存预警指数

可提升潜力。如图 2-13 所示，我国汽车市场距离饱和度仍有较大差距。

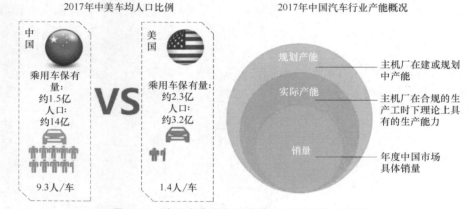

图 2-13　我国汽车市场距离饱和度仍有较大差距

3. 资本市场对行业关注度提升，B2B 模式新车电商受青睐

B2B 模式新车电商企业获投比例逐年增高，2017 年上半年 B2B 企业获投比例高达 62.5%，B2B 模式正成为行业热门。

第四节　汽车行业电子商务的 C2C 模式

一、C2C 电子商务模式概述

C2C 是个人与个人之间的电子商务，即 Customer to Customer。C2C 的意思就是消费者个人间的电子商务行为。比如一个消费者有一台电脑，通过网络进行交易，把它出售给另外一个消费者，此种交易类型就称为 C2C 电子商务。

1. C2C 电子商务的特点

与其他电子商务模式比较，C2C 电子商务具有以下几个特点。

(1) 辅助性

C2C 电子商务对于人类的日常活动来说，是一种互换有无、互相方便的一种买卖关系，对人类正常购买行为的辅助。

(2) 节约性

C2C 电子商务的节约性体现在对生活资源的节约上，真正的 C2C 交易主要应该是二手商品，对二手商品的再次利用本身就是对地球资源的节约，是人类当前不当消费模式的一种矫正，当然，信息搜寻成本的节约、买卖过程的节约也是 C2C 节约性的体现。

(3) 繁杂性

无论 C2C 中消费者的信息，还是 C2C 上海量的虚拟商品信息以及少量的消费者的言论评价信息，都说明了 C2C 的繁杂性，另外，C2C 交易形式的随意性和多元性也是 C2C 繁杂性的体现。

(4) 创造性

C2C 电子商务模式不是专业化的模式，是广大消费者具有创意的交易形式，在 C2C 交易中，网络消费者可以选择复古朴拙的物物交换，也可以选择普通的议价交换，也可以选择刺激的拍卖方式，网络消费者完全可以选择任意一种交易方式，当然，网络消费者之间还可以创造出新的交易形式。

2. C2C 电子商务的业务流程

C2C 的业务流程按照卖家发布商品的方式不同，可分为以下两种类型。

(1) 一口价交易

卖家用一口价的方式发布多个商品，然后上架。

买家进入系统后，搜索自己所需的产品，并浏览该商品，选择一口价的商品后，立刻购买。然后通过支付平台付款，但在付款时需注意该支付平台账户必须有足够的钱。

卖家在买家下订单后发货，找到买家购买商品的订单，选择合适的物流公司进行发货，选择物流公司既可以选择网站推荐的物流公司，或者自己联系物流公司，更可以不需要物流公司 3 种方式进行发货。

买家确认收货。买家输入支付平台支付密码，确认收货这样一口价的交易就完成了。

交易完成后，卖家买家双方互相评分。

(2) 拍卖交易

卖家以拍卖方式发布多个商品，并上架。

买家查看拍卖的商品。拍卖分为单拍和多拍。单拍即多人竞拍一个商品，最后谁的价格高,谁将获得商品。多拍即荷兰式拍卖,指拍卖标的的竞价由高到低依次递减直到第一个竞买人应价(达到或超过底价)时击槌成交的一种拍卖。

买家出价。

买家付款,卖家发货,买家确认收货。

二、汽车 C2C 电子商务模式

目前,二手车在线拍卖(C2C 在线零售)进行得如火如荼,很多企业都加入了二手车电商平台的建设中。如平安集团的"平安好车"于 2013 年 3 月在上海注册,是隶属于平安集团旗下的创新型子公司。当前阶段平安好车以"帮卖二手车"为切入点,主要为广大车主提供二手车资讯、车辆检测、车辆帮卖和车险、车贷等金融服务,配合全国布局的线下门店。平安好车以线上竞价平台集合全国品牌优质商户,针对意向交易车辆进行线上竞价拍卖,从检测到过户的全流程免费,此外还提供车险、车贷等金融服务。

二手车市场规模够大,刺激市场产生了丰富多彩的电商交易模式,有 B2B 模式、B2C 卖场模式、C2C 寄售模式、C2C 虚拟寄售模式、二手车零售商店,以及信息服务网站等。

对于原有的二手车交易来说,一辆车在两个 C 端间流转,需要经历多个环节,包含了多个参与方:4S 店、经销商、中小中介等。现在,二手车的利润空间大概为 10%,每个人都试图在链条上分一杯羹。C2C 模式取消了所有的中间环节,这意味着 10% 的利润将分给买家和卖家。

第五节
汽车行业电子商务的 O2O 模式

一、电子商务 O2O 模式概述

1. O2O 模式的概念

O2O 这个概念是 2011 年由 Alex Rampell 提出来的,英文为 Online to Offline,也即将线下商务的机会与互联网结合在了一起,让互联网成为线下交易的前台。O2O 模式又称离线商务模式,是指线上营销、线上购买或预订(预约)带动线下经营和线下消费。O2O 通过打折、提供信息、服务预订等方式,把线下商店的消息推送给互联网用户,从而将他们转换为自己的线下客户,这就特别适合必须到店消费的商品和服务,比如餐饮、健身、看电影和演出、美容美发等。该模式最重要的特点是:推广效果可查,每笔交易可跟踪。

2. O2O 模式产生的背景

随着互联网的快速发展，电子商务模式除了原有的 B2B、B2C、C2C 商业模式之外，O2O 是一种新型的消费模式，已快速在市场上发展起来。为什么这种模式能够悄然地产生？在 B2B、B2C 商业模式下，买家在线拍下商品，卖家打包商品，找物流企业把订单发出，由物流快递人员把商品派送到买家手上，完成整个交易过程。这种消费模式已经发展很成熟，也被人们普遍接受，但是例如在美国，虽然电子商务已经非常发达了，在线消费交易比例只占 8%，线下消费比例达到 92%。正是由于消费者大部分的消费仍然是在实体店中实现，把线上的消费者吸引到线下实体店进行消费，这个部分有很大的发展空间，所以有商家开始了这种消费模式。如图 2-14 所示为 O2O 模式。

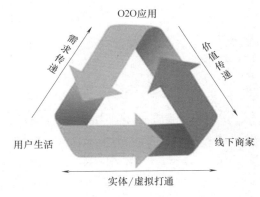

图 2-14 O2O 模式

3. O2O 模式的特点

O2O 模式的特点：交易是在线上进行的、消费服务是在线下进行的、营销效果是可监测的。

（1）对用户而言

① 获取更丰富、全面的商家及其服务的内容信息。

② 更加便捷地向商家在线咨询并进行预售。

③ 获得相比线下直接消费较为便宜的价格。

（2）对商家而言

① 能够获得更多的宣传、展示机会吸引更多新客户到店消费。

② 推广效果可查、每笔交易可跟踪。

③ 掌握用户数据，大大提升对老客户的维护与营销效果。

④ 通过用户的沟通、释疑更好了解用户心理。

⑤ 通过在线有效预订等方式合理安排经营，节约成本。

⑥ 对拉动新品、新店的消费更加快捷。

⑦ 降低线下实体对黄金地段旺铺的依赖，大大减少租金支出。

(3) 对平台而言

① 与用户日常生活息息相关，并能给用户带来便捷、优惠、消费保障等作用，能吸引大量高黏性用户。

② 对商家有强大的推广作用及其可衡量的推广效果，可吸引大量线下生活服务商家加入。

③ 数倍于 C2C、B2C 的现金流。

④ 巨大的广告收入空间及形成规模后更多的盈利模式。

如图 2-15 所示为 O2O 模式的特点。

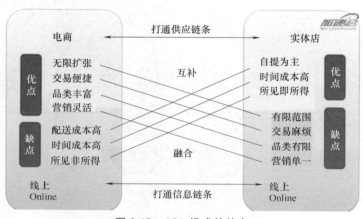

图 2-15　O2O 模式的特点

二、汽车行业电子商务的 O2O 模式

1. 汽车 O2O 模式概述

汽车行业电子商务的 O2O 模式，是在电子商务环境中线下的商务机构与线上互联网结合的销售模式，让互联网成为线下交易的前台，增加客户黏性。

年轻一代消费主体的崛起，为汽车电商提供了良好的发展契机。这部分人群在购物时的主要特点是，对网络的依赖度很高，他们不仅善于在网上进行查询和比价，更习惯依靠网上支付完成整个交易。但不同于其他快消品，汽车属于大型消费品，消费者在确定购买车型后，还需要去实体经销店进行更进一步体验，如试乘试驾等，以感受真实的产品、服务，才能最终完成交易。这一属性决定了汽车电商很难完全通过线上完成全部交易流程。

目前的汽车电商业务基本是以 O2O 模式展开。以天猫、苏宁、汽车之家等的具体购车流程为例：在线或是电话咨询预约试驾、线上确认车型、拍下新车并进行支付、订单生成、收到验证码短信，买家凭借短信验证码前往 4S 店提车，最后进行在线确认和评价。

O2O 要解决的核心问题是线上订购的商品或服务如何到线下领取，即线上和线下如何对接。其解决的方法是，对于目前大多采用综合平台或垂直平台的汽车商家来说，只要达到电商平台的入驻要求即可进驻平台，客户通过电商平台到达商家的店铺即被认为产生交易，电商平台前期不收取商家任何费用，至于交易金额的大小，取决于商家的优惠力度和服务态度，电商平台不参与整个交易行为。电商平台初期可按每个 IP（网络之间互联的协议，简称 IP）多少钱向商家收取费用，汽车服务商、汽车经销商、汽车配件商每个 IP 的定价标准不一样。后期，电商平台还可以针对商家制订品质 VIP 认证服务，按年收取费用。

通过 O2O 汽车电商模式，可以从海量的汽车经销商处获得最优惠的购车价格，以及完整的售后服务机制。O2O 模式还有一个优点，是可以分享购物乐趣。汽车 O2O 最具特色的地方就是能够完整地记录用户从买车到用车的全过程，用户口碑才是检验产品合格最好的方法，好的口碑可以给商家带来最精准的营销效果，促进销售，影响第三方购买；分享与互动，是潜移默化的最佳营销。

2. 汽车 O2O 的发展趋势

（1）未来在于介入产业链

汽车零售业正以电子化的方式，打通线下门店、电脑、移动端等直接抵达消费者的终端，建立全新的线上线下零售运营新模式。汽车 O2O 将由信息平台走向销售平台，再渗透到包含汽车后市场服务和生产的产业链，而这条产业链会直接冲击汽车市场不透明的价格体系。

在可以预见的未来，汽车 O2O 将让线上和线下的价值逐渐靠拢，互联网应用和传统产业也在博弈中。

厂商入驻天猫，消费者网上看车，在线预付定金，线下接受服务、试驾。之后，消费者到 4S 店自由议价砍价，并再额外享受天猫与厂商提供的权益和优惠。最后，通过现场使用支付宝 POS 机来支付尾款，完成整个购车消费行为的闭环，渗透到汽车生产、汽车销售、客户服务的产业链，尽显 O2O 的本质。

汽车 O2O 会逐渐改变消费者习惯，将来消费者很可能将购车重心转移到线上，这一点也会影响线下 4S 店销售体系。线上价格透明化，消费者能够直接对各汽车厂家提供的价格进行对比、选择，而线下经销商存在信息不对称、价格不透明等缺点。O2O 不仅保留了付定金在线下购车的行为，还能够在平台上积累重要信息和数据，这对于提高转化率和提高购买力更为重要。以天猫汽车为例，购买交易完成后，客户给予的综合评价能为其他购车者提供有效的经验借鉴，让大家更放心地去买车。O2O 电商能让售车更透明开放，实现信息分享。因此，汽车厂商、汽车 4S 店、消费者整个产业链都在调整以适应 O2O 的模式。

对于商家而言，汽车 O2O 模式的魅力还在于支付模式和客流引导的创新。

以支付模式为例,"双11"O2O购车活动的闭环通过线下的支付宝POS机来实现。通过财务方式的改造,活动中的尾款支付都能直接进入经销商的账户,从而简化了流程,使得消费者的购买和提车过程变得更为快捷。而每笔交易可跟踪则为后期的客户数据整理及分析提供了基础,这也是线上线下联动的魅力所在。

可见,O2O终将从生产、销售、企业架构、客户管理等产业链环节彻底改造传统线下企业的商务运营体系,使其更好地满足未来消费者的需求。

(2)由信息交流平台转向交易平台

现阶段的汽车电商大部分仍是以营带销的时期,更注重在流量引导上,很多平台并不直接售卖,主要是协助车商开展多种多样的活动和促销,帮助线下渠道分销,提高工厂和渠道的服务意识、服务水平和服务质量。时代的更迭在加速,接下来的发展将是以数据和金融为基础的交易平台时代,它实际是以信息流和资金流的智能挖掘和大数据作为技术支撑,转化了汽车电子商务网站的模式。互联网的作用不仅是一个媒体,还可以让平台的优势被车企和车商所用。

对于综合电商平台,比如阿里巴巴的优势是金融和数据,从目前看来,淘宝和天猫平台是具备金融属性的电商平台,所有的消费结果都是信用记录的考核标准。所以,汽车电商时代,如何和供应链的金融机构及厂商合作,给天猫的用户提供贷款和更为优惠的金融解决方案,这可能是有效撬动天猫核心消费人群的最有效方法。

(3)采用移动电子商务的O2O

手机结合O2O这种在无线网上选择并支付服务价格,再到线下去享受服务的模式,正在成为电子商务领域的新方向。

图2-16 采用移动电子商务的O2O

与传统互联网电子商务相比,移动互联网具有用户基础更庞大、更贴近市场和终端客户的显著优势。在移动商务时代,商家和企业能以更低的成本直接触达目标客户,把生意做到消费者的手掌上。因此,相较于互联网,移动商务或许更适合O2O商业应用,从而在这片蓝海中占领更大的主导权。

微信O2O是汽车移动电商运营者在瞄准的市场。上海网商已经开始与腾讯微购物合作,尝试在微信平台的运作。而在此之前,上汽集团旗下MG5 Geek车型在上线官方购车平台的同时开发了移动端页面并尝试在微信朋友圈传播和营销,并取得了不错的成绩。MG5

Geek 新车型专门开发微信移动端定制页面。如图 2-16 所示为采用移动电子商务的 O2O。

对于汽车电商来说，微信目前的价值主要集中在三点：一是对现有用户的售后跟踪和服务；二是聚合品牌粉丝，进行售前服务、分析目标消费者动向；三是销售功能，搭建微信销售平台，进行线上预付、线下提车，同时利用朋友圈进行营销和传播。可见，从收集消费线索、沉淀交易、用金融的方法来撬动消费者的数量，到通过 O2O 交易平台方式和移动电商实现真正的无缝对接，将是更加合理的汽车 O2O。

（4）团购

团购即为一个团队向商家采购，国际通称 B2T（Business To Team），是继 B2B、B2C、C2C 后的又一电子商务模式。所谓网络团购，是指一定数量的消费者通过互联网渠道组织成团，以折扣购买同一种商品。这种电子商务模式可以称为 C2B（Consumer to Business），和传统的 B2C、C2C 电子商务模式有所不同，需要将消费者聚合才能形成交易，所以需要有即时通信（Instant Messaging）和社交网络（SNS）作支持。

网络团购最早起源于美国的 Groupon，随着中国电子商务的繁荣发展，近几年时间，网络团购在中国流行起来。日常生活中的大多数消费者离不开到实体店的体验。将线上客源与实体店消费进行对接，其中蕴含着巨大的商机，这种环境下催生了 O2O 模式。团购正是这一模式的典型代表。

通过网络团购，可以将被动的分散购买变成主动的大宗购买，所以购买同样质量的产品，能够享受更低的价格和更优质的服务。

汽车 O2O 和团购模式现阶段遇到的最大困境就是线上线下配合度不够，不要因为线上平台想得到更多的利益，就忽略了将利益合理分配，这会导致线下经销商对分食其利益的线上平台十分抵制，最终直接影响消费者体验。

三、汽车电商 B2C 模式与 O2O 模式的对比

汽车电商是近期非常热的一个话题，对于电子商务迅速发展的今天，车企也纷纷赶上这趟快车尝试开辟出片新天地，汽车电商的模式首先是由天猫倡导开启的，而后汽车门户网站、汽车垂直网站纷纷开辟电商战场，吸引汽车厂商在网站上建立网络销售店铺，并通过这些网站的交易平台与人气，实现消费者与厂商的网络对接。

天猫、汽车之家等汽车双十一活动的成功促成交易让车企尝到了甜头，而后大批汽车生产企业、汽车经销商加入到汽车电商的战场中来，而摆在车企面前的一个问题是汽车电商是走 B2C 模式呢还是 O2O 模式呢？

1. B2C 模式与 O2O 模式的区别

B2C 即"商对客",是电子商务的一种模式,也就是通常说的商业零售,直接面向消费者销售产品和服务。这种形式的电子商务一般以网络零售业为主,主要借助于互联网开展在线销售活动。B2C 即企业通过互联网为消费者提供一个新型的购物环境——网上商店,消费者通过网络在网上购物、在网上支付、物流送货到家。

O2O 即 Online To Offline,泛指通过有线或无线互联网提供商家的销售信息,聚集有效的购买群体,并在线支付相应的费用,再凭各种形式的凭据去线下,也就是现实世界的商品或服务供应商那里完成消费,让互联网成为线下交易的前台。这样线下服务就可以用线上来揽客,消费者可以用线上来筛选服务,还有成交可以在线结算,很快达到规模。该模式最重要的特点是:推广效果可查、每笔交易可跟踪,有利于消费者信息的精准把握与广告主广告信息的精准投放。

传统的 B2C 电子商务模式是"电子市场 + 物流配送"模式,消费者待在办公室或家里,等货上门,涉及的是物流。而 O2O 是"电子市场 + 到店消费"模式,涉及到客流。同时在节约消费成本的同时,能将线下的服务优势更好发挥,具有体验营销的特色,进而提高信誉度和成交率。

2. 汽车电商 B2C 模式的优劣势

(1) 优势

随着中国汽车市场饱和程度的提高,新车销售利润空间不断被压缩,此时,能够带来经销成本大幅下降的电商模式自然为汽车厂商所接受。另外,他们能够通过这种汽车电商平台,来完成新车销售以及售后服务的更多的平台升级。比如,售后服务的各种信息的沟通、促销,售后环节各种汽车用产品的在线销售,汽车金融保险业务的在线销售。这种由厂商独立建立的电商平台,能够集中厂商所拥有的全部资源,极大地降低新车销售以及售后服务的成本,从而大大提高自己在电商平台市场上的竞争力。

(2) 劣势

汽车电商 B2C 模式按照传统意义理解,即:用户在线下单—支付全款—物流发车,这省去了线下体验及质量检验的环节,这种模式的局限性来自于汽车交易本身的特点。汽车产品的交易额较大,质量检验难度大,物流甚至都很难承担汽车产品的快递业务。这种模式对于单价低的零售业产品是可以接受的,但对于像汽车这种单价数额大的产品来说无疑存在很大的风险。

3. 汽车电商 O2O 模式更易实现

汽车电商 O2O 模式包含五个环节:用户在线预定,支付定金,厂商组织生产,物流发车,最后用户在 4S 店完成付款及提车。这种模式既发挥了互联网的信息平台优势,又保留了汽车这种特殊商品的服务体验需求。同时也完全规避了业界对于汽车电商会与传统经销商和汽车厂商分羹的担心,整个产业向更为精细化的分工发展。

 案例阅读

汽车电商 O2O 模式经典代表——一猫汽车网

一、发展概况

一猫汽车网由王辉宇创建,于 2014 年上线。

一猫汽车网对外发布数据,截至 2017 年 6 月底,一猫线下店布局已达 1957 家,覆盖全国 27 个省级行政单位、300 个地级市、1315 个区县级城市,实现了三、四、五、六线城市的全面覆盖。同时,线上商城直营车源方面已经与北京现代、长安汽车、英菲尼迪、东风日产、东风雷诺、东风标致、东风风神、奇瑞汽车、天津一汽、一汽奔腾等十几个汽车品牌建立稳定的合作关系。

一猫汽车网聚焦于新车用户需求,为用户解决"买什么车,什么价买,在哪里买"三大痛点,提供"帮选车、帮买车、特价买"服务,并由此形成"资讯+导购+商城+线下店"的一站式 O2O 模式。

二、商业模式

商业模式被定义为"企业如何创造价值与获取价值",具体包括四个组成部分:一是为谁创造什么价值,包括市场细分、顾客价值、顾客维护、渠道通路;二是如何创造价值,包括企业的关键业务和核心能力;三是如何与利益相关方合作,包括合作伙伴与合作方式;四是如何获得收益,包括成本与收入。

一猫汽车网的商业模式如表 2-3 所示。

表 2-3 一猫汽车网的商业模式

重要合作 • 汽车厂家 • 线下加盟店 • 媒体	关键业务 • 媒体 • 导购 • 线上商城 • 线下渠道	价值主张 • 解决顾客"买什么车,什么价买,在哪里买"三个痛点 • 提供"帮选车、帮买车、特价买"服务	顾客关系 • 一猫汽车网 • 一猫手机 APP • 售后服务	市场细分 • 4S 店无暇或无力顾及的三、四、五、六线城市想买车的顾客
			渠道通路 • 线上下单 • 线下加盟店、直营店	
成本结构 • 人力成本			收入来源 • 新车销售	

1. 为谁创造什么价值

一猫的顾客是4S店无暇或无力顾及的广大三、四、五、六线城市想买车的顾客。顾客可在PC端—猫汽车网与手机端—猫APP线上下单预定,然后到目前已覆盖全国5大区、27个省份、1315个区县的1000家的一猫线下店付款取车。线下店以加盟店为主,也包括直营店。

2. 如何创造价值

一猫共有媒体、导购、线上商城和线下渠道四大关键业务。一猫具备三大核心资源:钱、人脉和行业洞察力。首先是钱。一猫已经获得三轮融资,其中天使轮融资6000万元,A轮融资1.2亿元,B轮融资4亿元,总融资额高达5.8亿元。其次是人脉。一猫创始人王辉宇1996年就进入汽车行业,在汽车4S店工作过,从事过咨询和媒体等多项工作,在汽车行业积攒了广泛而深厚的人脉。最后是行业洞察力。一猫创始人王辉宇从事汽车行业相关工作20多年,经历三次汽车相关创业,对汽车行业的长期深刻理解与洞察为其创业形成了非常好的积累。

3. 如何与利益相关方合作

一猫的合作伙伴是汽车厂家、线下加盟店、媒体,与合作伙伴同舟共济。首先是与汽车厂家合作。一猫帮助汽车厂家解决了"渠道不能下沉、非主流车型难消化、新旧车型切换难"三大痛点;同时一猫解决了三大痛点并大规模采购,能拿到较大折扣优惠,实现了"双赢"。其次是与线下加盟店合作。一猫能拿到中小汽车经销商难拿到的车源,同时也通过车源控制加盟店。最后是与媒体合作。一猫使用"1+X+N"与媒体合作。"1"即一猫汽车网;"X"为一猫核心媒体联盟。对于核心媒体联盟的打造,一猫制订创业基金计划,投入5000万元,扶植50家左右的新媒体。"N"为一猫汽车网地方媒体联盟。该联盟由一猫城市站和区域媒体联盟组成,依托联盟在区域深耕细作的用户基础及影响力,达成一猫汽车网在全国各个区域信息更快速、更有效地收集与发布,并通过活动的发起,达成更为接地气、更精准的新车交易撮合。

三、如何获得收益

一猫汽车网依次建立四大核心业务——资讯+媒体、导购、线上商城、线下渠道,按照王辉宇的比喻,类似于一个"画大象"的过程,如图2-17所示。

一猫首先从资讯与媒体切入汽车电商行业,主要原因有两个:一是对接厂家资源;二是获取用户信息。第一,对接厂家资源。汽车行业是一个较传统、严谨的行业,利润较稳定,不太容易主动拥抱汽车电商这样的新事物,获取厂家人脉等资源较难。然而,各个汽车品牌发布新车时,均需要各大媒体报道。一猫作为汽车新媒体的代表,深受厂家重视。通过双方的合作,一猫成功对接厂家资源。第二,获取用户信息。用户在PC端的一猫汽车网或手机端的一猫APP注册,

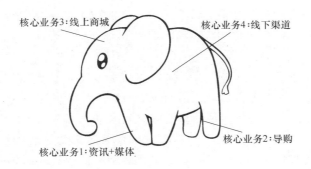

图 2-17 一猫核心业务

其搜索、对比各种车型，购车询价、试驾预约等信息都会被一猫在后台分析，得出用户的购车偏好，并在线上培养出一批忠实"粉丝"。

一猫采用"精原创＋大聚合"模式开展资讯＋媒体业务。一猫拥有 80 多人的汽车原创内容团队。"今日头条"的成功，标志着媒体聚合时代的到来。借鉴这一思路，一猫使用"精原创＋大聚合"的模式开展新媒体业务，已与 200 多家自媒体达成合作，后者的内容均在一猫平台发布。当前，一猫媒体业务使用"MTU"战略，即"MGC＋TGC＋UGC"。MGC（Media Generated Content）是指媒体产生内容；TGC（Trainer Generated Content）是指产品培训师（导购师）产生内容；UGC（User Generated Content）。其中 TGC 为一猫独创，能与其导购业务有效结合，形成联动优势。

在"资讯＋媒体业务"之后，一猫开展汽车导购业务。一猫为什么要做汽车导购，用户的痛点在哪里，一猫发现：用户在网上得不到真实的价格，到店端时，经销商往往变卦。而用户在某 4S 店又得不到"多车同时比较"和"公正的导购"等服务。现有的团购模式，由于赢利模式的驱使，不能为用户提供更有价值的服务，基本上是一种"中介佣金"模式，是反互联网思维的。因此，一猫导购应运而生。

2016 年 1 月，一猫"960 买车帮"发布，其定位是"巡回全国 960 万平方公里的 O2O 品牌导购活动"。一猫 960 买车帮的导购核心是引导。通过一猫汽车自有媒体及合作媒体群，影响消费者购车意向；通过后期的客户维护、口碑扩散、持续互动等运作，助力品牌推广传播。其落地形式，是利用线上资源汇聚消费者，然后通过线下巡回活动，在各个城市做落地推广，把资讯的培养、线上的集客以及线下经销商都汇集起来，撮合订单。一猫通过线上报名，线下帮买活动，汇聚众多品牌、海量车源，承诺新车购买用户实现当地"底价"，并打造出用户容易做出购车决策的场景。同时，一猫的导购师是专业的、公正的，不会只说一个品牌好，而是客观地比较各个车型的优劣。2016年，一猫买车帮全年自营42场，提供精准汽车销售线索60721条，撮合成交12417辆，线索转化率达16.5%。

通过导购业务，一猫成功把线上用户引流到线下，初步实现线上线下融合。在资讯＋媒体、导购业务之后，一猫于2015年11月发布汽车电商战略，建立线上商城。一猫发现，各大汽车网站都没有跑出传统的"流量模式"，即以收广告费作为赢利的模式，并没有多少创新，最后大都演变成一场电商秀。其缺点在于，这是一种反互联网思维的模式，互联网最大的特点就是去中介化，但这种中间交易的撮合模式不但没有去掉中介，反而增加了一层中介，最终还是消费者受到了损失。数据表明，现有流量模式成交转化率非常低，最高不超过1%。只有自建线上商城与线下渠道，才能使自营的媒体流量与导购线索的价值最大。基于以上考虑，一猫发布其汽车电商战略，即专注于新车购买的"导购＋自营电商"模式。

一猫采取"导购＋自营电商"模式开展线上商城业务，并称其为"销量模式"。与传统的"流量模式"不同，"销量模式"由线上线下两部分构成，线上有一个非常强大的综合性大型电商网站，线下构建实体城市店面。互联网加上品牌经营介入，使整个渠道运营更规范，从而构建了一个完全封闭型的、自营型的O2O汽车电商的渠道模式。与其他同业网站对比，一猫"销量模式"的最大不同在于，它真实地构建了一个平行于4S渠道的以电商为主的新型渠道。

最后，一猫开展线下渠道业务。线下渠道越广，象身越大，且象身把之前的资讯＋媒体、导购、电商三大业务全部联系起来，一猫由此形成"资讯＋导购＋商城＋线下店"的一站式O2O模式。

一猫线下渠道主要使用加盟店的形式，加盟店的好处是"快、轻"。加盟店的主要弊端是不好控制，但由于车源的不可替代性，一猫成功地利用车源控制加盟店，取得了良好效果。一猫利用了加盟店的优势，同时克服了其弊端，其线下渠道发展迅猛。

一猫认为，汽车电商最大的护城河不是钱，而是"know how"。仅观察一猫的前两大核心业务（媒体、导购），一般人还很难明白一猫的商业模式。等到后两大核心业务——线上商城和渠道建立之后，一猫已经将自己的四大核心业务全部打通（媒体、导购、线上商城、线下渠道），为汽车新车电商开拓了一条路径。

四、未来发展规划

2017年，一猫汽车计划和15个品牌进行合作，加快在全国三、四、五、六线城市的网络布局，预计建成约3000家线下加盟店，进一步完善线下销售渠道，计划销售5万辆新车。未来3~4年计划打造1万家线下店,并覆盖全国所有2634个区县镇的线下渠道"诺亚方舟"。这些店面都是2S店的标准,即满足销售、汽车的交付,以及部分售后需求。除了汽车销售与交付,一猫汽车的线下店还经营汽车改装等周边业务,但是尚未涉及售后维修业务。

五、总结

一猫汽车网为新车电商探索了一条新路。一猫汽车网创造性地将媒体、导购、线上商城和线下渠道四大环节整合到一起,建立O2O的全场景经销模式。一猫的成功经验,来自其对行业痛点的认识,以及寻找了一条融合各方利益、实现价值创新的途径。

第三章

汽车电子商务系统及运行环境

第一节　电子商务系统概述
第二节　汽车电子商务平台
第三节　汽车电子商务支付系统
第四节　汽车电子商务的运行环境

第一节 电子商务系统概述

一、电子商务系统的概念

随着电子商务影响不断增强,人们开始从系统角度来审视和规划电子商务各项活动,于是便提出了电子商务系统的概念。广义上电子商务系统是指支持电子商务活动的电子技术手段的集合。狭义上的电子商务系统,是在Internet和其他网络的基础上,以实现企业电子商务活动为目标,满足企业生产、销售、服务等生产和管理的需要,支持企业的、外业务协作、从运作、管理和决策等层次全面提高企业信息化水平,为企业提供商业智能的计算机系统。

从技术角度来理解电子商务系统就是一个电子技术集合系统或计算机系统,从商务角度来理解它就是一个利用电子技术从事商务活动的商务系统。它是以计算机网络为基础,以电子化方式为手段,以商务活动为主体,在法律许可范围内所进行的商务活动过程。电子商务是运用数字信息技术,对企业的各项活动进行持续优化的过程。电子商务涵盖的范围很广,一般可分为企业对企业(Business-to-Business),或企业对消费者(Business-to-Consumer),另外还有消费者对消费者(Consumer-to-Consumer)这种大步增长的模式。随着国内Internet使用人数的增加,利用Internet进行网络购物并以银行卡付款的消费方式已逐渐流行,市场份额也在迅速增长,电子商务网站也层出不穷。

二、电子商务系统的体系结构

1. 电子商务系统外部运行环境

电子商务系统的体系结构是指利用电子商务技术把各类企业的共性和个性及企业赖以生存的生态环境整合在一起的集合体。

由于电子商务系统不是一个孤立的系统,它必然需要系统内部可控因素与外部的不可控因素发生各种信息交流,以便达到内外环境的动态均衡。因此,要完成企业电子商务系统的规划与设计,必须了解这一系统的运行环境、内部结构及它们之间的相互关系。如图3-1所示为电子商务系统外部运行环境。

2. 电子商务系统的内部结构

电子商务系统的内部结构主要是指企业电子商务系统的基本组成部分及内在

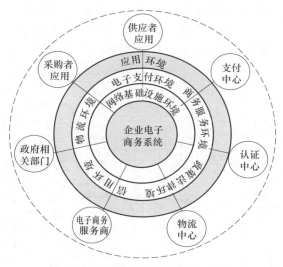

图 3-1 电子商务系统外部运行环境

联系。如图 3-2 所示为电子商务系统内部结构。

图 3-2 电子商务系统内部结构

3. 电子商务的一般框架

电子商务整体结构分为电子商务应用层结构（简称应用层）和支持应用实现的基础结构（三层），基础结构一般包括三个层次和两个支柱。三个层次自下而上分别为网络层、传输层和服务层,两个支柱分别是安全协议与技术标准、公共政策与法律规范。前三个层次为基础层次,其上就是各种特定的电子商务应用,可见三个基础层次和两个支柱是电子商务应用的条件。为不失一般性,在此仅对电子商务的基础结构作概括说明,如图 3-3 所示为电子商务的一般框架。

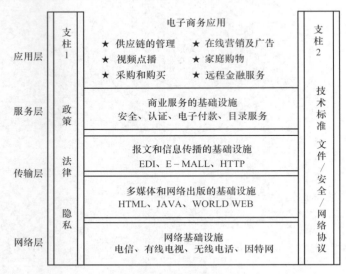

图 3-3 电子商务的一般框架

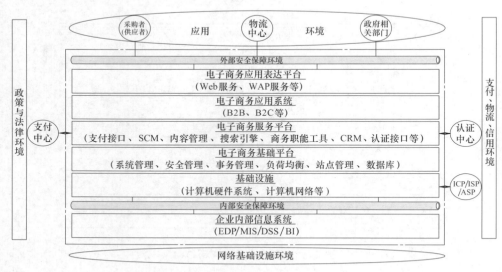

图 3-4 电子商务系统的体系结构

4. 电子商务系统的体系结构

在电子商务交易活动过程当中,衍生了一系列的相关配套的服务诸如仓储、快递等业务，共同支撑电子商务系统的运转。基础电子商务系统，它在 Internet 信息系统的基础上，由参与交易主体的信息化企业、信息化组织和使用 Internet 的消费者主体，提供实物配送服务和支付服务的机构，以及提供网上商务服务的电子商务服务商组成。由上述几部分组成的基础电子商务系统，将受到一些市场环境的影响，这些市场环境包括经济环境、政策环境、法律环境和技术环境等几个方面。如图 3-4 所示为电子商务系统的体系结构。

第二节 汽车电子商务平台

真正的汽车电商是培养用户在网上全款购车的习惯，成为线下厂商和 4S 店认可的渠道，并且信息全对称，转化成产销一体化的交易闭环。但据《汽车消费行为调查》显示，消费者对于网络购车的热情还不高。消费者纷纷认为，看不到实物和售后问题是网络购车的最大障碍。同时，汽车电商正在走着另外一条成长路径。众所周知，普通电商是先培养用户、打造平台，再建立 B2B、B2C、C2C 模式，进而转化为生活、交易场景更丰富的 O2O。而拥有细分用户，并已经打通线下渠道的汽车电商可以顺理成章地做 O2O 模式，但要把销售线索变成另一个主流销售渠道，就必须再进行 B2C 转化。拿汽车之家副总裁马刚的话来形容当下情形：用户已经积累，线下有需求，平台需整合。

汽车电商对用户的价值有三个，即方便快捷的服务效率、可靠和完善的服务项目以及合理的价格。现在看来，第三个因素最吸引用户，汽车电商平台也最容易把控。

搭建一个安全的支付平台是整个交易过程中最重要的环节。比如汽车之家推出了"车支付"平台。和支付宝功能一样，"车支付"扮演着用户与 4S 店之间从付款到最终提车的财务信用保障。如今的汽车电商平台市场上有三方主流势力正在拼杀：厂商和经销商的自建平台、垂直平台和资讯平台、传统电商企业。

一、厂商和经销商的自建平台

2014 年 3 月，上汽集团斥资 2 亿元打造的 O2O 电商平台"车享网"正式上线，这标志着厂商已经无力面对汽车销售利润下滑、4S 店成本高的销售模式弊端。

但这类平台最直接的问题是没有互联网基因，导致其用户群体单一，社交能力弱，线上购物体验差。优势是线下资源充足，政策优势明显。

二、垂直平台和资讯平台

垂直平台和资讯平台也是汽车电商竞争最激烈的群体，如新浪汽车、搜狐汽车、汽车之家、大搜车、易车、平安好车等。其优势是具备强大的细分用户群和社交性，比传统电商更懂汽车、市场细分以及客户。

但挑战是需解决汽车厂商和经销商之间的利益调整。汽车销售利润越来越低，成本却很高，如果减少销售环节，降低销售成本，缩减实体店数量，销售成本可以降低三分之一。如果完全实现线上销售，无处安放的经销商势必会群起而攻之，在汽车电商市场没有完全成熟之前，为了保护市场，厂商不敢轻易把线上作为其主流销售渠道。

但一个不可回避的现实是随着汽车电商的发展壮大，未来会对现有销售体系带来深刻的变革。汽车电商让经销商的运营成本大大降低，汽车电商转型为销售渠道之后，只会是线下销售渠道的补充，很多传统零售品牌都在天猫开设了旗舰店，每年"双11"期间，线下实体店几乎都是为线上导流服务的，这说明两个渠道之间的关系是越来越紧密了，最终大家的目的是一致的。

三、传统电商企业

传统电商企业，诸如天猫汽车、京东、淘宝都在汽车分类领域博弈。其优势是用户已经有网购和支付习惯，但其细分用户和线下资源整合度不足。

以上三股力量各有所长，但都需要在汽车电商之路上继续摸索。未来有可能并行，有可能交汇，但只有等线上、线下、售后全部环节打通统一后，汽车电商时代才会真正到来。

第三节
汽车电子商务支付系统

一、电子商务支付系统的概念

电子商务支付系统是指消费者、商家和金融机构之间使用安全电子手段交换商品或服务，即把新型支付手段包括电子现金、信用卡、借记卡、智能卡等支付信息通过网络安全传送到银行或相应的处理机构来实现电子支付。它是融购物流程、支付工具、安全技术、认证体系、信用体系以及现代的金融体系为一体的综合大系统。

电子商务支付系统是电子交易顺利进行的重要社会基础设施之一，也是社会经济良好运行的基础和催化剂。

1. 电子支付系统

电子支付系统是指使用电子技术在网络中发出、传送支付指令，通过电子支付工具完成支付结算的支付系统。它包括支付工具的电子化和支付技术的电子化。电子支付系统通常是指客户、商家和金融机构之间使用安全电子技术手段交换商品或服务，把新型支付工具［包括电子现金（E-Cash）、信用卡（Credit Card）、借记卡（Debit Card）、智能卡等］的支付信息通过网络安全系统传送到银行或相应的处理机构，进而完成电子支付的支付系统。其实质是存款在账户间的移动。主要包括两种方式：一是付款人将款项从自己的账户转到收款人的账户；二是收款人主动发出请求付款指令，经付款人确认后将款项转入收款人的账户中。

2. 电子化支付技术

银行采用计算机技术、互联网技术等电子化支付的方式，分别代表了电子化支付技术发展的五个不同阶段。

（1）银行间电子转账（Electronic Funds Transfer，EFT）技术。

（2）银行与其他机构之间资金的结算，如代发工资等业务。

（3）利用网络终端向消费者提供的各项银行服务，如消费者在银行营业网点、商场和宾馆等场所的自动柜员机（ATM）上进行存取款、转账和查询、密码设置和更改、账户查询等操作，ATM不受银行工作日的限制，客户可得到全时段的ATM服务。

（4）利用银行销售点终端POS（Point of Sales）向消费者提供的自动扣款服务，如售货点终端，指银行在饭店、商场等消费场所设置POS机，消费者在消费时凭银行卡在POS机上进行支付。

（5）网上支付。它是电子支付技术发展的新阶段，目前电子支付技术在以银行为中心的支付系统中广泛普及。其可以随时随地通过公共网络进行直接转账结算，形成电子商务环境，如信用卡授权系统（ATM提现和POS支付）和邮政支付系统（主要面向个人消费者）等。

二、电子支付系统分类

目前对电子支付系统的分类方法有多种，根据支付时是否需要中介机构（比如电子银行）的参与，把支付系统划分为三方支付系统（SET）和两方支付系统（SSL，如电子现金支付系统）。根据支付方式的不同，可以将电子支付系统大致分为信用卡支付系统、电子支票支付系统、电子现金支付系统等。

目前常见的几种电子支付系统有电子支票支付系统、信用卡支付系统、电子现金支付系统和微型支付系统。

1. 电子支票支付系统

电子支票支付系统一般是专用网络系统，金融机构通过自己的专用网络设备、软件及一套完整的用户识别、标准报文、数据验证等规范协议完成数据传输，从而控制安全性。如：通过银行专用网络系统进行一定范围内普通费用的支付；通过跨省市的电子汇兑、清算，实现全国范围的资金传输，甚至世界各地银行之间的资金传输等。

电子支票支付系统主要提供发出支票、处理支票的网上服务，是纸质支票的电子化延伸，付款人向收款人发出电子支票以抵付货款，收款人向银行提供此电子支票以启动支付，经认证合法的电子支票在支付过程中就可作为从付款人账户中将款项转入收款人账户的凭据。

2. 信用卡支付系统

信用卡支付是目前应用最广泛的电子支付方式，并且银行发行最多的也是信用卡，它可以采用联网设备在线刷卡记账、POS结账、ATM提取现金等方式进行支付。信用卡支付系统主要是由客户向商家提供信用卡的账号，以供商家向银行进行验证，确认客户的支付能力，然后由商家凭借客户签名的购货单向银行兑换现金，银行再向客户送去交易的记录。

3. 电子现金支付系统

电子现金支付系统是以电子现金取代传统现金，并可在网上完成电子支付的一种网上支付系统。它是一种通过电子记录现金来集中控制和管理现金，是一种足够安全的电子支付系统，使用时与纸质现金完全相同，多用于小额支付，可实现脱机处理。

4. 微型支付系统

随着网络和信息技术的发展，信息产品的销售越来越得到人们的关注，如网上新闻、网上证券、信息查询、资料检索和小额软件下载等。由于信息产品本身的特点，收取的费用面额一般都非常小。如果银行采用传统的支付方式，处理小额交易的成本可能反而很高。如何解决这个问题呢？

在传统商务中，一般采用支付的"预订模式"来解决，即购买者向公司提前支付并在某个固定期间内使用该公司的产品或服务。但是"预订模式"并没能很好地解决上述问题。由于传统支付无力满足客户微型支付的要求，所以迫切需要一种新的支付系统，即具有信息传输少、管理方便、存储需求较低并可以在单笔交易中有效地转移很小金额的系统。这种系统被称之为微型支付系统。

三、电子支付系统的安全性

电子商务作为新兴事务，已经随着计算机和网络技术的成熟得到了飞速发展，而且使得商家的整体经营方式有了变化。通常一个典型的电子商务交易离不开三个阶段：信息搜寻阶段、订货和支付阶段以及物流配送阶段。从这三个阶段来看，电子支付是最关键的，因为电子支付一旦完成，物流的配送就顺理成章了，也就意味着整个网上交易的完成。若电子支付不能顺利进行，电子商务就停留在信息搜寻或者至多草签协议阶段，而无法进入实质的交易阶段。因此一个安全、可靠的电子支付系统是电子商务的交易活动能够正常进行的保证。

电子商务发展的核心和关键问题是交易的安全性。如何解决这些问题已经成为电子商务发展的一个重要环节。由于 Internet 本身的开放性，使网上交易面临了种种危险，也由此提出了相应电子支付系统的安全控制要求。作为一个安全的电子商务系统，首先必须具有一个安全、可靠的通信网络，以保证交易信息的安全与传递效率；其次必须保证数据库服务器绝对安全，防止黑客闯入网络盗取信息等。因此在交易中必须充分考虑到信息的保密性、身份的认证性，还有信息的不可否认性和不可修改性等要素。

目前的安全技术手段主要使用数字加密技术、数字签名及数字认证技术等，而所有的安全技术主要是基于对称加密算法和非对称加密算法以及密钥的长度。

1. 数据加密技术

常见的加密技术有对称加密技术和非对称加密技术。要确保网络上通信的机密性（如商家的订单确认信息），就可以在发送前先将信息加密，信息接收后再解密。

2. 数字签名

数字签名也称电子签名，它能够核实买卖双方、合同等各种信息的真实性。它的功能与传统的书面签名的形式一样，如手签、印章、指印等，用以证明个人的身份，只是数字签名采用了电子形式的签名。如：当甲方接收到乙方所传来的资料时，甲方如何确定这些资料是乙方寄来的呢？为此，乙方在传送时只要以自己的专用密钥将资料加密，甲方在收到资料后，如果能够用乙方的公共密钥对资料进行解密，就可证明资料是乙方发来的。

3. 数字认证技术

如数字证书（Digital certificate）主要用于确认计算机信息网络上个人或组织的身份和相应的权限，用以解决网络信息安全问题。

第四节 汽车电子商务的运行环境

一、汽车电子商务的企业环境

1. 企业信息化是电子商务发展的基础

电子商务在理论上提供给汽车企业无限大的时间与空间,企业可以24h与世界上任何一个角落的人开展业务往来。因此,越来越多的汽车企业开始着手建立电子商务框架,将其关键业务向网上转移。

电子商务的核心仍然是商务,只不过用电子媒介作为手段,也就是使整个商务贸易活动电子化,从而改造传统企业的业务流程,提高企业的运行效率,最大程度地降低企业运营成本,提高核心竞争力和经营业绩。这意味着企业在后台必须有相应的支撑。

然而,汽车企业在利用电子商务的手段处理业务时,订单响应速度怎么样?交货期是否有保障?生产能力可否应对突如其来的大量订单?是否可以处理频繁的订单及设计变更?事实上,很多企业都没有这方面的充分准备。这也是为什么许多汽车企业对电子商务仍持观望态度的根本原因。经常提到的"缺乏用户,商务环境、认证、支付、配送、金融信用体系不完善,安全性差等",还仅仅是纯技术性问题,归根结底是什么原因造成上述影响的呢?

影响最大的问题是汽车企业信息化的总体水平高低,企业网络化的水平高低。企业实施电子商务是以企业内部的管理及信息技术建设的全面、高效为前提的。

信息技术的核心在于信息而非技术;同样,电子商务的核心在于商务而非电子化。互联网仅仅是企业扩展业务的一个新渠道。唯一不同的是,这个渠道是目前所有手段中最具有发展潜力及竞争优势的。企业信息化作为电子商务的基础,应以企业信息化应对电子商务的挑战。

企业信息化是企业未来电子商务时代最根本的基础,其进程决定了电子商务时代的进程。信息化是个非常广泛的范畴,包括信息的采集、传输、通信、处理,也包括计算机信息的运用。企业信息化是以信息的技术运用于企业的产品设计、制造、管理和销售的全过程,以提高企业对市场的应变能力。这是企业信息化的主要内容和目标。近年来,由于计算机技术与通信技术有机结合而形成的现代信息技术有了迅猛的发展,信息化可以理解为:在经济和社会活动中,通过普遍地采用信息技术和电子信息装备，更有效地开发和利用信息资源，推动经济发展和社会进步，是利用了信息资源而创造的劳动价值在国民生产总值中的比重逐步上升直到占主导地位的过程；信息化也可理解为对比于工业化而言的一种新的经济与社会格局。在这个新格局中，人类社会成为更加紧密相联的、不可分割的整体。相应的体制、思想、观念、习惯也将产生许多新的、与以往不同的内容和特点。

企业电子商务的大部分工作在于内部基础管理的信息化，因此，企业信息化是企业电子商务的基础。那种认为建一个网站就可以开展电子商务的观点无疑是片面的。企业信息化就是信息技术应用于企业生产、技术、经营管理等领域，不断提高资源开发效率，获取信息经济效益的过程。为了实现从库存管理到采购、生产、销售管理；从企业内部财务、技术管理到企业外部资源管理的科学与完善，信息技术已成为实现科学管理不可缺少的工具。企业信息化是利用信息技术，大量采用、改造和强化企业物资流、资金流、人员流及信息流的集成管理，从而对企业固有的经营思想和管理模式产生了强烈冲击，带来了根本性的变革。信息技术与企业管理的发展与融合，使企业竞争战略管理不断创新，竞争力不断提高。

2. 汽车企业信息化中的基础系统

从 20 世纪 50 年代现代信息技术开始在管理中应用至今，信息的作用已由最初简单地依靠计算机数据处理技术进行管理领域的事务处理功能，发展到而今较健全的管理信息系统这一边缘学科。在信息化的发展过程中，其成熟的标志是建立了集中统一规划的数据库。它象征着管理信息系统是经过周密设计而建立的，标志着信息已集中成为资源，为各种用户所共享。

信息化在当今管理领域的应用是多方面的，以下介绍信息化在管理方面的应用，它们均属于管理信息系统的范畴，但不是管理信息系统的全部。

（1）统计系统

统计所研究的内容是数据间表面的规律，应用统计可以把数据分为较相关的和较不相关的组，它一般不考虑数据内部的性质。如汽车行业中各生产车间工人和技术人员绘图、编程每日所用工时的统计。

（2）状态报告系统

它是反映系统状态的一种系统，可分为生产状态报告、服务状态报告和研究状态报告等系统。它的代表是 IBM 公司的公用制造信息系统 CMIS（Common Manufacturing Information System），"公用"的意思是报告记录的格式统一，有公用数据库使全系统的数据统一和共享。这个系统使计划调度加快，库存减少。采用此系统后，过去需要 15 周的工作只用 3 周的时间即可完成。

（3）业务处理系统（TPS）

TPS（Transaction Processing System），这是支持企业运行层日常操作的主要系统，它进行日常业务的记录、汇总、综合、分类，如定货单处理系统、工资系统、雇员档案系统等。

(4) 知识工作和办公自动化系统

知识工作系统是支持知识工作者的系统。如科学和工程设计的工作站系统，又称计算机辅助设计系统 CADS（Computer Aided Design System），它能协助设计出新产品，生成新的信息。现在企业管理上开始应用协同工作的计算机系统，它允许企业中各部门，如市场部、财务部和生产部的人员，在上面协同工作，然后生成一份策略或计划报告，也就生成了新的信息。未来企业的效率和效益将越来越依赖于知识工作，因而企业对此也十分重视。办公自动化系统是支持较低层次脑力劳动者的系统，这些人的工作不是创造信息，而是处理数据。在现在实际工作过程中，工作者往往把两者结合起来运用，达到最佳的工作效率。

(5) 决策支持系统（DSS）

DSS（Decision Support System），随着信息技术应用的深入，信息系统已不仅仅支持信息的处理，而是向上发展，支持管理的决策。DSS主要有主管支持系统 ESS（Executive Support Systems）和群体决策系统 GDSS（Group Decision Support Systems）。ESS是依靠先进的存取手段，存取外界包括市场行情、新的税收规定以及竞争者情况的信息，它具有很好的图形显示能力和实用的分析能力。ESS不仅支持主管进行决策，提高效益，而且支持主管日常办公，提高效率。而今，汽车行业领导层大部分决策已摆脱了主观判断，这很大程度上取决于公司的决策支持系统。汽车行业下一步的目标应是使自己的决策支持系统更加科学和完善，为领导层提供准确的最终信息。

3. 电子商务对企业管理环境的影响

电子商务的应用，极大地影响了世界经济乃至整个社会的发展。竞争的压力使得汽车企业对于可以提高企业竞争力的各种管理方式表现出巨大的热情，开始涉足"新经济"模式。

电子商务对企业管理的影响是极为深远的，这种影响是不可逆转的。

(1) 电子商务对市场运作模式的影响

企业是市场的主体，而市场又是企业生存发展的基本条件。市场运作模式的优劣，在一定程度上代表了某一时期经济发展水平的高低。

传统汽车商业活动的进行必须有大量的中间商、中介机构存在，他们是连接产销双方的桥梁。电子商务的出现从根本上减少了传统商业活动的中间环节，缩减了企业与客户之间的距离，同时也减少了各种经济资源的消耗，使人类进入了"直接经济"时代。企业只要花极小的代价即可获取尽可能多的商务信息，使得企业适应市场的能力大为增强。

(2) 电子商务对企业营销活动的影响

电子商务的迅速发展必然使市场性质发生新的变化。随着企业与企业之间电子商务模式的不断普及，汽车厂商之间可直接通过互联网实现从原材料采购到商品销售全过程的联系，极大地提高了企业运作的效率，降低了经营成本，同时市场细化将随电子商务的发展而日渐彻底化，使企业针对最终消费者的营销活动得以实现。交易方式的无纸化和支付手段的电子化将成为主要形式。随之而来消费者的消费行为和消费需求也将发生根本性的变化。消费者可以在短时间内通过网络从大量的供应商中反复比较，找到理想的供应商，消费者的消费行为将变得更加理智，对商品的价格可以精心比较，同时可直接参与生产和商业流通，定制化生产将变得越来越普遍。

由于市场性质、消费者消费行为及消费需求的变化，使汽车企业市场营销活动也必须发生相应的变化，传统的营销组合策略也将发生改变。网络充分发挥在企业营销中的作用，这也是电子商务在营销中的集中体现。

(3) 电子商务改变竞争方式

在传统的汽车经营过程中，往往存在着这样的买卖：厂家生产了某种类型的汽车，积压在市场上卖不出去，而客户需要的某种汽车，却没有人能够生产；或者存在这样的现象，厂家将汽车卖给客户，而客户却只能使用到汽车的部分功能。这样往往造成浪费，企业生产了一些事实上不需要的汽车，是对劳动和资源的浪费；而客户买了不好用的汽车，造成金钱的浪费和产品闲置。在这一过程中，许多资源都被无效地消耗了。优秀的管理者应当能充分利用买方和卖方的信息，降低浪费；在利用现有条件的基础上重新调整和组织资源，通过对市场的划分获得能够满足要求的最佳效果，实现有效提高人们生活质量的目标。

现代信息技术与管理相结合发展的本质是实现高效率、自动化的流程管理，以信息的流动代替物质和能量的流动，即通过技术的实现，帮助人们实现业务流程的优化，降低内耗，提高经济效益。电子商务正是这样一种将现代计算机网络技术与管理相结合的先进的营销方式。

具体来说，电子商务将使企业的竞争方式在五个方面发生变化：

① 电子商务改变了企业之间的合同形式，准确、及时的信息交流使企业合同的稳定性增加，从而进一步加强了企业之间的合同管理。

② 电子商务不仅给客户和企业提供了更多的选择消费与开拓销售市场的机会，而且也提供了更加密切的信息交流场所，从而提供了企业把握市场和客户了解市场的能力。

③ 电子商务促进了企业开发新产品和提供新型服务的能力。电子商务使企业可以迅速了解客户的偏好、需求和购物习惯，同时可以将客户的需求及时反馈到决策层，从而促进了企业针对客户而进行的研究和开发活动。

④ 电子商务扩大了企业的竞争领域，使企业从常规的广告竞争、促销手段、产品设计与包装等领域的竞争，扩大到无形的虚拟竞争空间。

⑤ 电子商务消除了企业竞争的无形壁垒，这主要表现在一定程度上降低了新企业和中小企业进入竞争的初始成本。

（4）电子商务改变企业竞争基础

信息经济学理论认为，在信息经济条件下，影响企业生产函数的基本要素不仅仅是资本、技术和劳动力，还有信息。信息不灵将严重影响企业经营的稳定性和长期性。因此，信息时代的汽车企业管理最重要的环节是信息管理。信息管理的目标是力图能够将最恰当的知识在最恰当的时候传递给最恰当的个人，以便使他们作出最好的决策。这是一个全新的课题，超越了传统的管理范畴。对于一个企业来说，信息管理是对技术和商务信息的捕获，然后将这些技术与信息发布到能够帮助企业实现最大产出的过程。在这种模式下，生产组织不再以传统的动力、物资等为基础，而是以高速网络所支持的数据流作为运行的基础。现代化的信息系统可以使企业在短期内生产出大量而又具有个性化的汽车，以适应迅速变化的世界性市场。信息化管理是信息经济下所有企业面临的共同问题。企业必须面对追求效率、标准与智慧资本的信息经济的挑战，必须尽快向信息经济靠拢，使企业竞争建立在信息竞争的基础上。从这一点看，在企业推行电子商务具有十分重要的意义。

电子商务改变了交易成本，使得产品的价格竞争更为激烈。在 Internet 上开展电子商务，汽车企业可以完成原料的购买和储备，产品的设计、生产、库存和销售，资本的筹措和调配等。

电子商务使各个管理环节都节省了大量时间和经费，避免了高额的交易成本，从而带来经济效益的明显增加。电子商务的开展，还可以解除传统经济活动中时间、空间对人们的限制，可以免除商务人员到处奔波之苦和大量的文书工作。过去业务人员外出都要携带一大堆资料，现在不同了，订货人员去外地不用带许多书面资料，只需与客户一同访问企业的网站就能解决问题。

未来企业管理的新趋势之一是降低互动成本。目前，大多数制造商已经能够使生产成本降至极低水平，企业大部分成本都花在了人与人之间的互动上，谁能将此成本降低，谁就将成为竞争的赢家。降低互动成本的最佳途径，便是以 Internet 为新的"交通工具"进行网上交流，在 Internet 上的计算机能够建立并提供每人 24h、每星期 7 人的用户支持，对产品和服务的订单不受时间、地点的限制。

4. 电子商务对企业组织结构的影响

电子商务的发展给传统的汽车企业组织结构带来猛烈的冲击，要求汽车企业的组织结构必须具有以下基本特点。

(1) 组织结构扁平化

企业打破部门之间的界限，把相关人员集合起来，按照市场机会去组织跨职能的工作；使得企业的机关部门都能更直接、有效地与客户接触、沟通，减少了从决策到行动的滞后时间，加快了对市场和竞争动态变化的反应，从而使组织的能力变得柔性化，反应更加灵敏。

(2) 组织决策的分散化

电子商务的发展，使企业过去高度集中的决策中心组织改变为分散的多中心决策组织。企业决策由跨部门、跨职能的多功能型的组织单元来制订，增强了员工的参与感和责任感，从而提高了决策的科学性和可操作性。

(3) 运作虚拟化

在电子商务的模式下，企业的经营活动打破了时间和空间的限制，把现有资源整合成为一种超越时空、利用电子手段传输信息的经营实体。电子商务将使虚拟企业的工作效率越来越高，优势也会越来越明显。

5. 电子商务对企业生产方式的影响

电子商务对企业生产方式的影响，可以概括为以下三个方面。

(1) 企业生产过程的现代化

电子商务在企业生产过程的应用，可以在采用管理信息系统（MIS）基础上，应用计算机辅助设计与制造（CAD、CAM）、计算机集成制造系统（CIMS）；在决策支持系统（DSS）基础上，通过人机对话实施计划与控制，从物料资源规划（MRP）发展到制造资源规划（MRP）和企业资源规划（ERP），使传统的生产方式升级换代。

(2) 低库存生产

在实施电子商务以后，各个生产阶段可以通过网络相互联系、同时进行，使传统的直线串行式生产变成网络经济下的并行生产，在减少了许多不必要的等待时间的同时，也使得即时生产成为可能，从而将库存降至最低限度。

(3) 数字化定制生产

规模客户化生产，是在广泛地应用网络技术、信息技术、管理技术的基础上，用标准化的部件组合成客户化的汽车产品（或服务），以单个客户为目标，保证客户需求得到最大限度的满足。

6. 电子商务对企业市场空间的影响

市场＝人口＋购买力＋购买欲望。为了最大限度地找到企业的潜在客户，尽可能拓展企业的生存空间，电子商务为企业拓宽市场边界、创造更广阔的市场空间提供了有利条件。一方面，网络用户遍及全国、遍及全球的特征客观上为企业拓展国内、国外市场创造了前提条件；另一方面，电子商务在为企业拓展市场的同时，还节省了大量的市场开发费用，企业可以足不出户地找到全球范围内的贸易伙伴、最终用户。

7. 电子商务对企业管理模式的影响

传统的企业管理模式是一种行政上的下级服从上级的专制型模式。随着市场经济的不断发展，这种管理模式对市场的响应迟缓、被动，已经不能适应现代市场的变化，难以适应企业生存发展的需要，同时也不能满足电子商务发展的要求。

电子商务的发展是在计算机技术和网络技术支持下，把技术、知识、管理和人力等多种资源整合为一体的一种模式。在管理思想上，强调高效、敏捷，要求对市场变化作出迅速反应；在管理体制上，注重各环节的协调、配合和并行工作；在组织功能上，强调企业领导者的协调、服务和创新，着力培养企业员工的团队精神，增强企业的凝聚力；在管理的任务方面，强调以客户的需求为中心，以满足客户需要、赢得客户信任为企业管理活动的出发点。这种创新型的管理模式具有柔性化、集成化和智能化的特征。

8. 电子商务改变企业竞争形象

电子商务为厂商提供了一种可以全面展示其产品和服务的品种和数量的虚拟空间，制作良好的网络广告能够起到提高企业知名度和商业信誉的作用。在线购物的经验表明，如果网上公司可以为客户提供品种齐全的商品、灵活的折扣条件、可靠的安全和友好的界面，那么，在线购物将会像传统商场的购物一样，对企事业的信誉产生好感并且经常购买该企业的产品，而不一定去强求名牌商品。

目前，不少著名跨国公司纷纷设立负责特殊市场和新兴媒体的副总裁或负责人，他们将主要精力放在通过新兴媒体提高企业形象、宣传企业品牌上。电子商务使企业在网络上的长期成本低于其他媒体，但其对潜在客户的影响力，目前依然难与报纸、电视等媒体相抗衡。随着电子商务活动范围的扩大，其广告效应将不断增强。

9. 电子商务改变企业内部结构

以Internet为基础的电子商务给企业传统的组织形式带来很大的冲击，它撕破了传统职能部门依赖于通过分工与协作完成整个工作的过程，产生了并行工程的思想。除了市场部和销售部与客户直接打交道外，企业的其他部门也可以通过电子商务网络与客户频繁接触，从而改变了过去间接接触的状况。在电子商务条件下，企业组织单元间的传统边界被打破，生产组织形式将重新整合，开始建立一种直接服务客户的工作组。

这种工作组与市场直接接轨，以市场最终效果衡量自己生产流程的组织状况以及各组织的单元间协作的好坏。这种组织中的管理者、技术人员以及其他组织成员，比较容易打破相互之间原有的壁垒，广泛进行信息交流，共享信息资源，减少内部摩擦，提高工作效率。

在电子商务条件下，企业组织信息传递的方式由单向的"一对多式"向双向的"多对多式"转换。"一对多式"的单向为主的信息传递方式，形成了"金字塔"式的垂直组织结构。在这种结构中，从价值生产到价值确认过程中，或者说从生产的最初环节到生产的最终环节过程中，插入了许多中间环节。这种组织结构实际上是把企业员工当作奶油蛋糕一样切块分割、分层，既造成了部门之间的分割和层叠，又容易产生官僚主义。在信息时代迅速变化的市场面前，这种"恐龙化"的组织充分暴露出反应迟钝、周转不灵的弊病。参与电子商务的企业为适应双向的"多对多式"的信息传递方式，其垂直的阶层结构将演变为水平的结构形式，这是 21 世纪汽车企业的组织结构。这种结构突出表现为以下两个特点。

① 电子商务使企业的内部网、数据库、所有部门和其他各方都可以通过网络自由地进行交互与传递，管理人员之间相互沟通的机会大大增加，组织结构逐步倾向于分布化和网络化。

② 电子商务使得中间管理人员减少，但可以获得更多的直接信息，提高了他们在企业决策中的作用，从而实现扁平化的组织结构。

企业组织结构变化的另一个显著特征是由集权制向分权制的转变。传统的企业采用高度集中的单一决策中心，这种结构存在许多缺点，诸如官僚主义、低效率、组织结构僵化等。脱离市场的产品生产和经营就是这种决策方式的产物。电子商务的推行，迫使企业将过去高度集中的决策中心组织改变为适当分散的多中心决策组织。企业的宏观规划、市场营销活动，一般通过跨职能、跨部门的多功能型的组织单元来制订。

这种由多个组织单元共同参与、共同承担责任，并由共同利益驱动的决策过程，使员工的参与感和决策能力得以提高，从而提高了整个企业的决策水平。

由于电子商务的推行，使企业打破时间和空间的限制，将出现一种新型的企业——虚拟企业。这种虚拟企业打破了企业之间、产业之间和地区之间的界限，把现有资源优化组合成为一种没有围墙、超越时空约束、利用电子手段联系、统一指挥的经营实体。虚拟企业可以是一个企业的某几种要素的重新组合，也可以是一个企业的某一种要素与其他企业系统中某一种或几种要素的重新组合。虚拟企业一改人们习惯了的刚性组织结构，通过柔性化的网络将具有能力的资源联系起来，组成跨职能的团队，使资源的配置真正实现最优化。由于建立虚拟企业更多地依靠人员的知识和才干，而不是他们的职能，所以虚拟企业的管理也由原来的"控制"转向"支持"，由"监视"转向"激励"，由"命令"转向"指挥"。

二、汽车电子商务的国际贸易环境

随着社会的日益开放,市场经济、自由贸易和全球性社会化大生产已经成为这个时代发展的主流。世界各国的发展日益融通,人员和物资之间的交往日益频繁,汽车企业越来越多地依靠国际间的分工合作以及国际贸易活动的开展。自20世纪90年代以来,国际间的商贸业务量在迅速增长。国际贸易过程中特有的涉及工商行政管理、海关、商品检验、财税、银行等众多部门的单据交接、组织协调,使原有的国际贸易实物操作方式和技术基础已经跟不上国际贸易发展的需要,阻碍了国际贸易业务的发展。于是,电子商务崭露头角,而且开始在国际贸易操作中发挥越来越突出的作用。

1. 电子商务对国际贸易运行方式的影响

(1) 运行主体和环境发生改变

电子商务使国际贸易经营主体出现了"虚拟"公司和企业,即通过信息技术和软件,一家公司可以在无人值守状态下不间断地营业,处理各种日常事务,接受订单并发出指令等。这种虚拟公司的出现大大提升了汽车公司的业务量,有效地提高了运转效率。同时,以计算机网络技术为核心的电子商务系统,在网络环境下也创造出了"虚拟"市场,冲破了国际间各个相对独立存在的实体市场的地域和空间限制,使市场机制在全球适用,促进了市场运作的公开、公平和公正,使全球范围内动态地进行资源配置成为可能。

(2) 交易方式发生改变

电子商务为国际贸易的进行提供了崭新的交易方式。网上订货、网上促销、网上谈判等新的贸易方式和通信方式丰富了国际贸易交易、磋商、联系和成交的手段,电子签名及其相关法案的出台使合同的传递可以通过新的网络通信方式进行,极大地节约了成本,提高了速度。网络银行的出现,使买卖双方可以在网络上随时随地实现电子付款、电子转账,从而降低了网上交易成本,极大方便了双方的交易。纸币流为无纸电子流所代替而引发的支付革命和货币革命,是不可阻挡的发展趋势。汽车的交付方式通过电子商务也有了巨大的变革,可以通过网络在世界各地搜寻最近的存货,在第一时间和最佳地点将货送到。

(3) 经营战略发生改变

电子商务方式突破了传统国际贸易以物流为主的运作格局,实现了以物流为基础、信息流为核心、商流为主体的全新经营战略。企业可以通过电子商务,利用全球网络收集客户信息和其他公司的动向,掌握需求的变化和意见的反馈,以做好宣传和促销,调度生产和流通,完善各种服务体系,全方位和迅捷有效地开展公司的生产经营活动。

汽车生产者与用户及消费者之间通过网络直接接触,使即时供货制度和"零库存"生产得以实现，商品流动更加顺畅，信息网络已成为最大的中间商，国际贸易中由进出口商作为国家间商品买卖媒介的传统方式受到挑战，由信息不对称形成的委托-代理关系与方式发生动摇，贸易中间商、代理商和专业进出口公司的地位相对降低，从而引发国际贸易中间组织结构的变革。

2. 电子商务对国际贸易管理体制的影响

(1) 出口配额招标及进出口许可证管理动态化、规范化

电子商务的实施可以对汽车的配额进行电子招标和进出口许可证的电子发放。首先，管理部门可以迅速地完成对各个企业投标资格和许可证申请的审查，同时建立动态的企业资料库，便于掌握企业的基本情况。其次，招标和许可证发放在网上完成，节约了企业成本，企业人员不必前往现场，文件也以电子方式发送。再次，管理部门可以及时检查、跟踪、反馈、调整招标商品配额的使用情况和全国的进出口情况，出现问题立刻纠正，提高了管理效率。这种动态管理方式，解决了传统方式下配额使用率不高，进出口总量控制滞后的问题。最后，通过网上抽查，可以随时取消违规企业的资格，从而提高配额和许可证的使用率，既增加了优秀企业的出口额，又规范了贸易秩序，净化了经营环境。

(2) 对海关管理提出挑战

电子商务使海关管理步入电子化时代。例如，美国政府从1992年开始在全国采用电子商务方式办理海关业务，不采用电子商务方式办理海关业务的，其清关手续将被推迟办理。欧洲大部分国家也从20世纪90年代开始全面推广电子商务办理海关业务。我国海关总署开发了"进出口报关单联网电子核查系统"，于1999年1月1日起在全国正式实施，迈出了我国实行海关电子化的第一步。电子商务也给海关管理带来了巨大的挑战。由于交易通过网络进行，突破时空限制，没有疆域界限，因此缺乏明确的地理路线，难以确定买卖双方和具体地点。

三、汽车电子商务的法律法规环境

电子商务是近几十年才出现的新生事物，与沿袭了千百年的传统商业形式相比，电子商务在一定程度上改变了原有的贸易形态，从而引起了对相关法律、法规的修改和行政管理方式的变革。为电子商务营造一个合理、宽松的法律法规环境，已被作为一个重要议题提了出来。

电子商务实际上是将传统的商业交易活动转移到Internet这一运行平台上进行，它不仅是一个技术应用问题，同时还包含着如何将传统的交易规范移植于网络交易之中。电子商务只是在表现形式上改革了传统的商业方式，却没有改变其商业属性，这就要求它仍然要遵循商业活动的基本规律，遵守商业活动的基本规则，尊重商业活动的基本道德。然而，信息技术的应用使得许多现行法律规范面对发生在网络上虚拟环境中的电子商务往往束手无策，很难有效地发挥其调整作

用，客观上造成了法律制度上的空白点，一定程度上加剧了飞速发展的社会现实与滞后的法律规范之间的矛盾。

(1) 电子合同的法律效力

在网络的虚拟环境中，原先传统的直接面对面交易的方式被网上的非直接面对面交易方式所取代，交易双方可能自始至终都不会见面，因此如何保障交易的可靠性就成为首要的问题。在传统的商业活动中，一般可以通过订立合同的手段来明确双方的权利和义务，并以此为依据来规范交易活动。但是在网络交易中，这种方法是否适用则面临着考验。

在现有技术条件下，通过网络所订立的电子合同主要有两种类型。

① 点击型合同。这实际上是一种格式合同，由厂家或供货商事先拟订好合同条文，客户对该合同只有同意或不同意的权利，不能进行磋商。点击型合同通常用于商业零售，如网上自销。购物人所需的只是选择满意的商品，阅读"购物协议"，如同意，则键入自己的信用卡号码并选择密码，从而完成购物程序。

② 协商型合同。此类合同通常用于公司间的交易行为，合同标的额较大。成交前，合同文本需经过多次商讨和修改，合同的传递通常是通过电子邮件方式。当合同形成最终文本后，通过 Internet 签署，被发送的合同中附有电子签名。这种经过协商后通过 Internet 方式而生效的电子合同，被称为"协商型合同"。如前所述，电子合同与一般合同的最大不同，在于电子合同内容的可编辑性。由于电子合同是以数字化为表现形式的合同，它可以随意编辑、修改、增加或删除；而一般合同签字后，合同双方各持一份原件，原件不易修改，即便是通过传真方式签订的合同，发件人仍应有一份原件。

(2) 电子签名

电子签名是电子商务立法必须解决的问题之一，否则网上交易的安全和交易的信用都无从建立。电子签名与传统的手书签名虽然都叫签名，但两者的差别很大，甚至没有多少内在联系，只是借传统签名对签字人的辨认功能，来指称在电子商务中对交易人进行识别的电子鉴别手段，而称之为电子签名，如计算机指令、对称密钥加密、公开密钥加密［Public Key Cryptography，又称非对称密钥加密（Asymmetric Cryptography）］、生物笔迹辨别法、眼虹膜网辨别法等。随着科学技术的发展，其具体方法还会层出不穷。

在网络交易中以何种技术生成的电子签名才是安全可靠的，才具有法律效力，这是电子商务立法理应解决的问题。在电子签名立法最早，技术也是最发达的美国，对此大致有两种解决方案：一种是以尤他州和伊利诺斯州为代表的"技术特定化"（Technology Specific）方案，认为只有用非对称密钥加密技术作出的电子签名，才具有与亲笔签名同样的法律效力，而其他技术，如计算机指令、对称密钥加密、生物笔迹辨别法、眼虹膜网辨别法等技术，或安全系数不足，或应用成本过高，均不宜作为法定签名技术予以确定；另一种是以加利福尼亚州和罗德岛州为代表的技术非特定化方案，认为技术特定化限制了其他同类技术的发展，也不利于对消费者的保护等。前者虽然使电子签名制度清楚、简明，但忽略了技术不断发展、日趋多样化的事实。如果只承认非对称密钥技术的效力，那么就可能与商务实践相脱节，被技术发展所淘汰。电子签名的问题不是简单地规定"电子签名与手书签名具有相同的法律效力"就能解决得了的，承认电子签名的效力就必须建立相应的认证机制，而一定机制总是与特定技术联系在一起的。这便使电子签名在立法模式上处于两难的境地。

对于通过网络跨区域、不间断地从事的商务活动，电子签名虽然解决了身份辨认与归属问题，但并没有在陌生的商事主体之间建立起交易所需的起码的信任度，而电子认证正是用于解决密钥及其持有人的可信度问题。认证机构（CA）是承担网上电子交易认证服务、签发数字凭证并确认用户身份的服务机构，它所认证的是所给公钥与私钥是否具有关联性且处于一种有效密钥的最新状态，这种关联性和最新性对电子签名的真实和信用是非常重要的。

世界各国的立法部门在对认证机构的管理、选任上，大致有如下几种做法。

① 政府主导型。如加拿大和新加坡等国由政府授权建立相对统一的电子商务认证体系，规定认证机构所必须具备的条件，包括硬件、软件、从业人员等方面；同时规定符合法定条件的认证机构承担何种责任，并推定经认证机构核实的电子签名具有证据力。

② 合同约束型。这是市场自由、技术中立原则的体现。即政府只宣布承认电子合同的书面效力、认可电子签名与手书签名有同等的效力、说明电子签名安全性的原则性标准，至于采用何种技术作出签名，由谁来充当网络交易的认证人，政府概不过问，完全由交易当事人决定。这种认证体系提供了自由宽松的交易环境，有利于信息技术的发展，但对交易中当事人风险责任分担等关键性法律问题缺乏明确的规定，不利于消费者的权益保护。

③ 行业自律型。即由政府和认证机构协会作为认证机构的管理机关。政府进行总体监控，认证机构协会是根据法律而成立的行业协会，不从事具体的认证业务，主要负责认证标准的审查，对具体适用于电子认证行业的标准负责开发、修订与确立，并负责对其会员所采用的密码、标准的选定。任何官方和非官方的实体都可以成为认证机构，但他们必须是在全国认证协会登记的成员。这一类型是上述方案的折中。

(3) Internet 服务提供商（ISP）的责任

网络服务提供商的责任是电子商务发展的又一核心问题，能否为用户提供可依赖的服务已成为电子商务能否进一步拓展市场、真正成为全球化贸易手段的关键。就目前而言，网络服务提供商在网络交易中可能遇到以下问题：错发电子邮件导致软件等被错误地发送给第三人;传输的软件等出现传输错误而损害消费者权益;由于防范不严而导致消费者信用卡账户及密码被他人获知;错发电子邮件而造成合同订立失败,甚至被他人取得订单等。

由于这些问题在现有的法律中都没有可以适用的依据,所以网络服务提供商和消费者都各持己见。网络服务提供商认为,由于Internet是一个复杂的网络,因此要绝对保证资料的正确是不可能的,由此而造成的损失如果均由服务提供商承担则过分苛刻,且有失公平;而消费者认为,既然网络服务提供商提供了服务,且服务是有偿的,那么他们就应该对服务不善所造成的损失承担责任。

随着全球信息网络的建立和完善,网络的应用越来越广泛。电子商务已经成为一股不可阻挡的潮流,发展它不仅关系到国民经济的发展,而且影响到社会公众的生活,涉及到国家的政策、法律、信息技术发展和基础设施建设等一系列综合性的问题。中国作为一个国际贸易大国,应当在发展全球性电子商务方面进行积极的准备,开展有关电子商务法律制度的研究并主动采取相应的对策。

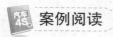
案例阅读

东风日产批汽车电商有四大怪相 别乱烧钱

东风日产数据营销总经理张征在2016中国互联网汽车电商峰会发出四项倡议,呼吁汽车电商从业者:一,不要用低价扰乱市场,受伤害的是整个行业;二,不为GMV牺牲交易效率;三,不要盲目烧钱,汽车O2O靠烧钱烧不起来;四,不要拿电商做PR的噱头。

据亿邦动力网了解,张征称目前汽车电商行业有四大怪相,一是自从大家做汽车电商之后5折车、1折车等低价车满天飞;二是各大平台全部爆出了亩产10万斤的数字,很多交易GMV都是从线下反线上,牺牲交易效率;三是后市场电商热衷于烧钱模式;四是把电商当噱头,现在各大主机厂都在做电商,却从来没有思考过一个问题,到底为了什么做电商。电商应该是一种手段,一种商业形式,它本身绝不是目的。

他表示,很多营销只是把快消品电商模式生硬地放在汽车电商体系之下,汽车厂家去做电商一定要思考三点:第一,已经拥有良好的销售渠道的汽车厂商,如何形成用户入口,做好线上专业的沟通。第二,思考增量问题,厂家去做汽车电商能不能带来增量,这是做电商的目的;第三,思考电商能不能改变自身效率。

为此，东风日产成立汽车电商平台车巴巴后，搭建了100人左右的产品专家团队与用户达成互动，期望以此和消费者形成黏性。同时东风日产在PC端、WAP端、微信商城、天猫旗舰店、支付宝服务窗，在多个平台建立起自己的端口。

车巴巴是东风日产设立的电商平台，主要为东风日产NISSAN、启辰以及日产进口车在内共多个车型提供询价、试驾、贷款等服务，低价销售各种数千元不等的代金券，以服务经销商为主，但并不直接涉及新车交易。

第四章

汽车网络营销

第一节 网络营销概述
第二节 汽车网络营销
第三节 网上4S店

第一节 网络营销概述

一、网络营销的概念

网络营销（On-line Marketing 或 E-Marketing）是以企业实际经营为背景，以网络营销实践应用为基础，从而达到一定营销目的的营销活动。其中可以利用多种手段，如 E-mail 营销、博客与微博营销、网络广告营销、视频营销、媒体营销、竞价推广营销、SEO 优化排名营销等。总体来讲，凡是以互联网或移动互联为主要平台开展的各种营销活动，都可称之为整合网络营销。简单地说，网络营销就是以互联网为主要平台进行的，为达到一定营销目的的营销活动。

网络营销是以现代营销理论为基础，借助网络、通信和数字媒体技术实现营销目标的商务活动；是科技进步、顾客价值变革、市场竞争等综合因素促成的；是信息化社会的必然产物。网络营销根据其实现方式有广义和狭义之分，广义的网络营销指企业利用一切计算机网络进行营销活动，而狭义的网络营销专指互联网营销。

二、网络营销的特点和优势

随着信息产业的高速发展，以 Internet 为传播媒介的网络营销成为当今最热门的营销推广方式。与传统推广方式相比，网络营销具有得天独厚的优势，是实施现代营销媒体战略的重要一部分。而随着上网人数的迅速增加，覆盖的受众面越来越全面，网络营销的影响力也越来越大。网络营销的主要特点和优势如下。

1. 传播范围广、不受时空限制

通过国际互联网络，网络营销可以将广告信息 24h 不间断地传播到世界的每一个角落。只要具备上网条件，任何人，在任何地点都可以阅读。这是传统媒体无法达到的。

2. 网络营销具有交互性和纵深性

交互性强是互联网络媒体的最大优势，它不同于传统媒体的信息单向传播，而是信息互动传播。通过链接，用户只需简单地点击鼠标，就可以从厂商的相关站点中得到更多、更详尽的信息。另外，用户可以通过广告位直接填写并提交在线表单信息，厂商可以随时得到宝贵的用户反馈信息，进一步减少了用户和企业、品牌之间的距离。同时，网络营销可以提供进一步的产品查询需求。

3. 成本低、速度快、更改灵活

网络营销制作周期短，即使在较短的周期进行投放，也可以根据客户的需求很快完成制作，而传统广告制作成本高，投放周期固定。另外，在传统媒体上做广告，发布后很难更改，即使可以改动往往也须付出很大的经济代价。而在互联网上做广告能够按照客户需要及时变更广告内容。这样，经营决策的变化就能及时实施和推广。

4. 网络营销是多维营销

纸质媒体是二维的，而网络营销则是多维的，它能将文字、图像和声音有机地组合在一起，传递多感官的信息，让顾客如身临其境般感受商品或服务。网络营销的载体基本上是多媒体、超文本格式文件，广告受众可以对其感兴趣的产品信息进行更详细的了解，使消费者能亲身体验产品、服务与品牌。这种图、文、声、像相结合的广告形式，将大大增强网络营销的实效。网络营销能进行完善的统计，可以跟踪和衡量营销效果。

"无法衡量的东西就无法管理"。网络营销通过及时和精确的统计机制，使广告主能够直接对广告的发布进行在线监控。而传统的广告形式只能通过并不精确的收视率、发行量等来统计投放的受众数量。而且网络营销的广告主能通过Internet即时衡量广告的效果。通过监视广告的浏览量、点击率等指标，广告主可以统计出多少人看到了广告，其中有多少人对广告感兴趣。因此，较之其他任何广告，网络营销使广告主能够更好地跟踪广告受众的反应，及时了解用户和潜在用户的情况。

5. 网络营销的投放更具有针对性

通过提供众多的免费服务，网站一般都能建立完整的用户数据库，包括用户的地域分布、年龄、性别、收入、职业、婚姻状况、爱好等。这些资料可帮助广告主分析市场与受众，根据广告目标受众的特点，有针对性地投放广告，并根据用户特点作定点投放和跟踪分析，对广告效果作出客观准确的评价。另外，网络营销还可以提供有针对性的内容环境。不同的网站或者是同一网站不同的频道所提供的服务是不同质且具有很强的个性区别的，这就为密切迎合广告目标受众的兴趣提供了可能。

6. 网络营销的受众关注度高

据资料显示，电视并不能集中人的注意力，电视观众40%的人同时在阅读，21%的人同时在做家务，13%的人在吃喝，12%的人在玩赏它物，10%在烹饪，9%在写作，8%在打电话。而网上用户55%在使用计算机时不做任何它事，只有6%同时在打电话，只有5%在吃喝，只有4%在写作。

7. 网络营销缩短了媒体投放的进程

广告主在传统媒体上进行市场推广一般要经过三个阶段：市场开发期、市场巩固期和市场维持期。在这三个阶段中，厂商要首先获取注意力，创立品牌知名度；在消费者获得品牌的初步信息后，推广更为详细的产品信息。然后是建立和消费者之间较为牢固的联系，以建立品牌忠诚。而互联网将这三个阶段合并在一次广告投放中实现：消费者看到网络营销，点击后获得详细信息，并填写用户资料或直接参与广告主的市场活动甚至直接在网上实施购买行为。

8. 网络营销具有可重复性和可检索性

网络营销可以将文字、声音、画面完美地结合之后供用户主动检索，重复观看。而与之相比电视广告却是让广告受众被动地接受广告内容。如果错过广告时间，就不能再得到广告信息。另外，显而易见，较之网络营销的检索，平面广告的检索要费时、费事得多。

三、网络营销的方式

1. 搜索引擎营销

即 SEM（通常以 PPC 为代表），通过开通搜索引擎竞价，让用户搜索相关关键词，并点击搜索引擎上的关键词创意链接进入网站/网页，进一步了解他所需要的信息，然后通过拨打网站上的客服电话、与在线客服沟通或直接提交页面上的表单等来实现自己的目的。

2. 搜索引擎优化

即 SEO，指在了解搜索引擎自然排名机制的基础上，使用网站内及网站外的优化手段，使网站在搜索引擎的关键词排名提高，从而获得流量，进而产生直接销售或建立网络品牌。

3. 电子邮件营销

是以订阅的方式将行业及产品信息通过电子邮件的方式提供给所需要的用户，以此建立与用户之间的信任与信赖关系。

4. 即时通信营销

利用互联网即时聊天工具进行推广宣传的营销方式。

5. 病毒式营销

病毒营销模式来自网络营销，利用用户口碑相传的原理，是通过用户之间自发进行的、费用低的营销手段。

6. BBS 营销

BBS 营销应用的已经很普遍了，尤其是对于个人站长，大部分到门户站论坛灌水同时留下自己网站的链接，每天都能带来几百的点击量。

7. 博客营销

博客营销是建立企业博客或个人博客，用于企业与用户之间的互动交流以及企业文化的体现，一般以诸如行业评论、工作感想、心情随笔和专业技术等作为企业博客内容，使用户更加信赖企业，深化品牌影响力。

8. 微博营销

微博营销是指通过微博平台为商家、个人等创造价值而执行的一种营销方式，也是指商家或个人通过微博平台发现并满足用户的各类需求的商业行为方式。

9. 微信营销

微信营销是网络经济时代企业营销模式的一种创新，是伴随着微信的火热而兴起的一种网络营销方式。微信不存在距离的限制，用户注册微信后，可与周围同样注册的"朋友"形成一种联系，用户订阅自己所需的信息，商家通过提供用户需要的信息，推广自己的产品，从而实现点对点的营销，比较突出的如体验式微营销。

10. 视频营销

以创意视频的方式，将产品信息移入视频短片中，被大众化所吸收，也不会造成太大的用户群体排斥性，也容易被用户群体所接受。

11. 软文营销

软文广告顾名思义，它是相对于硬性广告而言，由企业的市场策划人员或广告公司的文案人员来负责撰写的"文字广告"。与硬广告相比，软文之所以叫做软文，精妙之处就在于一个"软"字，好似绵里藏针，收而不露，克敌于无形。

等到你发现这是一篇软文的时候，你已经冷不丁地掉入了被精心设计过的"软文广告"陷阱。它追求的是一种春风化雨、润物无声的传播效果。如果说硬广告是外家的少林功夫，那么，软文则是绵里藏针、以柔克刚的武当拳法，软硬兼施、内外兼修，才是最有力的营销手段。

12. 体验式微营销

体验式微营销以用户体验为主，以移动互联网为主要沟通平台，配合传统网络媒体和大众媒体，通过有策略、可管理、持续性的O2O线上线下互动沟通，建立和转化、强化顾客关系，实现客户价值的一系列过程。体验式微营销（Has experience marketing）站在消费者的感官（Sense）、情感（Feel）、思考（Think）、行动（Act）、关联（Relate）五个方面，重新定义、设计营销的思考方式。

此种思考方式突破传统上"理性消费者"的假设,认为消费者消费时是理性与感性兼具的,消费者在消费前、消费时、消费后的体验,才是研究消费者行为与企业品牌经营的关键。体验式微营销以 SNS、微博、微电影、微信、微视、微生活、微电子商务等为代表的新媒体形式,为企业或个人达成传统广告推广形式之外的低成本传播提供了可能。

13. O2O 立体营销

O2O 立体营销,是基于线上(Online)、线下(Offline)全媒体深度整合营销,以提升品牌价值转化为导向,运用信息系统移动化,帮助品牌企业打造全方位渠道的立体营销网络,并根据市场大数据(BigData)分析制订出一整套完善的多维度立体互动营销模式,从而实现大型品牌企业全面以营销效果为导向的立体营销网络,针对受众需求进行多层次分类,选择性地运用报纸、杂志、广播、电视、音像、电影、出版、网络在内的各类传播渠道,以文字、图片、声音、视频、触碰等多元化的形式进行深度互动融合,涵盖视、听、光、形象、触觉等人们接受资讯的全部感官,对受众进行全视角、立体式的营销覆盖,帮助企业打造多渠道、多层次、多元化、多维度、全方位的立体营销网络。

14. 自媒体营销

自媒体又称个人媒体或者公民媒体,自媒体平台包括个人博客、微博、微信、贴吧等。

15. 新媒体营销

新媒体营销是指利用新媒体平台进行营销的模式。在 web2.0 带来巨大革新的年代,营销思维也带来巨大改变,体验性(experience)、沟通性(communicate)、差异性(variation)、创造性(creativity)、关联性(relation),互联网已经进入新媒体传播 2.0 时代。

第二节 汽车网络营销

近年来,随着信息科技的发展,尤其是网络的普及,大大拓宽了人们获取信息的渠道,而网络几乎成为消费者了解汽车产品和品牌的主要渠道,消费者通过网络来了解车市行情、选择车型和商家等。之后汽车经销商开始大胆采取网络营销这一新的营销方式。网络营销能充分发挥企业与客户的互相交流优势,而且企业可以为客户提供个性化的服务，是一种新型的、互动的、更加人性化的营销模式。

同时，作为中国的支柱型产业，越来越多的汽车企业也认识到互联网对推动汽车营销的重要作用，并视之为获取未来竞争优势的主要途径，就此网络营销领域将成为下一个众多车企逐鹿中原的无形战场。

一、汽车网络营销的优势

随着网络营销近年来在中国汽车行业的兴起，越来越多的车企加入到这一新兴营销热潮中，网络营销对汽车领域存在着不可忽视的市场优势，在品牌推广中也起着重要的推动作用。目前，网络已经成为人们获取信息的最重要渠道，自然也成为厂商营销的重要一环。在信息爆炸的网络中，能受到关注，激发网友参与互动的网络营销算得上是较好的传播。

1. 网络营销有助于商家降低运营成本

网络营销可以帮助商家直接面向消费群体，通过微博平台可以跨过传统媒体，减少中间环节，降低运行成本，成为广告和新闻的发布者，打通与受众群体的渠道，便于直接传达企业信息动态、活动详情、服务理念等。

2. 网络营销有助于企业提高与受众的互动性

在微博上，企业可以直接与粉丝进行沟通，自然而然加大了与受众群体的互动性。用户车辆出现问题，可以借此了解情况并加快解决；还可以快速与媒体形成互动和互补，向媒体提供即时消息，让记者快速了解公司动态，直接在微博平台答记者问，起到现场采访互动的作用。

3. 网络营销有助于消费者更好满足自身需求

通过网络的互动性，可以帮助消费者及时了解商家和品牌的信息，更可以就此与企业、领导者直接进行即时对话，把问题直接反映出来，提出个人需求，这样还会引起企业关注，为保护消费者权益与投诉增加了更多可行途径。

4. 网络营销有助于企业更好地发挥价格优势

例如，2012年2月10日—2012年2月22日，奔驰Smart借助电商平台，跳出传统销售模式，成功实现汽车网络销售，并且取得惊人效果——300辆奔驰Smart在89分钟内销售一空，几千个销售线索在活动中被搜集并给到经销商，再一次证明了汽车营销的多样性。

在Smart与京东网络售车的案例中，13000多元的价格优惠是吸引消费的重要因素，同样也是网络售车的最大优势。网上预订线下提车，有利于提高产品销量，同时可以买到市面上的紧俏车型，吸引以年轻人为网购主导群体的目光。如

图 4-1 所示 Smart 与京东网络售车的案例。

图 4-1　Smart 与京东网络售车的案例

5. 网络营销有助于企业有效提高品牌知名度

提高品牌曝光率和知名度是企业进行推广的最终目的，也是有效的网络营销里最显著的特征。通过向客户提供有用的信息并与顾客保持良好的联系，在保持一定关注同时树立良好的品牌形象，以此获得顾客的认同和青睐，从而提高品牌美誉度，对消费行为起到推动作用。

6. 网络营销有助于汽车营销模式的不断创新

中国汽车市场经过多年发展，在营销模式上不断创新，向多样化发展，网络营销便是这期间的产物，它的广泛应用有利于我国汽车营销方式的创新，对丰富营销文化的内涵和建设多元化汽车营销模式都具有重要的探索和借鉴作用。它代表了整个汽车营销发展的新趋势。

二、汽车网络营销的展现形式

1. 微博营销

一条微博不过 140 字，但它对于企业而言，可以包括品牌推广、活动策划、产品宣传等一系列营销活动。从 2010 年开始，微博在互联网大行其道，成为发展最快的互联网应用，成功的微博营销可以向公众快速传递产品信息、树立品牌形象，从而影响消费群体的消费行为。

各大商家都把微博营销作为网络营销的主要力量，车企也不例外，长安福特是最早使用微博进行推广的车企之一,在2009年广州车展通过"带着围脖看车展"活动迅速成为粉丝数第一、评论数第一、博文转载数第一的车企官方微博。随后,2010年东风雪铁龙正式开启微博营销大门,借着成都车展启用微博墙,"挑战林丹"的话题在网上引发热烈讨论,中国汽车企业间在微博上的竞争大幕就此拉开。到了2011年,各商家在微博的竞争日趋白热化,将营销创新看做掌控市场的关键,都在想方设法采取独特方式实现差异化竞争,微博在中国汽车市场中已成为"兵家必争之地"。

2. 植入营销

所谓植入营销,就是指将产品或品牌及其代表性的视觉声音符号甚至服务内容等策略性融入媒体、活动或事件中,通过场景再现,让人们在不知不觉中对产品或品牌留下印象,继而达到推广营销目的。汽车行业的植入营销主要体现在互联网衍生的娱乐产品中。

2009年一汽-大众发现网游玩家与新车"速腾"所面向群体的相似特征——大多年龄在18～35岁之间,城市人口为主,教育背景较好等。故此与网络赛车游戏《飙车》合作,透过在游戏中对速腾逼真驾驶感受,向玩家及潜在消费群体传达了该车型的卓越性能及出色的操控性,为速腾之后在中国的成功奠定了良好基础。如图4-2所示为速腾。

图4-2 速腾

3. 视频营销

视频营销是企业将视频短片以各种形式放到互联网上,达到一定宣传目的的营销手段。据悉,中国用户平均每周要花4小时观看网上视频内容(如电影、电视和现场直播的体育赛事),这比美国用户所花的时间多一倍。同时作为"视频"

与"互联网"的结合，视频营销具备了两者的优点：形式上便于接受，同时具有极高的互动性。由此可见，视频营销在中国市场的潜力巨大，已被越来越多的企业重视，成为网络营销一大利器。

在国内汽车视频营销的案例中，最为成功的当属2010年雪佛兰克鲁兹携手中影集团与优酷网推出的"11度青春系列电影"。通过11位中国当代年轻导演的优秀作品，整合优酷网视频平台的传播，唤起了克鲁兹与年青一代消费群体的共鸣，展示出积极向上充满朝气的产品特点。

4. 网络销售

网络销售顾名思义，就是通过互联网对产品进行销售的活动。不同于以上几类网络营销手段，它在中国兴起时间更久，面向的市场更广阔，也拥有更多群众基础，网络销售主打价格战和便利性，如今已成为主流消费方式。在国内有众多网购平台，如京东商城和天猫网，汽车行业也将网络销售的平台在这网购平台中进行网售试水。

三、汽车网络营销的发展前景

网络营销是以国际互联网络为基础，利用数字化信息和网络媒体的交互性来辅助营销目标实现的一种新兴市场营销方式，它以互联网为载体，通过符合网络传播的方式、方法和理念实施营销活动。中国汽车行业与网络营销最初的交集，当始于2005年赛拉图的上市。从上半年"我的车，我命名"系列活动中，赛拉图充分利用了网络互动性这一特点，联合各大门户网站与媒体，通过互动有奖征名活动，吸引了不少网友关注，并积攒下大量潜在用户信息。

几年来，网络营销在汽车产业中迅速发展，采取的方法层出不穷，日趋多样化。目前网络营销主要有微博营销、植入营销、视频营销、网络销售等展现形式。从厂商角度来看，主要有两种表现形式：一是将网络作为集客，二是实现网络销售。如何实现网络销售与4S店的结合，成为亟待解决的问题。

国内汽车网络营销发展迅速，深受市场青睐，展现了旺盛的生命力和广阔的发展前景。但"前途光明，道路曲折"，目前的汽车网络营销只能说是对传统购车和营销模式的一种延伸与补充。

目前网络销售领域还存在一定的问题：网上销售不能满足经销商的利润需求，销售动力不足会导致交车拖延。同时，一些消费者虽然在网上提交了订单，但并未到店进行实际交易，这也会对经销商参与网络销售的积极性产生影响。但是，从长期来看，网络售车不失为一种很好的商业营销模式，其投入成本相对较低（常态来说，市场网络营销费用占到销售总额的5%～15%），且便于传播，更容易吸引大众的关注。汽车整车作为大件消费品，购买过程的复杂性决定了目前整车网购的比例极少，反而汽车用品及配饰品更适于在网上实现。

目前,汽车企业需要充分利用网络的优势,用互动交流培养与受众群的关系,树立品牌公关形象,注重挖掘客户群体信息等方式循序渐进,才能让汽车网络营销体系不断趋于成熟、完善。欲速则不达,只有通过耐心发展,一步步突破传统难点,才能实现中国汽车网络营销实现质的飞跃。

第三节 网上 4S 店

网上 4S 店作为一种具有革命性意义的汽车网络营销整合平台,它通过模拟线下售车的全过程,让汽车购销双方在足不出户的条件下即可实现网上看车、选车、咨询、订单生成的全过程,突破了时间和空间的限制,轻松便捷地完成选车购车的全过程,同时还可享受各种线下 4S 店没有的特别优惠。可以说网上 4S 店将网络独具的 3D 展示和互动的功能发挥到极致,在此汽车厂商的品牌展示需求和经销商销售需求也通过"网上 4S 店"实现了有机的结合,一体化推动终端销售。与传统的汽车 4S 店的"坐销"模式相比,网络营销的主动性和互动性将为汽车行业带来营销模式的全新变革。

网上 4S 店这种全新的以网络为依托的营销平台,是汽车网络营销广度与深度的完美结合。它在充分利用网络的交互性、广泛性等基础上,整合各方面的优势资源于一体,为汽车生产厂商、经销商和消费者之间搭起了一座最好的沟通桥梁,开启了电子化和数字化营销的新篇章。

一、网上 4S 店的优势

网上 4S 店作为一种全新的网络购车工具,不论是对于生产商、销售商还是消费者都具有非凡的意义。它通过全方位的整合资源颠覆了传统的购车方式,满足了生产商对品牌的展示需求和销售商对销售的需求,同时最大程度地满足了消费者的多元化需求。

汽车产品属于相对复杂的产品,消费者在购买之前必定需要收集相关的信息,对产品和品牌有一个全面的了解,网络则成为其获取汽车信息的主流渠道,而作为汽车网络营销整合平台——网上 4S 店的推出,正好满足了消费者对这方面的需求。他们可以不受时间和空间的限制,随时上网看车、评车以及进行在线交流,使受众对产品和品牌进行全面的了解。网上 4S 店通过发挥网络平台的优势，与消费者建立一种互动、双赢的营销模式。

与传统的汽车营销模式相比，网上 4S 店的最大优势在于整合了文字、图片、音频、视频和网络等技术，特别是网络独具的 3D 功能为生产商品牌的推广和宣传提供了创新营销平台。网上 4S 店发挥自身整合优势，3D 画面和立体三维图像不仅带给受众全然一新的感受，同时视觉效果更加立体、直观，更是带给用户一种身临现场的感受。网上 4S 店的展厅通过发挥 3D 技术的优势，让汽车多维度展现在受众面前，更为直观感受车的整体外观、车体结构和乘坐空间，使品牌得到全面展示。

二、网上 4S 店的营销方法

汽车网络营销既要做好内容、情势、视觉表示、广告的创意，同时也要摸索技术上的突破。同时，准确的市场服务定位是营销网站取得胜利并不断进步的关键因素。在中国广告业网络媒体中，要让网站在相当长的时间内在行业中领先，这就需要一个有着立足现有、放眼未来的完全构架，网站服务的目的不但要定位在广告公司、广告媒体、广告主及广告相关行业，而且要对发展目的和服务功效进行正确定位，以全面拓展其市场容量和收益空间。

1. 完善服务系统

服务永远是网站吸引顾客的手段。放眼我国专业汽车网站的长远发展，不但要把网站构架完善，对行业的服务与业内交换工作也必须做到位，这样才会使自己的品牌与内涵得到更好的传播。同时还要注重汽车网络服务的差别化。在内容宣布、信息互动等方面要形成自己的风格，在设计以及创意上应当有独到之处，和其他网站比较要有突出的特点。在网络的推广上，企业和网站双方应共同尽力。在深化信息的服务方面下更多功夫，有效应用信息分类、媒体监测、市场调研等服务内容，把信息资讯和广告整合成多套计划打包提供给消费者。完美网站的服务系统还要注重有效互动，可以与一些海内外著名网站的汽车频道和专业的汽车网站进行广告互换，网站互通友谊链接，密切合作，资源共享，与汽车产业协会、行业协会等多家机构强强结合、共同发展，与报纸、电视、电台等主流媒体形成战略合作伙伴关系，这样不但可以提高自身的服务质量，而且这种互动目标性强而又行之有效，同时节省了大量的营销费用。

2. 建立专业团队

网站的运营要有一支营销团队。在如今的关系营销环境中，营销人员要成为解决客户问题和与客户建立良好关系的高手，能及时了解客户需求并准确向公司反映，不断更新信息，全方位满足客户需求。客户关系营销使公司通过有效地使用个人账户信息，与每位有价值的客户建立关系，从而可以提供优异的实时客户服务。一支营销团队，代表着企业的形象和信用，是经销商和客户直接沟通的桥梁，这支团队的素质如何，将决定着汽车营销的成败。

3. 充分利用资源

一是要利用好网络资源，利用网络自身的资源为网站做宣扬，在自己的站点上或是在别人的站点上宣布网站的形象广告，提高网站的知名度和信用度。二是要应用好传统媒体资源。不同的媒体有不同的特点及功效，网站要打出自己的品牌，还应当充分利用传统媒体。电视是视听综合的媒体，不但可以在屏幕上完全地显示出网站的网址，而且还能用声音播出网址，可以从多种感官强化受众的记忆度。同时因为电视这一媒体具有受众面广、权威性高的特色，本土网站可以应用本地域的电视频道做网站品牌广告。三是有效利用会展。随着汽车消费的启动，近年来车展成为各大城市争相举行的大型会展活动，车展是一种低成本、针对性极强的促销手段。汽车营销网站应充足利用车展的丰富内容形成网络和展会的互动，对一些经销商现场做采访，展会期间做好直播。

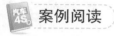
案例阅读

易车和京东汽车电商合作

2015年1月9日，易车宣布牵手京东、腾讯，获得两者15.5亿美元的战略投资，同时，易车获得了京东平台上的新车和二手车业务的独家运营权，原京东平台上整车业务相关商家客户将转由易车继续服务。而京东将为易车运营整车业务提供包括用户、流量、广告资源、金融服务和大数据等在内的多维度战略支持。

易车与京东、腾讯的合作包括PC主站、移动站、京东APP、微信、手机QQ、交易与支付体系等十几个部门同时打通。

京东入局再起波澜：电商的汽车场景想象空间有多大

汽车市场因京东的入局再掀波澜，京东与品牌商、经销商、维修企业联手形成B2B2C闭环的同时，意在凭借自身的大数据优势，为修理厂进行智能预测、补货，构建协同供应链。京东入局的背后，实则是电商企业对汽车场景发起的强大攻势，阿里、苏宁和国美等电商巨头早已纷纷入局。从整车销售到车载系统再到汽车后市场，售卖汽车商品仅仅是电商布局汽车场景的"冰山一角"，云计算、大数据等才是电商企业入局的"王牌"，构建以车为中心的新场景，意在借此为汽车场景提供更大的想象空间。如图4-3所示为京东入局汽车市场。

图 4-3 京东入局汽车市场

一、建汽车场景

汽车场景已经被视为除家庭场景和办公场景之外，第三个能够产生集中购买力的消费场景，电商巨头们已经从多个维度探索汽车场景。11 月 30 日，京东收购汽车后市场企业淘气档口，并预计构建 10 万智慧修理厂。对于京东而言，入局汽车后市场将与现有的汽车用品业务形成 B2B2C 闭环，品牌商、工厂、修理厂和消费者之间复杂而繁琐的交易环节得以简化，流量将在京东构建的体系中流转。

面向 C 端消费者售卖产品仅仅是京东布局汽车场景中的一环。一位汽车配件商对北京商报记者称，整车销售后，修理厂就成为消费者频繁产生消费行为的场所，一旦能与京东打通系统，修理厂甚至是 4S 店将成为京东为消费者构建起的新消费场景，从整车售卖到后期维修，以至于中间的保险环节都将在同一场景中完成。

与京东打通消费链条构建场景的方式不同，阿里、苏宁等企业则在互联网汽车上做文章，借助车载系统在汽车内部建构封闭的场景。苏宁已经与电动汽车品牌 BYTON 拜腾联手，拜腾的智能汽车制造与苏宁的互联网产业形成结合，苏宁易购、PPTV 等 APP 将直接植入到拜腾的车载系统 BYTON Life 中，实现终端车主在车内进行车载购物、休闲娱乐等。苏宁的体育直播资源也将成为吸引车主的一把利器。

车载系统的升级与研发，已经成为电商企业在短时间内建构汽车场景的捷径之一。在阿里与上汽合作的车载系统中，智能语音交互模式、智能出行等功能与服务成为亮点，高德地图、支付宝、阿里文娱、电商平台悉数植入到系统中。

二、集中体现智慧化与大数据

电商描绘汽车场景的想象蓝图时，借助的正是电商为之骄傲的大数据与云计算能力，并以汽车为新的入口落地智慧化概念。基于电商的大数据计算，车企与电商间的数据互联将产生巨大的经济效应，实现对产品或产业的重构。

阿里、京东、苏宁以及国美等企业纷纷切入汽车市场，促使汽车场景的竞争从原有的基础产能向对数据能力与综合分析的层面转变。根据电商所提供的大数据，路况拥堵情况、出行路线规划以及交通事故出险率将在第一时间传输到车主的车载显示屏中。同时，地理位置信息、娱乐信息、社交信息等也将成为大数据得以应用时，电商拓展汽车场景外延时涉猎的方面。

大数据的注入，为电商巨头进入陌生的市场提供指引，还将推动整个汽车市场从 B2C 模式转向 C2B 模式。

当电商的大数据被广泛应用时，智慧化成为直接的表现形式。车主通过语音系统体验智能的交互和场景服务，实现人与信息、场景、设备间的连接与交互。以电商的大数据、云计算为基础构建的车载系统，将更为精准地提供场景化的解决方案，智能停车、智能订餐、智能家居等服务也会陆续嵌入到电商搭建的汽车场景中，汽车场景成为家庭场景和办公场景的延伸。

三、落地线下的可行性待考

"新零售"概念落地前，电商早已瞄准了汽车场景布局线下。在内容与社交方面，电商已经成熟的内容生态与社交生态植入到汽车这个封闭的线下环境，电商描绘的用户画像可作为在汽车场景中打造私人定制的基础。这些增值服务又为电商营造了强亲和力的销售场景，进而实现电商与车企之间的共赢。

尽管电商的身影频繁出现在汽车场景中，但缺乏线下基因，成为电商企业们在汽车市场大展拳脚的重要阻碍。

第五章

汽车行业的电子商务应用

第一节　汽车整车电子商务
第二节　汽车配件电子商务
第三节　汽车保险电子商务
第四节　汽车租赁电子商务
第五节　汽车金融电子商务
第六节　汽车后市场电子商务

第一节 汽车整车电子商务

一、汽车整车电子商务概述

1. 产品的构思

汽车整车制造企业可在自己的网站建立新产品构思的交互性栏目。企业利用 J2EE 或 NET 技术再加上 Oracle/SQL SERVER 数据库便可轻松地建立该栏目。新产品构思包括登录客户的姓名、电话、地址、新产品构思细节以及新产品构思效果图等内容。当用户将自己的构思内容填入网页表单中的相应空白处后,可单击页面中的提交按钮便可将用户所填写内容通过互联网传递到企业的后台新产品构思数据库中。利用新产品构思数据库和系统数据库可以产生数据仓库,利用数据仓库进行 OLAP(联机分析)和数据挖掘,进行智能化的决策。

2. 构思的筛选及概念的形成

企业内部的专家们可从新产品构思数据库中查看到不同用户所提交的汽车整车构思信息。通过分析,筛选出符合本企业发展目标和长远利益并与企业资源相协调的产品构思。企业在筛选出构思的基础上对于产品的功能、形态、结构等进行详细的描述,使其在顾客心目中形成一种潜在的产品形象,即产品概念。

3. 新车研制

汽车整车制造企业在新产品的研制过程中,可通过互联网与相应的汽车经销商和配件供应商进行双向的沟通交流。通过相互合作可以最大限度地提高新产品开发的速度。

二、新车电子商务应用

1. 新车电商行业的现状

新车电商行业从来都不缺关注度,尤其随着"新零售"概念的普及应用以及二手车电商平台强势入局,新车电商市场站上汽车行业的风口浪尖。

2. 新车电商行业的发展机遇

(1)网民及电商行业规模持续扩大,消费者线上消费习惯逐渐养成

CNNIC 数据显示,我国网民数量保持快速增长的趋势,2016 年,我国网民

及移动网民分别达到 7.3 亿和 7.0 亿；艾瑞数据显示，2016 年中国电子商务市场交易规模达 20.3 万亿元，保持高速增长；消费者正逐渐习惯于线上购物，未来电商市场规模将持续扩大。如图 5-1 所示为 2012—2019 年中国电子商务市场交易规模。

图 5-1　2012—2019 年中国电子商务市场交易规模

（2）国家推行从生产到销售一系列政策重视汽车工业发展

汽车工业作为国家制造业的支柱之一，是衡量国家工业水平的基本指标。长期以来，国家一直重视鼓励汽车行业发展，在各个发展阶段，均有多种不同政策法规颁布实施，不断完善汽车工业整体行业规范，促进汽车工业更稳定更健康的发展，提升了汽车工业的经济作用及影响力。如图 5-2 所示为 2009—2017 年中国汽车行业主要政策法规。

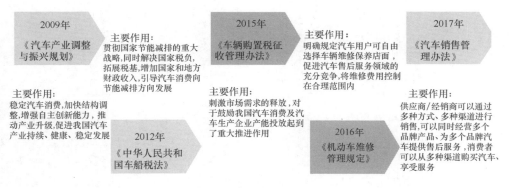

图 5-2　2009—2017 年中国汽车行业主要政策法规

3. 新车电商行业的发展趋势

（1）传统汽车销售在与互联网结合的过程中尝试汽车电商形态

4S 店模式自引入国内开始，近 20 年来一直是我国最主要的汽车销售模式、主要的车源流通渠道。但长期以来4S店模式的垄断地位对于不断变化的整个行业来说，逐渐成为一把双刃剑；虽然4S店服务体系保障了基本的服务质量及用户增值服务需求，但随着汽车市场及消费者消费心理的成熟，单一的4S店模式不再适合为消费者提供多样化、多品牌、高质量、个性化的服务，在电商化的浪潮下，中国新车销售行业尝试着多种新车电商模式。如图5-3所示为汽车电商形态。

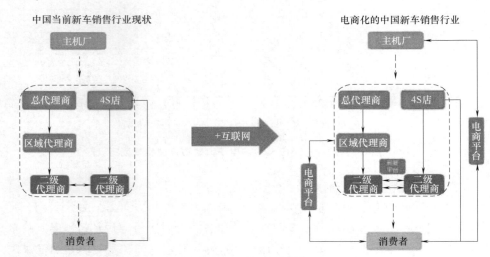

图5-3 汽车电商形态

（2）"产品+服务+体验"才是汽车新零售

最近，"新零售"的概念被推上风口，"新零售"的本质是线上线下紧密配合，以数据为基础打通商户与消费者的联系与沟通，提升交易效率、节约时间成本、增强用户体验等；未来新车销售行为将注重消费者行为习惯的分析与洞察，提升信息流通效率、营销精准度，结合消费者购车场景、提供良好服务与使用体验结合的新型销售模式。如图5-4所示为汽车新零售。

（3）中国新车电商行业从促销信息发布逐步发展到多模式并存的汽车销售新渠道

从最早个别车企推出线上订购汽车开始，整个汽车行业参与者都积极地参与到电商化进程中来；2010年，淘宝网一次性团购售出200辆Smart汽车，标志着汽车电商的兴起；在此之后，多家主机厂、汽车资讯网站、综合电商、经销商集团、垂直汽车电商平台甚至近期入局的多家零售巨头，均开始布局"新零售"下的汽车销售新渠道。如图5-5所示为新车电商发展历程。

（4）在营销、导购、轻度交易的基础上，正朝着常态化、场景化、服务型的电商阶段发展

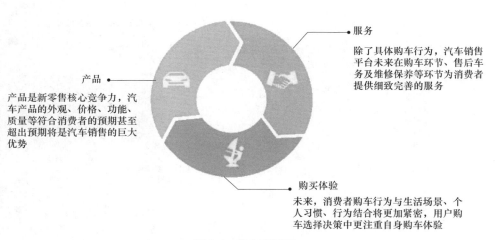

图 5-4　汽车新零售

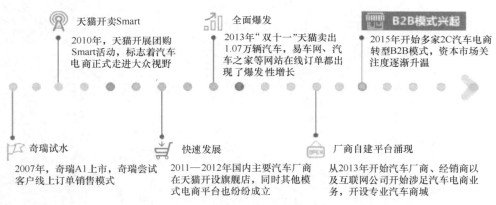

图 5-5　新车电商发展历程

新车电商的概念从最初提出至今，各种模式新车电商层出不穷；但整体来说，各家平台未能将汽车销售完全电商化，多数平台仍处于早期营销、导购、轻度交易的阶段；随着行业的不断发展与创新，以及在"新零售"背景下，汽车电商最终将成为交易常态化、场景化、以服务为导向的汽车交易平台，满足车辆流通环节的基本服务及增值服务需求。如图 5-6 所示为新车电商发展阶段。

(5) 业务布局广泛，服务能力强的电商平台品牌竞争力突出

经销商调研数据显示，卖好车凭借在金融、物流仓储、客户管理及销售管理方面的优势，在经销商群体评价中好评率较高；另外，车行 168 的车源优势在评价中也得以体现。

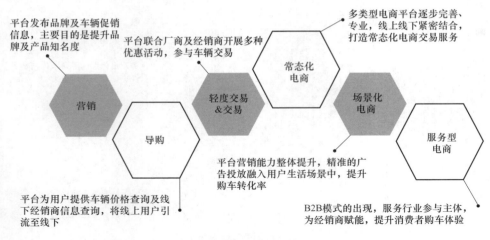

图 5-6　新车电商发展阶段

艾瑞分析认为，经销商在交易流程中有较多的痛点，业务布局全面、服务能力强的电商平台在市场竞争中逐渐得到经销商群体的认可，具有较强的竞争优势。如图 5-7 所示为新车电商行业产业链图谱。

图 5-7　新车电商行业产业链图谱

4. B2B 模式新车电商

(1) 资本市场对行业关注度提升，B2B 模式新车电商受青睐

从获投企业模式分析，B2C 模式新车电商获投企业比例逐年下降，同时 B2B 模式新车电商企业获投比例逐年增高，2017 年上半年 B2B 企业获投比例高达 62.5%，B2B 模式正成为行业热门。如图 5-8 所示为新车电商分模式获投情况分析。

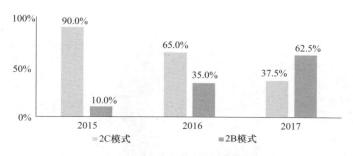

图 5-8　2015—2017 年新车电商分模式获投情况分析

(2) 国外 B2B 新车电商为经销商提供销售环节解决方案及系统，并提供金融、数据研究等综合服务

国外 B2B 新车电商当前依托于完善、庞大的汽车电商平台或经销商集团，业务模式开展领域及竞争格局较为稳定；Dealertrack 专注于为厂商、经销商提供更高效的销售、订单管理、车辆定价等服务软件及技术支持，为经销商、消费者提供金融贷款、保险、数据研究分析等服务支持。如图 5-9 所示为 Dealertrack 主要服务内容。

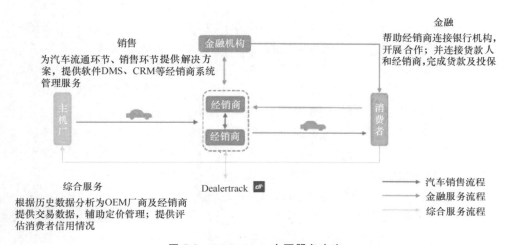

图 5-9　Dealertrack 主要服务内容

（3）B2B 3.0 模式电商平台开创者，汽车流通行业综合服务提供商

服务汽车流通行业，为经销商提供交易平台，并深度参与交易过程，卖好车是 B2B3.0 模式电商平台开创者；业务布局涵盖汽车流通中车商基本服务需求，供应链服务帮助车商获取、管理、售卖车辆，物流服务满足车商接车、发车需求，金融服务解决了经销商用户资金短缺、交易风险无保障等问题，极大地提升了汽车流通行业交易效率。如图 5-10 所示为卖好车基本业务布局。

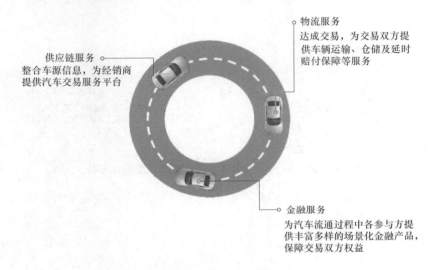

图 5-10　卖好车基本业务布局

（4）从最早的信息发布到撮合交易，再到现在的参与交易、服务于交易、流通环节

B2B 模式新车电商的发展经历了由简单的信息发布，连接消费者为目的的 1.0 阶段；逐渐发展到平台提供简单的增值服务，但重点在于撮合交易的 2.0 阶段，最终实现服务产业上下游，为交易主体提供交易服务、货运仓储、金融信贷等增值服务的 3.0 阶段。如图 5-11 所示为 B2B 模式新车电商发展阶段。

（5）B2B 模式新车电商主要通过营销服务、自营交易及增值服务盈利

B2B 模式新车电商当前主要通过营销服务、自营交易盈利；未来更多将通过为车商提供增值服务，并通过金融、物流、保险等产品盈利，拓展行业金融、保险附加价值。如图 5-12 所示为 B2B 模式新车电商盈利方式。

（6）经销商对 B2B 模式新车电商服务需求逐步增长

相比主流 4S 店模式，线下二级经销商在车源、金融支持、物流服务以及售卖支持方面都急需规范与完善，需要标准化、规范化、高效运营的平台予以支持和帮助。艾瑞分析认为，B2B 模式新车电商，利用自身优势整合、匹配车源流通

图 5-11　B2B 模式新车电商发展阶段

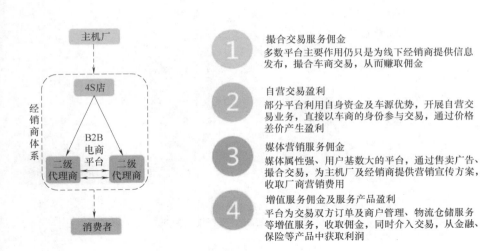

图 5-12　B2B 模式新车电商盈利方式

中的需求与供应信息；提升经销商运营、管理能力；提供金融贷款服务，提升车商批量拿车、接车能力；为经销商提供多种物流解决方案；协助经销商高效完成交易。如图 5-13 所示为经销商对 B2B 模式新车电商服务需求。

(7) 顺应渠道下沉，构建二、三、四、五线城市新型汽车销售渠道

随着《汽车销售管理办法》的出台施行，传统品牌经销商的专营模式将迎来重大改变，品牌经营与维修的垄断现状将被打破，汽车销售市场将进一步开放，将催生更多汽车销售新业态；另外，随着汽车消费需求的持续下沉，在 4S 店分布较少的三、四、五线城市消费者购车需求难以得到满足，B2B 模式新车电商平

图 5-13　经销商对 B2B 模式新车电商服务需求

台整合分散的二级经销商,在二、三线甚至四、五线城市构建新型汽车销售渠道。如图 5-14 所示为 B2B 模式新车电商新销售渠道。

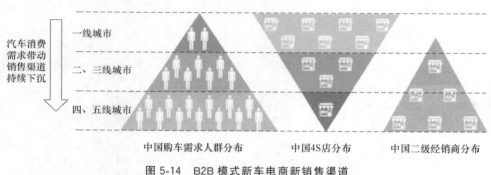

图 5-14　B2B 模式新车电商新销售渠道

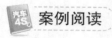

新车电商企业案例——神州买买车

一、发展概况

神州买买车是神州优车旗下的全国性大型汽车电商平台,采取线上信息交流平台和线下实体交易相结合的模式,为客户提供高性价比的汽车销售服务。2016年 5 月正式上线。除官方网站外,神州买买车已入驻天猫等主流电商平台,并在全国 150 个城市开设线下实体门店。

神州买买车主打爆款新车销售，打造并行于4S店外的汽车电商平台。2016年"双11"当日，神州买买车科鲁兹单品订单金额近3.6亿元，总订单金额突破8亿元。其中，科鲁兹经典单品在线预订量更是达到8965辆。活动期间，天猫神州买买车旗舰店流量持续占据天猫平台汽车会场榜首，排名天猫汽车单品销量第二。

2017年1月9日，在90分钟的天猫直播中，仅天猫神州买买车旗舰店科鲁兹经典单品总订单金额就突破2.28亿元，在线预订达2717辆，平均每分钟售出11辆，打破了天猫汽车历史成交纪录。

二、商业模式

神州买买车的产品以新车为主，以准新车（二手车）为辅，商业模式主要是针对目前4S店布局的不足。传统4S店体系主要源于品牌授权，面临较大的成本压力。

神州买买车利用神州优车集团协同效应，凭借集团与主机厂的强议价能力，与国内主流整车厂商、4S店、进口商建立合作，并以包销和代销的形式，通过全国线下门店、网络销售给线上导流的终端消费者。覆盖从车源、供应链、门店、消费者、汽车后市场服务及旧车处置的全用车周期。

与导流型及其他电商相比，神州买买车在购车、提车以及售车等方面的服务，对4S店的脱离更彻底，其更像是一套平行于4S店之外的销售渠道。目前，在神州买买车平台上，可以买到别克英朗、别克威朗、大众新朗逸、大众凌渡、广汽传祺GS4等主流热销车型。

与传统渠道及其他汽车电商平台相比，神州买买车在汽车金融方面创造性地推出"先享后买""0首付"等全新汽车消费模式。不仅提供"低首付、低月供、灵活尾款"的金融方案，为了让更多消费者提前享受有车生活，还提供"0首付"的全新金融购车方案。还款期限包括24期、36期、48期。同享4S店正规售后保养，同时还在不同阶段推出优惠活动，如送iPhone7、智能电视和双开门冰箱。

以别克英朗2017款15N自动豪华型新车为例，厂商指导价为13.69万元。在神州买买车可以"0首付"购买，36期贷款月还款额度为2493元左右。最后再支付4.77万元尾款，购车成功还能获赠iPhone7。

此外，神州买买车平台还有准新车售卖，也有不同金融产品可选，比如，不同比例的首付和不同期限的贷款。在准新车方面，神州买买车承诺7天无理由退换，两年不限里程质保。

以丰田凯美瑞2013款200G自动经典豪华版为例，车龄3年，行驶里程4万~12万公里。新车厂商指导价为19.4万元，神州买买车销售价格为12.79万元，为新车价格的65%。选择"0首付"、48期还款期限，每月仅需3560元左右。

三、核心能力

神州买买车拥有强大的线上线下资源，主要包括流量、数据、用户、后续服务，以及车源、供应链、实体店、保险、金融。其竞争优势主要表现在业务闭环、全国性布局、产业链整合、多品牌高效率四个方面。

业务闭环：线上流量资源和线下网络互补，线上线下相结合，完成闭环交易。

全国性布局：网点覆盖全国地级以上城市、各类消费者，覆盖面广、纵度深，能弥补厂商渠道的不足。

产业链整合：全面整合供应链各环节资源，并提供全线产业链服务，满足客户买车及后续服务需求。

多品牌高效率：为消费者提供多样化的选择，提高单店销售率。

可以说，比传统4S店更懂互联网，比互联网更懂4S店。

四、运营情况

目前，神州买买车共有超过3000名员工。神州买买车正在逐步建立一套较为完善的管理体系，包括下沉的时候如何与合作方合作，如何管理好员工，如何规范线上线下的服务流程等。此外，除了线上流量，神州买买车还有很多线下流量，邀约到店转化也是运营重点。

五、发展规划

依托神州优车集团在汽车领域多年的资源和产业协同优势，神州买买车将秉承"更高品质，更低价格，更多保障"的运营目标，联合战略合作伙伴，通过线上线下相结合的O2O模式，构建中国最大的汽车电商平台，提高流通效率，改善客户体验，迎接汽车流通领域新变革。

六、总结

神州买买车从自建渠道入手，将汽车销售线上线下实现更精准契合。但目前公司业务还处于大幅投入阶段，未来神州买买车能否实现盈利，能否实现集团各业务板块的协同，还需要企业在模式不断创新的同时，不断提高运营水平。

三、二手车电子商务应用

由于新车销量的推动，居民的汽车保有量也大大提高。正是有这样的环境作为基础，为国内的二手车市场发展创造了巨大的空间。根据数据显示，2013年国内二手车交易量就已经达到了520万辆，到2016年已超过千万辆。随着汽车保有量的不断增加，平均年龄的提高，以及消费者购买二手车习惯的逐渐养成，预计未来国内二手车的交易量将出现爆发式的增长。

1. 我国二手车电子商务的现状

近几年,随着互联网和移动互联网技术的快速发展,二手车商逐渐从传统二手车交易市场转战电商平台。以优信二手车和瓜子二手车直卖网等新企业为代表的二手车电商平台如雨后春笋般出现并快速发展。与成熟而封闭的新车市场不同,原来的二手车市场分散和混乱的现状给了这些具备互联网基因的企业改造这一市场的大好机会。从优信天价广告和瓜子多轮融资来看,二手车电子商务是比新车电子商务更具发展潜力和价值的。

尽管二手车电商发展趋势良好,但是同样有需要注意的地方。目前二手车电商市场仍处于探索期,并且预计这一阶段将持续 2~3 年,二手车在线交易量占整体交易量的比例还不足 10%,各个二手车电商平台还处在发展的初期阶段。

2. 我国二手车电子商务的问题

目前国内二手车通过中间商进行的二手车交易仍占主流,瓜子、人人车那种抛开中间商的纯 C2C 模式实施还有很多困难;随着二手车电商平台的增多,未来的行业竞争只会不断加速,前景是美好的,但眼下蛋糕并没有那么大,竞争却大大提前了;取得消费者的信任,树立口碑,解决现实中可能存在的"车况不透明""车价不透明""卖车效率低"和"需求匹配难"等问题;如何通过商业模式创新,在尽量不拉高经营成本(如人力成本)的前提下,同传统经销商、汽车厂商展开"斗争",是未来二手车电商思考的难题。

3. 我国二手车电商市场的趋势

(1) 二手车市场的发展空间和市场规模将有广阔前景

二手车认证标准和品牌将成为二手车电商的核心竞争力;标准化流程推动二手车拍卖的完全在线化;2B 交易服务型电商将成为整合二手车市场的主力;二手车电商的盈利模式将呈现多元化发展;二手车估值服务短期内难成熟,仍需长期积累和发展;各类二手车电商模式将共同发展,关键在于提高流通效率和改善用户体验;整车厂商和经销商集团将陆续发力二手车电商,线下资源优势明显。

(2) 经销商功能逐步分化,B2B 模式新车电商触及二手车流通

未来,经销商根据自身优劣势,发展定位将逐步分化;综合服务能力强的 4S 店,服务升级成为 5S 或 6S 店;而单项服务优势突出的经销商则朝着功能精简、高效的 3S 店甚至 2S 店或功能垂直专业的汽车功能店方向发展;同时,B2B 模式新车电商不断优化自身服务效率及服务质量,满足新车流通过程中车商服务需求;之后,B2B 模式新车电商可能将涉及二手车流通相关业务板块,参与二手车交易、金融及流通服务等。如图 5-15 所示为 B2B 模式新车电商触及二手车流通。

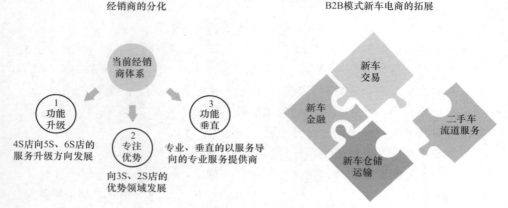

图 5-15 B2B 模式新车电商触及二手车流通

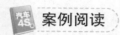 案例阅读

二手车电商企业案例——优信

一、优信发展概况

2011 年,时任易车副总裁戴琨从易车网离职创立了优信拍。当时正值北京汽车指标的限购,大量置换来的二手车要迁到外地市场,4S 店需要处置二手车,B2B 拍卖模式有了很大商机。

在易车网 CEO 李斌的支持下,从二手车现场拍卖到网络竞拍,经过多年的探索和实践,优信拍形成了从线上拍卖到线下交付以及增值服务的拍卖业务体系,为新车和二手车商、租车企业等提供二手车交易服务。

2014 年 7 月,优信决定开拓新业务,做面向个人消费者的 B2C 业务,即优信二手车。之后两大业务线并行发展,优信集团成立。

截至 2017 年上半年,优信已经累计融资总额接近 10 亿美元。融资的历程如下:2011 年,戴琨离开易车集团,成立优信拍,获得易车董事长李斌的天使投资;2013 年,优信拍获得君联资本、DCM、贝塔斯曼(BAI)、腾讯产业基金合计 3000 万美元 A 轮投资;2014 年,优信拍完成来自华平、高瓴资本以及老虎环球基金的 2.6 亿美元的 B 轮融资;2015 年 3 月,优信宣布完成总计 1.7 亿美元新一轮融资,领投方为百度,另有 KKR、Coatue 等投资机构跟投。2017 年 1 月,国内领先的二手车电商优信集团宣布完成新一轮 5 亿美元融资,由 TPG、Jeneration Capital、华新资本联合领投,华平、老虎环球基金、高瓴资本、KKR、光控众盈新产业基金、华晟资本等新老股东参与跟投。

到 2017 年初，优信宣布交易二手车 100 万辆。优信集团从 2016 年下半年开始筹划新车业务，2017 年 4 月，社交类汽车电商"优信新车"上线。

二、商业模式

1. 优信拍

优信创立之初立足做二手车交易平台，以建立高效的交易模式为宗旨。旗下业务包含二手车在线批发平台优信拍、二手车在线零售平台优信二手车、面向消费者和车商的金融服务。

优信拍通过提供车辆检测、在线拍卖、车辆交付、手续流转、增值服务等一站式服务，聚拢海量买家与卖家，帮助二手车经销商建立货源采购市场，又能提供跨地区的物流服务。

优信创业以来，与国内车商保持着密切合作，围绕车商进行多次服务升级。优信拍业务线通过拍卖在短时间内帮助一辆车找到更多的买家，供应车源的一端是 4S 店、二手车商、大客户，另一端是竞价参拍的买家，来自全国的二手车零售经销商。

网络竞拍的交易模式是对每一辆参与拍卖的车，通过"查客"设备对车辆进行检查，把车辆的状况转化为"查客检测报告"，公示在优信拍的拍卖平台上。卖家根据自身需求填写包括它的保留价、竞拍时间以及其他交易信息，将二手车作为一个在线拍卖的"商品"发布竞拍。优信拍向买家收取交易服务费、交付服务费、整备费，向卖家收取车辆检测评估费，如果交易不成功则不收取相关费用。如图 5-16 所示。

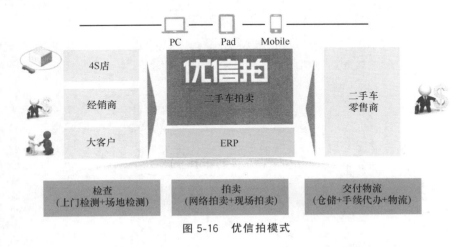

图 5-16　优信拍模式

到 2016 年 7 月，优信集团 B2B 二手车业务首次实现赢利。截至 2016 年底，在全国 7 个中心城市建设总面积超过 30 万平方米的线下交易中心，拥有合作车商已超过 10 万家。

2. 优信二手车

优信二手车主要面向 C 端客户，而作为二手车的零售平台，优信二手车在全国铺设近 3000 人的线下业务团队，通过采集各地商家的车辆，经过专业检测后，将车辆信息发布到优信二手车平台上。个人买家对平台上的二手车有兴趣，就可以打电话或者在线预约看车，优信工作人员会带买家去车商那里看车。

优信二手车通过二手车车源的覆盖能力、车辆检测能力以及实际购买过程中刷 POS 机进行一定把控，为买车的用户提供有质保承诺的商家车源，并提出先行赔付保障。这在一定程度上解决了二手车的车辆信息不透明、交易不诚信的问题。优信以经销商 B 端客户为基础，重心逐步向消费者 C 端用户转移。从购车环节改善用户体验，是优信二手车的着力点之一。如图 5-17 所示。

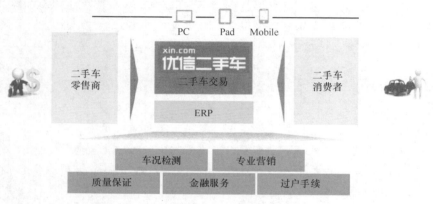

图 5-17 优信二手车 B2C 模式

成交的时候刷优信二手车给合作车商配的 POS 机，车商向优信支付每单 1‰～2‰ 的佣金手续费。而优信向买家担保无重大事故、无火烧、无泡水，如果车源不符合承诺，可向优信二手车平台申请退车。

在二手车交易的过程中，买家分期购车、买车险、维修保养等需求也成为优信提供增值服务的机会。优信的金融产品比如"付一半"，一方面收取车商成交佣金，另一方面收取买家的融资租赁服务费，优信二手车与部分地区的保险机构合作，分期购的买家在当地指定合作机构购买保险。正是金融衍生服务加速了优信二手车赢利，2016 年 11 月，优信二手车开始赢利。

三、核心能力

优信平台目前拥有稳定的车源，合作车商超过 10 万家，近年来相继在北京、上海、广州等 8 个中心城市建立了分公司、线下实体拍卖交易大厅。业务覆盖全国 370 多个城市，在各地建立了线下服务门店、检测点等。

无论是针对商家，还是个人客户，优信都有相应的二手车交易的解决方案，在交易模式的选取上重在提升交易流通效率。相对于最大竞争者瓜子二手车专注同城直卖，优信正在增强在全国的基础服务能力，主打"全国比价"、跨区域调配的战略。

除了线下的渠道铺设和基础服务能力，优信从创立之初就重视在网络产品技术能力上的建设。从在线竞拍到在线零售，优信投入了很大的财力和人力，根据用户需求打造和优化线上产品。目前优信二手车业务线上有商城客户端和商家客户端的产品，优信拍业务也有相应的买家版和卖家版的产品。

四、企业运营

以往优信集团是优信拍业务和优信二手车业务并行，从全国直购业务上线后，优信集团对公司架构进行了大调整，对优信拍业务和优信二手车业务从管理层上进行融合，成立了业务体系和战略管理体系。

从组织架构来看，优信集团不以具体的产品来区分业务了，而是分别梳理了区域业务和总部参谋两大体系。可见优信在打通全国范围内二手车交易的战略目标，一方面从区域业务开拓、经营管理、客户运营的方向着手，另一方面通过总部的产品规划、参谋督导、决策支持等工作展开。

五、未来发展规划

2017年6月，优信集团发布了新的品牌构建计划，提出了新的企业宗旨：让拥有好车变得更简单。

2017年6月15日，优信二手车平台上线了全国直购业务，突破地区限制，对异地车源也提供远程看车、议价、运送以及过户、检测、售后质保等一整套服务。在这一业务推出后，优信集团也进一步明确了企业宗旨，推动行业的大流通，让消费者可选可买的二手车更多、更便宜；加强专业能力，帮助消费者买到更放心的二手车，用车更轻松。

优信集团宣布用三到五年的时间，建立强大的二手车基础服务能力，包括检测能力、仓储和物流能力、全国手续流转能力、售后保障能力、金融衍生业务能力。

根据优信的规划，计划投资20亿元自建物流体系，到2020年建立20个中心仓与100个分拨仓，渠道下沉到四、五线及县城城市，实现2000家终端门店，还要与地方政府协力提高二手车异地流转手续的效率，缩短办理手续时间，让二手车异地落档更便利。

六、总结

在二手车电商激烈的竞争中，优信获得资本青睐，占据明显优势，得益于优信几年来在二手车产业的深厚积累。优信立足做二手车交易平台，以建立高效的交易模式为宗旨，不断试错，经过6年的稳健发展，拍卖和零售、金融业务模式形成了资源共享和互为补充的生态圈，在提升二手车流通效率的同时，也降低了自身的运营成本。

优信能否如其规划实现全国二手车的流通，一是要看它的区域体系能否完善和成熟；二是要看它的组织管理体制能否适应其市场规划，不断优化二手车的流通服务能力。

二手车电商企业案例——瓜子二手车

一、基本情况

瓜子二手车前身是赶集好车，是赶集网内部孵化的项目，于 2015 年 9 月 15 日正式更名为"瓜子二手车直卖网"。当年 11 月 25 日，瓜子二手车完成分拆，在经济上和法律上变成一家独立的公司。时任 58 赶集集团联席董事长杨浩涌以个人名义向瓜子二手车投资 6000 万美元，卸任集团 CEO，并出任瓜子二手车 CEO。

瓜子二手车致力于二手车交易去中介，促成个人买家和卖家的直接交易。

二、商业模式

1. 价值定位

瓜子二手车脱胎于分类信息网站赶集网，如何能让二手车买家来到平台上买车，首先要为二手车用户提供专业的服务，建立起信任。从"赶集好车"更名为"瓜子二手车直卖网"，正是为了打造一个二手车专业的服务平台，让用户更好地认识到这个平台区别于原有的信息网站，让线上二手车服务从信息服务转化为电商服务。

瓜子二手车从 2015 年就开始在全国铺设线下团队提供检测、交易服务，从 4S 店、二手车市场等挖专业评估师，对平台上的车源进行上门检测，2016 年该平台共检测大约 200 万辆二手车，通过大数据的积累及人工智能算法的加持，以评估二手车的价值。通过二手车检测服务帮助买家了解车况和残值，撮合了二手车交易，并提供陪同过户的服务。此外，为了消除用户买到问题车的顾虑，瓜子二手车承诺重大事故车 14 天可退。

除了专业的服务外，瓜子二手车使个人之间的交易没有中间商赚差价，省去了以往 4S 店、黄牛等二手车中介加价的环节，让利给个人买家和卖家。

2. 目标市场

瓜子二手车选择了 C2C 即个人与个人的交易模式，首先需要解决个人车源问题。2016 年投入 10 亿元做广告投入，辐射 LED 广告、公交视频，覆盖车站、地铁、写字楼等人员密集地区，及各大卫视黄金时段。数据显示，2015 年 10 月通过广告投入，瓜子二手车流量增长了 5 倍多，成交量增长了 2~3 倍。

评估师免费上门拍照登记验车、检测评估，在买家买走车之前，卖家可以继续开。带有意向的买家看车，收取佣金费。为了让这种C2C模式走通，瓜子二手车在全国200多个城市建立了服务团队，其中，评估师团队近2000人。

公安部交管局数据显示，截至2017年6月底，全国机动车保有量达3.04亿辆，与2016年底相比，增加938万辆，增长3.18%。在此情况下，二手车市场面临着井喷。

3. 赢利模式

目前的赢利模式，瓜子二手车只收取4%的服务交易佣金，除此之外不收取其他费用。而更多的赢利空间是在汽车后服务市场，通过交易，汽车金融、保险以及其他车后服务将会成为瓜子二手车的主要赢利业务。

以金融的布局为例，目前瓜子二手车金融已经搭建了一个产品丰富的"1+1+1"矩阵式金融开放平台：自有产品+成熟合作伙伴定制化产品+个性化创新产品。具体来说，第一个是瓜子二手车针对一些特定的用户群提供自己的金融产品，这种金融产品可以做到很快捷地放贷。第二个是跟一些成熟的合作伙伴推出定制化的产品，瓜子二手车金融业务合作伙伴包括平安银行、微众在内100家合作伙伴。第三个是把对用户和风险的理解等数据开放给合作伙伴，让合作伙伴推出更适合的金融产品来服务整个瓜子二手车的用户。

瓜子二手车CEO杨浩涌曾透露，金融给每一单交易平均贡献5%的利润。

三、核心能力

瓜子二手车从赶集网独立出来，成为一个独立的服务品牌，为了让人听到"瓜子二手车"就能联想到二手车直卖网，瓜子二手车持续在品牌广告上投入。以2017年春节档的投放为例，其启用了全面覆盖的广告策略，其中电视媒体覆盖全国，落地到城市端的深度广告投放覆盖100多个重点城市，涉及网络视频、LED广告、公交视频、车站以及地铁广告等多个品类，并涵盖多个重大体育赛事。全面立体地向有购车需求的二手车用户宣传。

持续的广告投入扩大了瓜子二手车的品牌认知，艾瑞咨询发布的2017年3月汽车电商移动APP月独立设备数据显示，瓜子二手车月度独立设备数增加至416万台。易观千帆发布的数据显示，2017年3月，瓜子二手车APP月活达到714.68万。

瓜子二手车重视大数据的挖掘，目前建立了350万辆车信息及2亿车主的数据库，应用到车辆估价、残值预估、车源个性化匹配、征信体系等方面。2017年初，瓜子二手车宣布与58集团战略合作，双方在流量、二手车检测、金融风控、车源、大数据等方面展开深度合作。58同城二手车平台带来了流量优势以及商家车源数据，有助于瓜子二手车建立更丰富的大数据体系，为二手车定价、估值、后市场提供强有力的技术支持。

继获得融资租赁牌照后，瓜子二手车在2016年底获得了二手车电商领域首张互联网小额贷款牌照;瓜子二手车接入中国人民银行征信体系,同时自营金融业务接入多家银行作为资金方。

四、总结

从定位直卖模式后,瓜子二手车通过强有力的广告向用户传达定位,没有中间商赚差价,打破传统二手车交易模式,直卖模式的创新让瓜子二手车掌握了交易两端的用户。通过线上线下服务的结合,增强了平台服务能力,在一定程度上解决了二手车用户的痛点,比如,车辆信息更透明、车价更透明、售后有保障等,并提升了二手车交易效率。同时,得益于品牌投放势能的累积、大数据及技术的强大优势和线下万人铁军的联动作用,瓜子二手车的规模优势进一步巩固。

面临的挑战:2017 年 3 月,美国二手车 C2C 交易的明星公司 Beepi 倒闭,究其原因,主要是运营管理出现问题,追求高估值,又遭遇资本市场紧缩。

第二节
汽车配件电子商务

一、汽车配件电子商务概述

与欧美相对成熟的汽配电商相比,我国的汽配电商仅仅还处在起步阶段,整体规模还非常小。

在美国,Motors 已经挤进 eBay 整个核心品类的前四名。除了 eBay、Amazon 之外,还有一大批的专业汽配电商都经营得非常不错,诸如 NAPA、Advance Auto Parts、Oreilly、Autozone、Carquest、Pepboys 等,当然它们大多都与线下实体店结合得非常紧密,是典型的 O2O。

而在国内的汽配电商领域,目前淘宝和京东处于领先地位。在淘宝上,汽车坐垫、靠枕、GPS 等非标准的汽车用品做得还不错,而一些标准化的,诸如制动片、滤清器、减振器等卖得则不尽如人意。京东汽车配件这一块做得还算不错,2012 年京东汽车品类只占了 3%的交易额,但是却贡献了 10%左右的毛利。对于除淘宝与京东之外的垂直电商来说,目前在这个领域稍有影响力的只有养车无忧、途虎、车易安、酷配等垂直电商平台。另外,还有一些与 O2O 相关的电商,比如车小弟、车商通等。总体说来,目前这些垂直电商的基本规模还都非常小,很少有网站能盈利。如图 5-18 所示为酷配商城。

当然,除了垂直汽配电商之外,还有一大批依附在淘宝等平台上的卖家,这

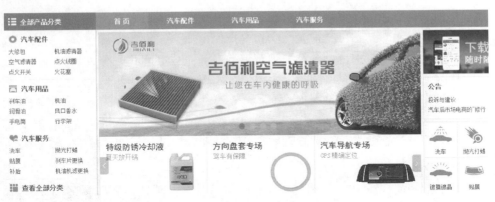

图 5-18　酷配商城

些卖家倒是有一些处于盈利状态,但这些卖家基本上都是以经营汽车饰品等为主,竞争非常激烈,毛利相对较低。如图 5-19 所示为淘宝汽配卖家。

图 5-19　淘宝汽配卖家

二、汽车配件电子商务现状分析

1. 汽配电商的本质

传统电子商务模式大多是通过电商网站开发建设网上商城,借助互联网来进行推广发展客户,其核心是流量。大量流量的聚集,丰富的产品种类,配合完善的信用体系对企业可信度的支撑,促成消费者和企业之间的交易关系。所以汽配电商转型,在最初的一段时间内,主要工作不是让新买家和新卖家建立交易关系也不是解决商机问题,而是利用已有的线下资源,将已经掌握的线下交易关系迁移到线上,利用电商商务来提高买家和卖家的交易效率。同时借助专业的内部信息管理系统提升企业内部商务管理效率,把采购、销售、订单、库存打通,以实现全面的电子化商务。如图5-20所示为汽配电商。

图 5-20 汽配电商

2. 汽配电商做大做强的前提

汽配电商要做大做强,必须要解决汽配数据的专业性、O2O、自有品牌这几个问题。总体而言,如果解决了前面两个问题,那么这个平台估计已经相当成功,如果再能解决自有品牌问题,则整个项目的可盈利水平就会大大提升。

(1) 汽配数据的专业性问题

做汽配电商,首先遇到的第一个问题,就是数据的专业性问题。与其他品类不同，在汽配行业如果没有一套专业的数据系统，就很难让消费者较为轻松并正确地找到所需的产品。数据问题是制约汽配电商能否取得突破的一个非常关键的因素。

　　为什么说数据是一个瓶颈呢，这就要从汽配本身的特性说起了。我们知道，一辆车上面的零件是成千上万的，当然，易损件数量会小些，以制动片为例，如果消费者想要买到一款正确的制动片，那么他可能有这么一些方法：第一种情况是他知道自己的这款车损坏部位（前制动片和后制动片也是完全不一样）的OEM号码，但这种情况的概率非常低；第二种情况是他知道车辆的年款、发动机型号，有时候还知道生产的年份批次；第三种情况是他知道自己车的VIN号码（如1GIBL52P7TR115520），这个最为精准。上述三种方法中，第一种和第三种都非常精确，但是知道自己车辆配件OEM号码的人非常少，但在欧美，很多消费者有这个能力。所以最为实际的还是用年款或是VIN号码来进行查询。这时候，如果没有一套好的数据系统，单纯是用产品名称等来核对，比如以"博世舒适型前制动片0986AB2939（福克斯/马自达3/沃尔沃S40）"为例，那么这样的用户体验是有很大问题的。这条信息中，虽然也有OEM号码——"0986AB2939"，有零件名及部位"前制动片"，有非常粗略的车型信息——"福克斯/马自达3/沃尔沃S40"。然后参照具体的适用车型表，也能最终匹配正确，但是这要让消费者花太多时间去确认，用户体验非常差。

　　并且，这个只是前端的一小部分，在后端，就更加复杂了。比如说，前制动片要换，那么是不是后制动片也有很大的可能性要换，滤清器要不要换？怎么把相关数据关联起来？一辆车上的零件有成千上万，电商如何做库存呢？如果总体数据有一万个车款（具体到发动机型号），那么电商就需要备相应数量的制动片么？显然不是这样，因为很多车款上的制动片是通用的，实际上很可能只需要准备几百款的货就能够完全覆盖绝大部分的车型；这时候，如果没有专业的数据，库存量就一下子被撑高了，另外，对于一些车型，企业明明能够为其提供服务，只不过因为没有相应的数据，而把这些客户白白流失掉。

　　与欧美相比，在汽配数据的专业性方面，国内的汽配电商与之的差距实在太大。在欧美，有一些非常专业的汽配数据服务商，如Epicor、TecDoc、WHI等，消费者通过这些数据服务，可以相对容易地购买到正确的配件。国内基本没有专业的数据服务提供商，其主要原因包括：发展历史较短；国内的版权意识较差，太容易被盗版，导致没人愿意做。总体而言，做数据的难度非常大。但如果汽配数据专业性这个问题不得以解决，那么汽配电商永远不会有做大的机会。

　　（2）O2O问题

　　第二个问题是O2O的问题，与欧美相比，国内的DIY能力普遍较差，消费者即便是在B2C平台上买到合适的零件，也几乎没有能力自行装配，必须借助线下的汽修厂完成，这也是为什么我国的汽配电商与欧美电商相比相差很大的原因之一。

当然，从另外一个角度讲，这也是机会所在。从O2O的实际落地情况来看，目前看到的主要有两种：一种是类似于车易安，配件由入驻的卖家提供，安装由线下签约汽修厂提供；另外一种是类似养车无忧，配件全部自行采购，维修更换则同样由线下签约汽修厂完成。相对而言，车易安类似淘宝，养车无忧类似京东。

（3）自有品牌问题

如果能解决上述专业数据与O2O的问题，汽配平台已经称得上是成功的平台了。而如果能解决自有品牌的问题，那么它一定可以成为一个盈利能力非常强的项目。如果汽配超市仅仅是出售类似博士、法雷奥、电装这些知名品牌的产品，那么几乎是不可能赚到钱的，因为毛利实在太低；唯一的出路是逐步地增加自有品牌的产品，推广自有品牌，其毛利几乎可以提升一个数量级，当然能够推自有品牌的前提是平台自身的影响力足够强大。

实际上，从欧美的情况来看，在汽配领域最为成功的企业，比如NAPA，几乎都是出售自有品牌的产品。当然，在消费者心中，这时候其影响力其实已经是超过博士、法雷奥、电装等的配件品牌。如图5-21所示为汽配自有品牌。

图5-21　汽配自有品牌

3. 汽配电商的 B2B2C 模式

汽配行业与其他行业不同的地方在于，这个行业门槛更高，较低的经营水平不会有任何机会。纯粹从资金的角度讲，很多垂直 B2C 都没有任何优势可言。

而实际上，最大的竞争对手往往不是来源于本行业，而是往往源于一些跨行业的覆盖者：举个极端的例子，假如京东采用交叉补贴的方式，就直接把汽配这个品类定位成一个不盈利的品类，通过这个品类吸引客户，然后再通过其他品类赚钱，这时候，便会挤压其他电商的市场。

总体而言，如果真想要在这行业里面大干一场，那么关键问题是怎么建设自己的"护城河"，怎么与行业巨头形成差异化。

我国汽车产销量已经连续五年居于世界第一位，车市的日益繁荣也带动了汽车后市场的蓬勃发展。但是，就汽配行业而言，我国的汽车车主无论是商用车车主还是乘用车车主，都不具备自行更换汽车配件的能力。一来汽车配件本身是一种很具备技术含量的产品，购买汽车配件需要有很强的专业性；二来有一些汽车配件的安装，需要的安装技术也是普通车主所不具备的。所以汽配行业整个流通环节其实是典型的 B2B 模式，是从汽配厂商流向维修厂。

B2B2C 作为一种电子商务类型的网络购物商业模式将供应商、生产商、经销商和消费者各个产业链紧密连接在一起，在创造增值到价值实现的过程中，把生产、分销到终端零售的资源进行全面整合，在增大网商服务能力的同时为客户获得增加价值的机会。除此之外，还可将商家与消费者推到同一层面，使得两者不同的需求完全整合在一个平台上。

三、汽车配件电子商务的发展前景

1. 汽配垂直电商发展的机会

留给垂直汽配电商的机会并不多，但也并不是没有。汽配这个市场是个规模上万亿的市场，远非其他品类所能比拟。其中一定会有很多更加细分的、但是规模却也足够大的机会等着创业者。

(1) 专注于 B2B 业务

最大的一个市场或许在于一些 B2B 的机会，其直接针对汽配工厂、汽修厂等提供服务，想要取代的是原有的汽配城的角色，预想中，未来的汽修厂（路边修理店）将逐步改变现有的主要从汽配城及分销商手中进货，逐步转向从一些专业的 B2B 平台进货的方式。

(2) 某些专业性门槛较高的 O2O 项目

电商化并不意味着不需要实体店，保证产品有一定量库存，能够增加消费者对产品质量的信心，保障产品的售后服务。尤其我国大部分车主不具备 DIY 的能力，而传统的修理店及 4S 店因安装利润较低，又不愿提供安装服务，若单纯采取线上经营的方式，便无法解决安装及售后问题，势必极大地降低消费者网上购买的积极性。

通过 O2O 整合汽车快修店、汽车美容店、配件供应商、加油站等汽车后市场资源，并为客户服务，比如"车小弟"等（如图 5-22 所示为车小弟）。

图 5-22 车小弟

（3）基础服务提供商

在欧美，有专业的基础服务提供商，诸如专门提供数据服务的 Epicor、TecDoc、WHI 等。在我国，将来也应该会诞生一些类似的服务机构，如提供基础数据服务（如提供 VIN 查询的力洋）、提供专业的客户管理系统（如基于微信的车商通）等。

不要小看这些领域，其实如果做得专注，那么这个市场可以做得相当大。举个例子，Solera 控股公司是欧美的一个提供汽车保险定损数据的服务提供商，2012 年收入为 7.90 亿美金，其中保险公司客户收入约 3.60 亿美元，机动车修理厂收入约 2.58 亿美元，车辆回收机构及其他客户收入约 0.98 亿美元，其他收入约 0.74 亿美元，2012 年公司净收益为 1.07 亿美元。

（4）依附平台发展

钓鱼当然是选择鱼多的池塘钓鱼，既然大部分的鱼都在淘宝、京东等平台上。那么对于创业者来说，更为实际的，还是依附于淘宝、京东等平台发展。在这里，竞争虽然会很激烈，但是却不用太过担心客户的问题，在这里，拼的是运营的效率，只要你的运营效率足够高，那么仍然会有很多机会。

2. 汽车配件电子商务的前景

就当前的发展趋势看来，汽配企业选择电商化对于主流的零配件流通过程将产生深远的影响，通常，零配件的流通过程大致是：品牌商——一级经销商——二级经销商——汽修厂——车主，随着电商化进程的推进，这一流通过程将会变得越来越短，二级经销商逐渐消失，一级经销商的数量也有所减少，并互联网化，而汽车配件市场垄断经营局面的打破，使得品牌商的利润下降，一级经销商的议价能力却随之增强。这一流通过程的演变意味着谁更加接近终端，掌握终端，谁就能够在竞争中胜出。从某个角度来看，汽修厂和车主都是产品的终端，因而利用互联网直接连接汽修厂和车主，便能够获得最大化的利润。这要求汽配企业必须实行"实体＋网络、线上＋线下"的经营模式，例如利用汽配城和线上汽配电商平台的对接，来实现线上厂商与维修厂对接，线下服务商和车主对接。

汽配电商转型，无论是对于汽配生产制造企业、经销商还是普通车主来说都大有裨益。首先，汽配生产制造企业通过电商平台的反馈，能够获取更专业、及时的行业信息，突破线下市场开发困境；再者，对于汽配经销上来说，电商为其开阔市场、提升销量创造了机会；最后，普通消费者也可以通过电商平台来对一些产品或者服务进行对比和筛选，享受更实惠的价格。

第三节　汽车保险电子商务

一、汽车保险概述

1. 汽车保险的定义

机动车辆保险即汽车保险（简称车险），是指对机动车辆由于自然灾害或意外事故所造成的人身伤亡或财产损失负赔偿责任的一种商业保险。机动车辆保险也是财产保险的一种，它是以机动车辆本身及机动车辆的第三者责任为保险标的的一种运输工具保险。

其保险客户，主要是拥有各种机动交通工具的法人团体和个人；其保险标的，主要是各种类型的汽车，但也包括电车、电瓶车等专用车辆及摩托车等。

2. 汽车保险的发展历史

(1) 历史由来

世界上最早的一份汽车保险出现在 1898 年的美国。美国的旅行者保险有限公司在 1898 年给纽约布法罗的杜鲁门·马丁上了第一份汽车保险。马丁非常担心自己的爱车会被马冲撞。美国全国只有 4000 多辆汽车，而马的数量却达到了 2000 万匹，马车仍然是主要的交通工具。在 100 多年之后，美国有 2.2 亿辆汽车，而马的数量已经减少到 200 万匹。一个多世纪前还被视为新鲜事物的汽车保险已经成为再平常不过的事情。

(2) 最早的汽车保险

最早签发的机动车车辆保险单是在 1895 年由英国"法律意外保险公司"签发的保险费为 10 英镑到 100 英镑的汽车第三者责任保险单，可以在增加保险费的条件下加保。

(3) 汽车保险的发展

机动车辆保险的真正发展，是在第二次世界大战后，一方面，汽车的普及使道路事故危险构成一种普遍性的社会危险；另一方面，许多国家将包括汽车在内的各种机动车辆第三者责任列入强制保险的范围。因此，机动车辆保险业务在全球均是具有普遍意义的保险业务。

20 世纪 50 年代以来，随着欧、美、日等地区和国家汽车制造业的迅速扩张，机动车辆保险也得到了广泛的发展，并成为各国财产保险中最重要的业务险种。到 20 世纪 70 年代末期，汽车保险已占整个财产险的 50% 以上。

2009 年来，随着中国汽车产业的飞速发展，中国汽车产销量已连续三年位居全球第一，到 2011 年末，中国汽车保有量已经突破 1 亿辆，成为仅次于美国的世界第二大汽车保有国。数据显示，截至 2011 年底，全国机动车保有量为 2.25 亿辆，其中私人汽车保有量 7872 万辆，增长 20.4%，民用轿车保有量 4962 万辆，增长 23.2%，其中私人轿车 4322 万辆，增长 25.5%。由于汽车数量的猛增，与之相对的车险市场也呈现出快速发展的态势。2001 年中国车险保费为 421.70 亿元，车险行业首度扭亏为盈。到 2011 年，国内车险的保费收入达到 3504 亿元，同比增长 16.66%。

从中国来看，随着汽车保有量的逐年增加，汽车保险已经成为中国非寿险市场的主要组成部分，更是财产保险中的第一大险种。当前，在国内保险公司中，汽车保险业务保费收入已占到其财产保险业务总保费收入的 50% 以上，部分公司的汽车保险业务保费收入占其财产保险业务总保费收入的 60% 以上。汽车保险业务经营的盈亏，直接影响到财产保险行业的经济效益。

根据中国保险行业协会的统计数据显示，截至目前，共有保险公司 135 家，保险中介机构 36 家，其中大部分已经开展了汽车保险业务。市场竞争将愈发激烈。统计数据显示，2011年，人保、平安和太保车险保费收入市场份额分别为36.54%、18.63%和13.53%，三者合计占比68.70%，比2001年三大车险公司94.46%的市场份额下降了25.76个百分点。

（4）行业市场

随着经济的发展，机动车辆的数量不断增加。当前，机动车辆保险已成为中国财产保险业务中最大的险种。机动车辆保险已涵盖汽车危险事故的大部分，中国交通运输部已强制购车人员购买机动车辆保险，以保证在车祸事故中，受害人正当权益得到保障。比如交强险就是以保证第三方的权益为目的险种。而中国比较有名的汽车保险公司有中国人民财产保险股份有限公司、中国平安保险公司、太平洋保险公司等。

3. 汽车保险的主要分类

机动车辆保险一般包括交强险和商业险，商业险包括基本险和附加险两部分。基本险分为车辆损失险和第三者责任险。

附加险包括全车盗抢险（盗抢险）、车上人员责任险（司机责任险和乘客责任险）玻璃单独破碎险、划痕险、自燃损失险、涉水行驶险、无过失责任险、车载货物掉落责任险、车辆停驶损失险、新增设备损失险、不计免赔特约险等。玻璃单独破碎险、自燃损失险、新增设备损失险，是车身损失险的附加险，必须先投保车辆损失险后才能投保这几个附加险。车上人员责任险、无过错责任险、车载货物掉落责任险等，是第三者责任险的附加险，必须先投保第三者责任险后才能投保这几个附加险；每个险别不计免赔是可以独立投保的。

（1）交强险

交强险全称"机动车交通事故责任强制保险"，是中国首个由国家法律规定实行的强制保险制度。

《机动车交通事故责任强制保险条例》（以下简称《条例》）规定：交强险是由保险公司对被保险机动车发生道路交通事故造成受害人（不包括本车人员和被保险人）的人身伤亡、财产损失，在责任限额内予以赔偿的强制性责任保险。

下列六种情况下交强险可以办理退保：被保险机动车被依法注销登记的；被保险机动车办理停驶的；被保险机动车经公安机关证实丢失的；投保人重复投保交强险的；被保险机动车被转卖、转让、赠送至车籍所在地以外的地方；新车因质量问题被销售商收回或因相关技术参数不符合国家规定交管部门不予上户的。

（2）商业险

① 车辆损失险。在机动车辆保险中，车辆损失保险与第三者责任保险构成了其主干险种，并在若干附加险的配合下，共同为保险客户提供多方面的危险保障服务。

车辆损失险的保险标的，是各种机动车辆的车身及其零部件、设备等。当保险车辆遭受保险责任范围的自然灾害或意外事故，造成保险车辆本身损失时，保险人应当依照保险合同的规定给予赔偿。

车辆损失保险的保险责任，包括碰撞责任、倾覆责任与非碰撞责任，其中碰撞是指被保险车辆与外界物体的意外接触，如车辆与车辆、车辆与建筑物、车辆与电线杆或树木、车辆与行人、车辆与动物等碰撞，均属于碰撞责任范围之列；倾覆责任指保险车辆由于自然灾害或意外事故，造成本车翻倒，车体触地，使其失去正常状态和行驶能力，不经施救不能恢复行驶。非碰撞责任，则可以分为以下几类。

a. 保险单上列明的各种自然灾害，如洪水、暴风、雷击、泥石流、地震等。
b. 保险单上列明的各种意外事故，如火灾、爆炸、空中运行物体的坠落等。
c. 其他意外事故，如倾覆、冰陷、载运被保险车辆的渡船发生意外等。

机动车辆损失险的责任免除包括风险免除（损失原因的免除）和损失免除（保险人不赔偿的损失）。风险免除主要包括：

a. 战争、军事冲突、恐怖活动、暴乱、扣押、罚没、政府征用；
b. 在营业性维修场所修理、养护期间；
c. 用保险车辆从事违法活动；
d. 驾驶人员饮酒、吸食或注射毒品、被药品麻醉后使用保险车辆；
e. 保险车辆肇事逃逸；
f. 驾驶人员无驾驶证或驾驶车辆与驾驶证准驾车型不相符；
g. 非被保险人直接允许的驾驶人员使用保险车辆；
h. 车辆不具备有效行驶证件。

损失免除主要包括自然磨损、锈蚀、故障，市场价格变动造成的贬值等。

需要指出的是，机动车辆保险的保险责任范围由保险合同规定，且并非是一成不变的，如我国以往均将失窃列为基本责任，后来却将其列为附加责任，即被保险人若不加保便不可能得到该项危险的保障。

② 第三者责任保险。机动车辆第三者责任险，是承保被保险人或其允许的合格驾驶人员在使用被保险车辆时、因发生意外事故而导致的第三者的损害索赔危险的一种保险。由于第三者责任保险的主要目的在于维护公众的安全与利益，因此，在实践中通常作为法定保险并强制实施。

机动车辆第三者责任保险的保险责任，即是被保险人或其允许的合格驾驶员在使用被保险车辆过程中发生意外事故、而致使第三者人身或财产受到直接损毁时被保险人依法应当支付的赔偿金额。在此保险的责任核定，应当注意两点：

a. 直接损毁，实际上是指现场财产损失和人身伤害，各种间接损失不在保险人负责的范围。
b. 被保险人依法应当支付的赔偿金额，保险人依照保险合同的规定进行补偿。

　　这两个概念是不同的，即被保险人的补偿金额并不一定等于保险人的赔偿金额，因为保险人的赔偿必须扣除除外不保的责任或除外不保的损失。例如，被保险人所有或代管的财产，私有车辆的被保险人及其家庭成员以及他们所有或代管的财产，本车的驾驶人员及本车上的一切人员和财产在交通事故中的损失，不在第三者责任保险负责赔偿之列；被保险人的故意行为，驾驶员酒后或无有效驾驶证开车等行为导致的第三者责任损失，保险人也不负责赔偿。

　　③ 附加保险。机动车辆的附加险是机动车辆保险的重要组成部分。从中国现行的机动车辆保险条款看，主要有附加盗抢险、附加自燃损失险、附加涉水行驶损失险、附加新增设备损失险、附加不计免赔特约险、附加驾驶员意外伤害险、附加指定专修险等，保险客户可根据自己的需要选择加保。

　　④ 盗抢险。盗抢险负责赔偿保险车辆因被盗窃、被抢劫、被抢夺造成车辆的全部损失，以及期间由于车辆损坏或车上零部件、附属设备丢失所造成的损失，但不能故意损坏。各家保险公司对盗抢险保障是有差异的。

　　⑤ 车上人员责任险。车上人员责任险，即车上座位险，是即车上人员责任险中的乘客部分，指的是被保险人允许的合格驾驶员在使用保险车辆过程中发生保险事故，致使车内乘客人身伤亡，依法应由被保险人承担的赔偿责任，保险公司会按照保险合同进行赔偿。车上人员责任险算是车辆商业险的主要保险，它主要功能是赔偿车辆因交通事故造成的车内人员的伤亡的保险。

　　⑥ 划痕险。划痕险即车辆划痕险，它属于附加险中的一项，主要是作为车损险的补充，能够为意外原因造成的车身划痕提供有效的保障。划痕险针对的是车身漆面的划痕，若碰撞痕迹明显，划了个口子，还有个大凹坑，这个就不属于划痕，属于车损险的理赔范围。

　　⑦ 玻璃单独破碎险。玻璃单独破碎险，即保险公司负责赔偿被保险的车险在使用过程中，车辆本身发生玻璃单独破碎的损失的一种商业保险。车主一定要注意"单独"二字，是指被保车辆只有挡风玻璃和车窗玻璃（不包括车灯、车镜玻璃）出现破损的情况下保险公司才可以进行赔偿。

　　⑧ 自燃险。自燃险即"车辆自燃损失保险"，是车损险的一个附加险，只有在投保了车损险之后才可以投保自燃险。在保险期间内，保险车辆在使用过程中，由于本车电路、线路、油路、供油系统、货物自身发生问题、机动车运转摩擦起火引起火灾，造成保险车辆的损失，以及被保险人在发生该保险事故时，为减少保险车辆损失而必须要支出的合理施救费用，保险公司会相应地进行赔偿。

　　⑨ 不计免赔特约险。不计免赔特约险通常是指经特别约定，保险事故发生后，按照对应投保的主险条款规定的免赔率计算的、应当由被保险人自行承担的免赔额部分，保险人负责赔偿的一种保险。投保后，车主不仅可以享受到按保险

条款，应由保险公司承担的那一部分赔偿；还可享受到由于车主在事故中负有责任，而应自行承担的那部分金额赔偿。按照保险对象的不同，不计免赔险又可分为基本险的不计免赔和附加险的不计免赔，车主在投保时应详细了解。

4. 汽车保险的流程

(1) 机动车辆投保流程（图 5-23）

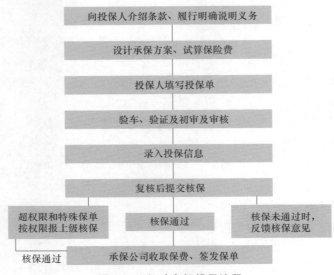

图 5-23　机动车辆投保流程

(2) 机动车辆保险索赔流程（图 5-24）

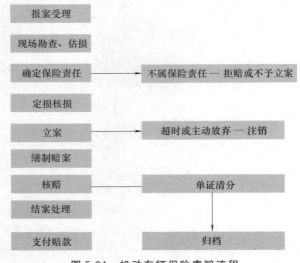

图 5-24　机动车辆保险索赔流程

（3）申报材料

投保车辆行驶证、被保险人的组织机构代码复印件（被保险人为"法人或其他组织"的）、被保险人身份证明复印件（被保险人为"自然人"的）、投保经办人身份证明原件、车辆合格证、新车购车发票、车主出具的能够证明被保险人与投保车辆关系的证明或契约（被保险人与车主不一致的）、约定驾驶人员的《机动车驾驶证》复印件（约定驾驶人员的）、购车发票或固定资产入账凭证（个别未上牌照的特种车、拖拉机、摩托车等）、投保单、上年车险清洁保单（申请无赔款优待的）、单位证明及个人委托书（个人车辆单位使用的）。

二、保险电子商务概述

1. 保险电子商务的概念

保险电子商务也称网上保险，指保险公司或保险中介机构以互联网和电子商务技术为工具来支持保险经营管理活动的经济行为。

从狭义上讲，保险电子商务是指保险公司或新型的网上保险中介机构通过互联网为客户提供有关保险产品和服务的信息，并实现网上投保、承保等保险业务，直接完成保险产品的销售和服务，并由银行将保费划入保险公司的经营过程。

从广义上讲，保险电子商务还包括保险公司内部基于互联网技术的经营管理活动，对公司员工和代理人的培训，以及保险公司之间、保险公司与公司股东、保险监管、税务、工商管理等机构之间的信息交流活动。

2. 保险电子商务的优势

① 有利于减少成本，提高经营效率。保险经营的是无形产品，不需实物转移，非常适合电子商务，保险电子商务的应用，可以大幅降低交易成本。有研究表明：网络可以使整个保险价值链的成本降低60%以上。成本的减少会进而降低各险种的保险费率，从而让客户受益。电子商务摆脱了传统商业中介的束缚和制约，使保险公司在销售、理赔、管理和产品管理等方面的效率得到极大的提高。

② 保险电子商务有利于提高客户服务水平。电子商务不仅是保险公司的一个营销渠道，更是公司为客户提供服务的一个新的平台。电子商务开放性、交互性的特点，为服务创新提供了有利条件。保险公司可以在网上提供公司和产品的详细介绍、在线咨询等，而客户也可以实时了解自己所需要的保险信息，增加了选择的范围，比以往的业务员、代理人的服务无论在时间还是空间上都有了无限的扩大，可以大大降低客户在获取保险服务过程中的各种隐性成本，从保险公司得到更多的实惠，从而提高对公司的满意度。同时，网上提供的服务是保险公司

直接监控的，具有规范化、统一化和标准化的特点，服务的内容都经过了公司的严格审查，防止了传统保险营销方式产生的许多弊端，能够改善服务质量、提高服务水平，树立起保险公司的良好形象。

③ 发展保险电子商务有利于公司的稳健经营。电子商务不仅会改变保险公司的营销和服务方式，而且还将影响到保险公司自身的组织结构和管理制度，最终会反映到公司的经营效益上来。电子商务技术手段可以渗透到保险公司经营的关键环节和流程，能够有效地解决业务过程中的一些管理风险和道德风险。通过保险电子商务，公司可以将客户资源掌握在自己手中，对公司的长期稳定发展具有重大的意义。电子商务网站还能将公司的保险信息透明化，解决公司与客户之间信息不对称的矛盾，也有利于公司树立诚信经营的企业形象。同时，公司还可以通过在线调查或提供在线咨询服务，及时了解保险市场的反馈信息，对客户潜在的保险需求进行深层次把握，从而有利于创新险种、拓展业务、提高经营效益。

三、汽车保险电子商务概述

1. 汽车保险企业开展电子商务的背景

① 我国加入世贸组织，由"保险＋电子商务"组成的服务则是国内保险公司与国外保险公司竞争的有力武器。

② 随着网络的普及，通过网络对保险业的需求量迅速增长。

③ 汽车保险企业认为通过发展保险电子商务可以帮助公司降低成本与理顺流程，为客户、员工和保险业带来新的价值。

例如平安保险经过一段时间的调研和分析后，在 2000 年适时地做出发展电子商务战略决策，投入巨资构建以互联网中心（PA18）和电话呼叫中心（95511）为科技平台的服务网络，为客户提供专业化的产品和服务。平安保险发展保险电子商务业务的出发点包括三个方面：一是支持和推动传统保险业务的互联网化；二是支持公司的业务员开拓业务；三是实现网上直销。平安电子商务的发展，要实现"天网""地网"和"人网"的"三网合一"的目标。

2. 汽车保险电子商务的分类

（1）企业对消费者（B2C）。企业依靠网络为消费者提供一个购买和服务的途径。

（2）企业对企业（B2B）。企业之间利用计算机网络，特别是采用 EDI 方式进行商务活动。

3. 汽车保险电子商务的基本运行模式

汽车保险电子商务以电子商务的基本运行环境为支撑框架，以保险公司的实质经营内容为核心,利用电子商务的特性来优化保险公司的经营管理。

四、汽车保险电子商务的业务流程

1. 在线投保

在线投保就是投保人直接在网上填写并提交投保单的方式,递交投保信息,待保险公司核保通过以后,由投保人自行选择付款方式,支付保险费。

2. 核保

(1) 在线核保

对于某些比较简单并且符合网上业务核保规则的险种,可以采用在线核保的方式。客户递交投保单后,由计算机自动核保并计算保费,并确认相关信息,客户根据确认信息直接进入付款程序,通过保险公司提供的网上支付系统,交付保费,完成其投保流程。

(2) 离线延时核保

对于一些比较复杂并且网上业务自动核保程序没有通过的险种,可采用离线延时核保的方式。客户递交投保单后,自动核保没有通过或投保信息有待进一步确认,保险公司核保人员可以在后台查询并下载打印相关投保信息,并按核保相关业务流程进行核保。核保完成后,将核保结果在网上的核保程序中做相应的处理。客户通过网上投保查询功能获知投保成功与否,当获知核保通过后直接进入付款程序,通过保险公司提供的网上支付系统,交付保险费,完成其投保流程。

3. 保费支付

(1) 普通方式付费

当客户在网上填写并递交投保单后,经由保险公司核保确认并出具保单和保费收据,由专人送交客户。对于需要检验保险标的客户,应先行认真检查保险标。当客户收到保单和保费收据后,根据保单上列出的保费金额,支付相应保费。

(2) 网上支付

客户收到核保确认信息后,可以选择网上直接支付保险费。客户通过电子商务支付网关登录到相应银行的信用卡支付结算平台,输入相关付费信息后,一次性扣款,由银行代理自动缴付保险费。当保险公司收到保险费后通过专人送递或邮递等方式,将保险单和保费收据送交给客户。

(3) 银行汇款

客户收到核保确认信息后,通过银行将保险费汇至保险公司的账号上,保险公司收到投保人汇款后,通过专人送递或邮递等方式,将保险单和保费收据送交给客户。

4. 保单查询

投保人上网登录后，通过保单查询功能模块，可以完成以下工作：

① 查询相关投保信息。

② 对被延时核保和其他尚未选择付费方式的投保单进行后续处理。

③ 对已生效的保险单作相应跟踪记录，若保单明细有变，则可提交修改并出具批单。

④ 对到期保单及时做好续保工作。

5. 网上保险理赔管理

在网站上设有在线报案索赔模块，公布保险公司的报案电话、报案电子信箱、服务承诺、理赔流程等，客户可选择报案方式。

6. 网上业务综合管理

投保方通过互联网向保险公司发出投保申请，向认证机构申请数字签名证书，保险公司接受申请，核实数字签名，通过其他协作机构核实投保方有关保险标的情况，认为此项可以承保，通知客户交付保险费并向客户提供保险公司开户银行账户，客户通过开户行或信用卡，从账户中转出保险费，汇到保险公司开户行账户，保险公司核实保费已经到账，签发电子保险单，并通过互联网发送给投保方，并附带电子保费收据，完成整个投保业务流程。

第四节 汽车租赁电子商务

一、汽车租赁概述

1. 汽车租赁的定义

汽车租赁是指当事人一方将其汽车提供给另一方在一定期限内使用汽车并支付租金的行为。在汽车租赁中，提供汽车的一方当事人为汽车出租人，一般是汽车所有人，也可以是汽车的使用权人；使用汽车的一方当事人为汽车承租人，可以是单位，也可以是个人；被交付使用的汽车为租赁物。汽车租赁主要属于财产租赁，适用于民法通则和经济合同法等法律法规的有关财产租赁的规定。如图5-25 所示为汽车租赁。

2. 汽车租赁双方要承担的责任和义务

（1）汽车租赁公司的责任和义务

图 5-25 汽车租赁

a. 保证车辆租出时性能良好，备胎、随车工具等齐全有效，并与汽车租赁人交接清楚。

b. 负责有关规定的车辆各类保险、各类税费及管理费。

c. 负责对租出的车辆进行正常的修理和定期保养。

d. 负责把租出车辆送到指定汽车修理厂进行维修。

e. 协助汽车租赁人处理发生的交通事故和按保险公司规定办理索赔手续。

（2）汽车租赁要承担的责任

承租人在承租车辆期间车辆的正常维修、保养、年审和保险由租赁公司负责。因承租人延误车辆的保养或年审，由此造成的损失由承租人负全部责任。

在租赁期内，承租人要按《车辆使用手册》操作及保养。在出车前，必须作常规检查，如机油、刹车油、冷凝水、轮胎气压和灯光等，若发现问题，须速送租赁公司指定的维修点维修。

承租人在租赁期内，有义务妥善保管好、使用好所租用的汽车及其有关的证件，保持车身清洁直到归还租赁公司为止。如有遗失应即时通知租赁公司及有关部门。

（3）承租人在租赁期内应注意汽车的安全问题

a. 对租赁的车辆不得转让、转租、销售、抵押及投资等任何侵犯租赁公司所有权行为。

b. 不得将租赁的车辆进行营运、体育、军事、竞赛等，严禁装载易燃易爆或腐蚀物品。

c. 不得用租赁车辆进行任何违法乱纪活动。

d. 承租人因经营不善关闭、停产、被兼并或破产时，除租赁公司外，其他债权人无权处理租赁公司租出的车辆。

e. 未经租赁公司书面同意，承租人不得改变所租车辆的车身颜色、形状，不得改装或加装车内结构。

3. 汽车租赁企业的发展策略

汽车租赁行业，无论是从我国宏观经济的走向趋势还是微观的社会基础来看，都有着无比光明的发展前途。随着我国信用体系的建立，市场经济的进一步完善，我国汽车租赁业将会有更快的发展，主要体现在以下三个方面。

① 单位用车。该部分用车主要以三资企业、中小企业以及完成车改的大型企事业单位为主，一般用于满足企业经营及公务、商务活动的需要。

② 商旅活动用车。该部分用车针对的客户主要是高级白领以上的人员，用以满足这些人员在异地进行商旅活动时对交通方面的要求，同时也解决了在本地的公、私接待事务方面的需求。

③ 家庭、个人用车。该部分用车主要以中高收入家庭为主，其主要用途为家庭旅游、探亲访友、临时外出等。

4. 汽车租赁的业务流程

在很长一段时间里，租车都被认为是一种复杂而又奢侈的行为，但随着行业竞争的加剧和规模化运作的成功，租车已经衍变成为一种简单而普遍的出行方式，并且客户只需要了解六个步骤，就可以进行属于各自的完美租车体验。

(1) 了解租车手续

租车前首先应对租车的手续有所了解。大致来说，时下的汽车租赁企业分为两类。

一种是传统型的租车公司，租车时手续相对复杂，承租人需要提供本市户口担保、房产证明或者高额押金，更有甚者还需要所在单位证明等，如此烦琐的手续令许多租车族望而却步，一些外地人就是想租车也没法如愿。

还有一种就是以神州租车为代表的新型租赁企业，在这样的公司，租车就没那么麻烦了，只需"两证一卡"就能轻松办理租车。手续方便、快捷，可以让更多的客户实现租车梦想。所谓"两证一卡"指的是身份证、驾驶证和信用卡，不过各个公司对信用卡的授权额度都是有要求的。

(2) 选择租车公司和适合出行的车辆

租车了解之后就是选车了。第一，应该先了解租赁公司可供车的车型、车况，以确定是否为己所需。第二，咨询这家公司的租赁形式、租金及所租车辆的预授权等情况。如想租到车况较新的车辆，可以到一些买新车比较频繁的大型租赁公司去租车。承租人可以根据自己的行程状况、个人喜好与预算等来决定所租赁的车型。

(3) 验车

签约前的最后一道工序就是填写验车单，这是双方共同认定车况的过程，其地位至关重要。首先从外观上进行检查，看看车体有无划痕，车灯是否完整，车锁是否正常，并仔细填写，以防产生不必要的纠纷；然后打开发动机罩，查看燃油、冷冻液、润滑油、制动液、电瓶和传动系统等主要部件的状况；均无异常后，即可进入驾驶舱内，检查油表、制动、空调的运行状况。

（4）签约

选好车，接下来就是要签订一份完整的租赁合同，为了以防万一，签约时有一些注意事项一定要记牢。为防止有事不能及时还车，承租人还要认真了解续租规定和租赁超时的计费标准，以免事后和租赁公司发生异议。承租人还需仔细了解租赁公司的承诺，以便充分享受应得的权益，同时发现不合理之处，及时和租赁公司协商修改。

（5）试驾

首先调整好适合自己的驾驶座位置，自己要坐着舒服。试驾时熟悉和检查离合器、加速系统、制动器和发动机的工作状况，同时也是为了尽快地熟悉每一块仪表和操作件的功能和位置，以防造成操作混乱。

（6）还车

还车地点一般都是租车公司的办公地点或服务网点，也有些公司开通了异地还车服务，在租车前可以先进行查询。用完车后要注意还车时间，按合同规定的还车时间、地点还车，注意保持车辆的技术状况良好。

二、汽车租赁电子商务概述

1. 汽车租赁电子商务的背景

汽车租赁虽然是传统行业，但在我国的发展时间并不长，与国外大型连锁租车企业动辄几十万车辆、数千个门店、几十年的经营历史相比，我国的汽车租赁企业还很弱小。在这种情况下，本土的汽车租赁企业更应抓紧机会和时间，积极利用先进的经营理念和技术手段，尽快缩短与国外先进企业的差距，站稳脚跟，迎接更激烈的竞争的到来。

汽车租赁业作为一个服务行业，其核心竞争力是忠诚的客户群，因此企业在经营过程中应该将了解客户需求、满足客户体验放在首要位置。

从需求的角度来看，客户最关心的要素包括：

① 覆盖广泛的服务网点；
② 简单快捷的租车与还车手续；
③ 安全顺利的用车过程；
④ 统一规范、温馨舒适的服务质量。

从企业经营的角度来看，在我国汽车租赁行业目前的情况下，客户需求的满足受到以下四个因素的制约：

① 大众租车消费的理念；

② 信用体制的健全；

③ 工商、运管、违章处罚、事故赔付等法规的配套完善；

④ 企业自身的管理体系和能力。

受到上述因素的制约，目前我国汽车租赁企业通常采取区域经营的模式，以面对长租客户为主，这种模式与国际主流的针对个人（包括企业）的短租市场模式有很大的区别。在汽车租赁行业，企业的持续发展必须有大规模的客户群体和运营规模的支撑，数十万的客户（包括个人、企业等），数万辆的租赁车辆以及分布在各地的数百个的门店，这是在竞争激烈的租车市场上立足的必备条件。面向即将释放的、巨大的个人及企业短租市场，汽车租赁业必须走连锁经营的道路。而分布在全国各地的各个连锁店的统一经营，以及整个网络的实施监控与协同运作，离不开一套相对完善的电子商务系统的支撑，因此，充分应用信息技术提升企业的竞争优势，是电子商务环境下汽车租赁企业的必然选择。

2. 汽车租赁企业电子商务应用现状

（1）经营管理

汽车租赁企业电子商务经营管理的核心工具为 ERP 系统，该系统可以将整个企业的运营状况真实且实时地在 ERP 系统上反映出来。通过 ERP 系统，企业做到信息流、资金流、物流集中地在同一个平台上运作，各职能部门或人员在相同的平台上进行相关的操作和信息资料的获取，保证了经营的高效准确进行。ERP 的模块包括以下几个。

① 租车与还车业务管理模块。

该模块为系统核心的业务模块，包括在库车辆查询、车辆预订、订单管理、出车登记及合同打印、出车车辆变更管理、车辆结算及打印、历史结算管理。

② 车辆及其他租赁设备管理模块。

该模块为系统业务的支撑模块，包括车辆基本信息维护、车船税支出管理、保险费支出管理、维修费支出管理、加油费支出管理、发票税费支出管理、代驾报酬支出管理、车型管理、租赁费用标准设置、司机信息管理。

③ 保险事故管理模块。

该模块为公司核心业务的附属业务，包括汽车保险、人身意外保险、财产保险等。

④ 违章事件管理模块。

该模块为公司业务的后勤处理模块，包括车辆报警、车辆越界、车辆超速报警等功能。

⑤ 车辆安全监控管理模块。

该模块为公司管理的关键模块，包括车辆监控定位、车辆跟踪、轨迹回放、车辆信息锁定、车辆行驶距离统计、行驶时间统计、停车查询等功能。

⑥ 财务结算管理模块。

该模块为业务决策的支持模块，包括车辆在库、预订、租赁、维修等各种状态情况统计，车辆收入统计，车辆收益统计，公司管理成本维护。

⑦ 门店拓展管理模块。

该模块为公司业务的主营模块，包括线下预订、线下支付、线下取车等。

⑧ 会员资料维护管理模块。

该模块系统的基础业务模块包括会员基本信息管理、会员消费及积分管理、会员违章信息管理、事故信息管理、会员当前订单、会员在租车辆、会员历史租赁记录管理、客户咨询记录、短信发送接收管理。

连锁经营企业要求规范统一的业务流程、规范统一的服务操作，因为ERP系统的存在，使得企业管理上的"以体系求规范，以系统求保证"的要求得以实现。

（2）客户服务

汽车租赁企业的电子商务开展是以客户为中心，以全方位、交互式的客户为基础，以满足客户需求为前提，因此，通过采用IT技术和应用电子商务，在服务客户时，使客户基本需求的手续简单快捷、使用安全放心得到满足。而且企业服务客户及与客户的沟通渠道畅通无阻，使客户在各地门店都得到体贴和规范的服务。最终使客户感觉到每个接待窗口的员工都认识他，他们的一些个性化需求都事前得知（如喜欢的车型、颜色甚至车牌、GPS导航等）。除此之外，客户服务还可以通过网站、呼叫中心、短信平台、E-mail、门店现场等方式与客户多方的交流，使客户感觉更加体贴。

（3）成本控制

因为利用了IT技术和电子商务，管理架构可以更加扁平化，工作效率更高，从而带来成本的降低。同时资金管理上可以做到收支两条线，减少门店财务人员的配置，做到集中管理。不仅如此，总部对各门店的管理手段也得到强化、许多费用项目可以做到实时控制及事后的核查。电子单证交换比传统单证的交换节省时间和费用。最后，依靠IT技术和电子商务，企业对各门店资产可以做到有效管理监控，避免资产的流失和浪费。

（4）决策支持

因为数据中心积累沉淀了大量的数据包括客户数据、供应商数据、服务商数据、合作伙伴数据、租车业务单证、各种事件单证等，使得公司可以根据现有的数据进行各种数据挖掘和分析，可以就以下方面的工作展开科学的决策，主要包括产品的开发、服务的增加、市场的宣传、车辆的购买和配置、网点的布局、价格的制订。每个决策动作都有根据、有数据支持。

3. 汽车租赁企业电子商务应用的发展前景

（1）经销商服务平台未来将成为出行综合服务商

随着无人驾驶及新能源汽车等技术的逐渐成熟、普及，汽车将成为消费者新的生活、工作空间；同时出行服务的不断完善与发达，不必拥有汽车的观念逐渐被接受并流行；未来，经销商服务平台将逐渐成为出行综合服务提供商。通过整合经销商资源，积累有价值的消费者数据，可为消费者提供不同车辆、不同用途、不同形式及不同使用时间的购车及用车服务。如图5-26所示为经销商服务平台的拓展。

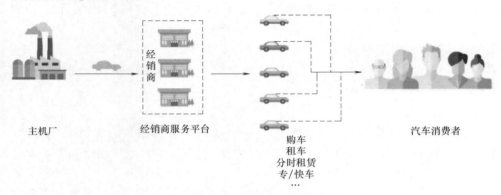

图5-26　经销商服务平台的拓展

（2）新能源汽车分时租赁、共享经济等新兴模式的出现

2016年1月6日商务部发布的《汽车销售管理办法（征求意见稿）》中提出要"推动汽车流通模式创新，积极发展电子商务，大力加强新能源汽车销售和售后服务体系建设"。意味着国家对新能源汽车电子商务服务的支持态度日渐明朗。在探索新能源汽车新模式的过程中，共享经济的理念开始被接受并运用，新能源汽车分时租赁的模式也由此产生。

三、新能源汽车分时租赁O2O模式

1. 新能源汽车分时租赁模式发展概况

（1）分时租赁概念

分时租赁顾名思义即为以小时或天计算，随取即用的一项汽车租赁服务。

分时租赁较为普遍的两种取车方式为：租赁站点模式，在租赁站点提取和归还车辆；自由流动模式，在某些区域内任意地点提取和归还车辆。与一般汽车租赁服务相比，具有租赁时间灵活的特点，车主可以根据自身用车需求确定租车时间、时长。

分时租赁的车型主要是纯电动汽车,其续驶里程普遍在 100～200km 之间,正是针对纯电动汽车续航里程的特点,分时租赁采用将一整天车辆使用权限拆分开来进行出租的方式成为了纯电动汽车租赁的突出优势。

(2) 分时租赁市场主体

在我国新能源汽车分时租赁领域,市场主体可分为汽车主机厂和互联网平台公司。在我国国内主要的新能源汽车整车生产商中,北汽集团、上汽集团均已推出新能源车的分时租赁业务,北汽集团通过与绿狗租车、宝驾租车达成战略合作,开展北汽新能源汽车的租赁业务,而上汽集团则是推出了"e 享天开"计划。根据分时租赁公司控制主体分类,我国分时租赁企业的营运模式有三种,如表 5-1 所示为分时租赁模式的对比。

表 5-1　分时租赁模式对比

运营模式	特点	典型企业
整车厂自营型	依托整车厂生产资源,具有资金、品牌、车型研发优势,构建分时租赁线上平台	e 享天开
电商企业联合型	企业本身不具有新能源汽车车源,通过与车企或者汽车租赁公司合作获取车源,以新能源车为主要租车车型	绿狗租车 易开租车 环球车享
传统租车转化型	在原本从事传统汽车租车业务的基础上,逐步推出新能源汽车车型,业务重点在燃油汽车的租借服务上	神州租车

(3) 分时租赁发展现状分析

我国新能源汽车分时租赁企业的成立与我国新能源汽车产量的快速增长相呼应,其中有多家企业从 P2P 租车企业转型而来,P2P 租车是指个人车主将私家车租借给个人车主,实质上是一种 C2C 的租赁方式,而分时租赁采用的则是 B2C 的租赁方式。

由于分时租赁与 P2P 租赁之间有相同的技术基础,比如计费处理技术、虚拟钥匙管理技术以及车身维护、防盗技术等,但 P2P 租车对车主间的匹配要求高、交易频率低,难以跨区域推广,但分时租赁 B2C 的模式解决了车源的问题,跨区域租赁点的设置提高了流通效率,因此分时租赁 B2C 的营运方式更具备推广的可行性。

截至 2016 年 7 月,我国推出分时租赁的城市有:北京、上海、杭州、宁波、南京、常州、成都、广州、芜湖、青岛等。从各地区汽车投放数量上来看,各租车企业多集中在一线城市进行业务布局,但也有部分企业例如易开租车选择将推广重点放在安徽省芜湖市。

在租车公司主要的经营城市,租赁站点数量与充电桩数量比例约为 2:1,有部分覆盖的城市存在有租车站点但没有充电设备的情况,这是因为部分租赁公司推出了异地还车业务，但使用这项业务的车主比例不到1%，充电设施情况仍是制约业务开展的重要原因。

2. 分时租赁O2O模式分析

消费者注册、选车均在线上完成。消费者选定车辆之后，取车至还车环节转向线下完成，而费用结算、锁车又转向线上（如图5-27所示为新能源汽车分时租赁O2O模式）。从消费者整个使用流程来看，分时租赁O2O模式对线上技术服务系统要求更高。

支持分时租赁O2O模式的技术服务系统可分为IT系统、车辆系统和充电系统三部分，其中主要涉及到的技术服务有：订单后台管理、车辆分配管理、钥匙管理、计费处理、取/还车后台管理、能量管控以及保修处理等。

车辆来源与传统租车公司无异，但分时租赁模式对整车厂的车源依赖性更强。因此制约分时租赁模式推广的影响因素之一就是整车厂投放租赁市场的汽车数量，缺乏"新能源汽车"这一载体，租赁服务难以展开。

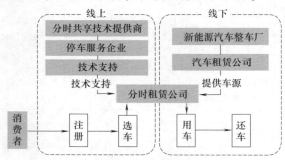

图5-27　新能源汽车分时租赁O2O模式

个人消费者在分时租赁模式下的租赁过程中（如图5-28所示为分时租赁租车流程），由于没有交付车钥匙的环节，从而摆脱了对门店的依赖，除取车以及还车之外，其他步骤均在线上完成，用车流程十分简便。

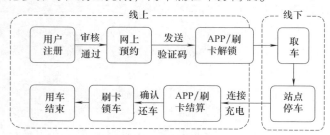

图5-28　分时租赁租车流程

基于汽车循环使用的考虑，各租赁公司对归还车辆的剩余电量有最低要求，消费者在车辆使用完成后需寻找最近的还车点。因此对于充电设备较少的城市而言，消费者的用车体验将被降低。

3. 基于SWOT的发展趋势分析

SWOT是一种战略分析方法，通过对被分析对象的优势、劣势、机会和威胁等加以综合评估与分析得出结论，通过内部资源、外部环境有机结合来清晰地确定被分析对象的资源优势和缺陷，了解对象所面临的机会和挑战，从而在战略与战术两个层面加以调整方法、资源以保障被分析对象的实行以达到所要实现的目标。SWOT分析法又称为态势分析法，是一种能够较客观而准确地分析和研究一个单位现实情况的方法。SWOT分别代表：Strengths（优势）、Weaknesses（劣势）、Opportunities（机遇）、Threats（挑战）。

(1) 优势

通过分时租赁的方式，可以使汽车的使用权在一天之内进行多次拆分，从而将汽车使用率提升2～3倍，使用成本降低至传统汽车的20%。对于短时间用车者而言，特别是对于目前各租车公司推出优惠活动以实现市场推广的阶段，分时租赁模式更具有价格优势。

传统租车公司在出租汽车时虽然简化了用车流程，但用车者需前往门店签订用车协议、取还车钥匙，而新能源汽车采用虚拟钥匙，减少了用车者需前往门店进行交付的麻烦。

此外在消费者对车辆性能、电池可靠性、使用便捷性顾虑较多的情况下，消费者通过租车的方式接触到新能源汽车，而无需支付购置成本，使得消费者在使用过程中能够充分了解新能源汽车的各项性能，从而提高对新能源汽车的认知和接受程度。

(2) 劣势

一方面租车行业渗透率不高，消费者暂未养成租车出行的习惯；另一方面，在车主不了解传统租车服务与新能源汽车分时租赁服务之间差别的情况下，为满足短期用车需求，租车仍以日租为主，分时租赁的价格优势难以突显。

对于出租公司而言，新能源汽车购置成本高，增加了单次租赁的成本。充电设备数量少、覆盖范围小等问题的存在影响了新能源汽车租赁行业的盈利能力以及规模，同时充电设施后期维修服务体系还不完善，租赁公司难以及时发现、维修已损坏的充电设备。

租赁站点模式下的租赁服务对线下门店数量、覆盖范围要求高，门店覆盖范围和密度将会影响消费者的用车体验；自由流动模式下，汽车维修保养以及车辆回收所使用的人工成本将高于租赁站点模式，不利于前期业务范围的拓展。

(3) 机遇

由于受到道路资源的限制，私人汽车保有量近年增速有所下滑，汽车产业进入微增长阶段，为满足不同的出行需求，消费者必将转向租赁市场寻求车辆使用权。随着各地政策对新能源汽车路权的开放，部分车主将选择驾驶新能源汽车出行，届时新能源汽车分时租赁将会成为最便捷的使用途径。

目前新能源汽车分时租赁市场仍处于发展起步阶段，早期市场的培育与发展离不开政策的扶持与引导。2016年1月1日电动汽车充电接口及通信协议5项国家标准正式实施。此次5项标准修订全面提升了充电的安全性和兼容性，有利于打破当前电动汽车充电的孤岛格局，从而缓解充电基础设施的短缺局面。随着充电设备数量、质量水平的不断提升，对新能源汽车租赁行业的发展将产生很大的促进作用。

（4）挑战

由于汽车本身是一种"重资产"，线上信息资源的整合离不开线下实体企业的支持，消费者消费习惯的养成具有一定惯性，因此未来新能源汽车分时租赁行业或将出现寡头垄断的局面，较早进入市场的在位者将具有发展优势。新能源汽车租赁费用在经过"烧钱"补贴阶段后，价格会有所上升，但由于传统汽车租赁业务的存在，分时租赁的费用将趋于平稳。各服务提供商之间的价格差距来源于成本控制的能力以及服务质量的高低等方面。

从供给侧改革的角度来讲，分时租赁模式是新能源汽车租赁服务较为适用的模式。但由于新能源汽车配套设施不完善，后期维修、保养服务水平低等痛点的存在，新能源汽车的分时租赁业务普及还需要很长一段时间。

第五节
汽车金融电子商务

一、汽车金融电子商务概述

广义上的汽车金融，辐射范围太过广泛，不仅包括汽车生产、流通、购买、消费等环节中的金融活动，还包括经销商展厅建设融资、库存融资，而大多数互联网汽车金融业务的针对性群体，是C端的消费金融和车后金融两块，俗称新车/二手车购车车贷、车险以及抵押车贷款等。

目前各国普遍采用的汽车金融服务模式以分期付款零售为主，同时融资租赁、信托租赁和汽车分期付款合同转让与再融资也是常见的模式。商业银行和汽车金融服务公司是汽车金融服务的主要提供者，但近年来商业银行主导的汽车金融服务占比逐年下降。

针对车主和经销商的汽车金融业务可以分为零售金融和批发金融两大类，由于过去十年车市的迅猛发展催生了经销商批发金融业务的快速发展，目前基本上所有的汽车经销商（4S店）都在使用汽车金融服务。从2004年第一家汽车金融公司——上汽通用汽车金融有限公司（GMAC-SAIC）成立至今，我国真正意义上的汽车金融业务的发展已历经十多年。十多年间，国内先后成立了十几家汽车金融公司，但大部分为外资主导设立，包括丰田、福特、大众等。目前，越来越多的厂商看好国内汽车金融业务的未来前景，广汽、奇瑞等部分自主品牌也已设立或计划设立汽车金融公司。如图5-29所示为上汽通用汽车金融。

图5-29 上汽通用汽车金融

汽车金融服务公司已经将电子商务引入到自身的业务之中，其中应用的业务包括电子商务在汽车消费信贷中的应用和电子商务在汽车金融租赁中的应用。

1. 汽车金融电子商务在汽车消费信贷中的应用

汽车消费信贷业务已成为国有商业银行改善信贷结构，优化信贷资产质量的重要途径。银行、保险公司、汽车经销商三方合作的模式，成为推动汽车消费信贷高速发展的主流。电子商务在汽车消费信贷业务中的应用包括对客户信息的电子化采集及管理、汽车金融公司利用银行网络对贷款人信用及资格审查、在贷款的发放及贷款人还款的过程中利用网络银行进行电子支付。有的汽车金融公司已在计算机及网络中建立了专门的汽车消费信贷系统来整合上述功能。

2. 汽车金融电子商务在汽车金融租赁中的应用

汽车金融租赁有限公司在国内已开始汽车租赁业务的电子商务应用，租赁业务依托网络以厂商租赁与经销商租赁为主要模式，并结合不同车型的特点与需求，系统开发租赁业务，降低了制造商的销售成本，实现大批量销售，为国内汽车制造企业进入研发、生产、销售、发展的良性循环提供了专业的金融租赁服务。其中加入了电子商务应用的主要业务流程如下：

① 在汽车金融租赁有限公司网站上进行租赁申请。客户在线向公司递交《租赁申请书》，表明租赁需求；公司相关业务部门向客户介绍业务流程及业务模式，并收集客户及项目的基础资料。

② 借助银行的网络征信系统进行业务考察、评估、受理。根据公司对客户及项目的考察办法，业务人员将对客户从资质、资信、经营情况及整体财务状况等方面进行客观、全面的评估，评估合格者，公司正式受理租赁申请。

③ 利用网站在线进行业务洽谈。业务部门根据对客户和项目的评估结果补充收集相关资料，与客户进行商务洽谈及信息交流，同时与客户洽谈有关租赁期限、利率、还款方式等租赁要素，形成租赁合作框架。

④ 在公司内部网络进行业务审批。业务人员根据项目实际情况及租赁方案，形成书面材料并通过内部网络提交公司审批。

⑤ 签订租赁合同。在公司对项目审批通过后，业务人员根据批复条件会同律师设计法律文本，并在与客户协商一致后签订租赁相关合同及协议。

⑥ 车辆的交付及验收。公司与客户共同完成车辆交付及验收工作。公司可代为办理相关的运输、保险等手续。

⑦ 通过电子支付交货付款。在车辆验收合格的基础上，由客户向公司出具《到货确认书》及《货款支付申请书》，公司对外付清全部货款。租赁期间，车辆所有权在公司，使用权在客户。

⑧ 收取租金。按照合同约定，客户需按时足额向公司支付租金及其他相关费用；一般情况下，租金包括租赁本金和利息两部分。

⑨ 租赁期末租赁车辆的处理。租赁期满，根据合同约定，租赁公司以名义价格将租赁物的所有权转让给客户或办理续租手续。

二、汽车金融电子商务的现状

2004年，银监会批准上汽通用汽车金融公司，打破了国内由商业银行垄断汽车金融业务的格局，从此以后，汽车金融领域开始涌入商业银行外的民间资本玩家。起步晚，发展快，这同时造成了中国汽车金融市场中的两大问题：渗透率低和鱼龙混杂。

相较于汽车金融发展相对成熟的欧、美、日等地区和国家，中国人的传统购车习惯仍倾向于全款现金。截至2015年底，中国汽车消费信贷规模超过7000亿元，而汽车金融渗透率只有27%，二手车金融渗透率更是不到10%，与发达国家70%左右的金融渗透率尚有较大差距；另一个便是早期市场中难免硝烟四伏——利率战、直租批量采买囤积重资产，以及无底线降低准入门槛，让兴起的汽车金融市场进入大小诸侯混战的战国时代，给人混乱无章的观感。当然，换个角度来讲，这也预示着汽车金融市场的蓬勃潜力和亟待规范需求——一个领域红利前期的表征。

传统的商业银行和汽车厂商，通常都会有线下的网点来作为渠道，前者甚至还开发了一整套网络系统来作为入口，但是二者在移动互联网时代发展金融业务最大的痛处便是，缺失了用户消费的场景。

具备出行场景的互联网产品无论体量大小，理论上讲，相比传统商业银行和汽车厂商，都率先拥有了切入汽车金融市场的先天优势，现实情况也正是如此：神州旗下开展的买买车和车闪贷业务，易到早期与海尔共同搭建的"海易出行"，以及快快租车联合 Formax 金融圈推出的抵押车贷和托管放租业务，无一不透露出出行场景产品试图切入汽车金融的野心。

三、汽车金融电子商务的应用前景

当前汽车新车销售增长乏力，汽车电商平台提供营销服务已不能满足各方需求，汽车金融成为电商平台战略转型、完善产业结构的新趋势，也是汽车互联网+中非常重要的一环。汽车金融的出现，以及互联网金融+汽车，一方面是汽车产业走向成熟的标志，另一方面是在逆境中促进消费的一种突破方式。

阿里汽车事业部将整合阿里大数据营销、汽车金融业务以及平台优势，协同汽车生态产业链各合作方，通过无线业务场景，向车主提供"看、选、买、用、卖"的全链路汽车电商 O2O 一站式服务。

京东、腾讯通过投资易车以及易鑫资本，打通汽车 O2O 产业链，在易车O2O 平台的基础基建中汽车金融平台"易鑫资本"占据很大份额，易车在 2015年下半年，围绕包销车型推出服务配套金融产品，而现在易鑫资本的主要职能除了服务于易车外，还兼具了金融平台的服务属性。易车金融业务可能要承担两方面的职责：一方面帮助电商做一部分的库存融资的投入和撬动工作，一方面要支持 C 端用户买车的信贷支持服务，可称为"融资租赁"。

汽车金融的未来＝线下场景＋线上平台＋金融。网约车、专车、B2C/P2P租车，这类直接连接用户和平台端的汽车需求响应，看起来能够更直观地在满足用户基础需求之外，提供相应的金融接口。

第六节
汽车后市场电子商务

一、汽车后市场电子商务概述

汽车后市场即 AM（After Market），指汽车整车销售以后的各类市场，包含在使用汽车的过程中所发生的与汽车有关的费用，狭义上包含维修、保养、零配件、美容、改装、油品、租赁、保险、广告、装潢等内容，广义上涵盖驾校、停车场、车友俱乐部、救援系统、交通信息服务、二手车等方面。如图5-30所示为我国汽车后市场分类结构。

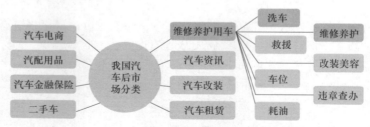

图 5-30　我国汽车后市场分类结构

整个汽车产业链的利润主要分布在汽车制造、整车和零部件销售以及汽车后服务这三大块，其中，新车产销利润占比仅为20％，汽车后服务市场的利润占比却高达60％左右。随着电子商务逐渐发展，汽车售后服务市场也开始涉足电子商务。

二、汽车后市场领域电商模式

目前在汽车后市场领域，电商模式主要有垂直类电商（主要形式为B2B）、水平类电商（主要形式为B2C）、服务类电商（主要形式为O2O），其中垂直类电商模式要求消费者具备相应的车辆或保养知识。以一般消费者为基础的电商模式主要有水平类电商模式和服务类电商模式。

1. 汽车后市场垂直类电商模式

汽车后市场垂直类电商模式一般来说对于消费者的汽车专业知识有一定要求，因此也可以理解为是专业类的B2B平台。这类模式由于平台专注和专业，能够提供更加符合特定人群的消费产品，满足某一领域用户的特定习惯，因此能够更容易取得用户信任，从而加深产品的印象和口碑传播，形成品牌和独特的品牌价值。

这类模式通常是由汽配供应（采购）商在平台上自行搜索合适的对象进行洽谈，最后在线上完成交易的过程。下面选几个典型来做说明。

（1）淘汽档口

"淘汽档口"是汽车配件的B2B采购平台。公司囊括了APP移动端及PC端等多种形态，为客户打造"零库存""零资金""零等待"的全新汽配采购体系。目前已有包括博世、海拉、盖茨、菲罗多等18大国际主流配件厂家入驻，货源稳定，品质放心，并在各大城市设有仓库，以随用随订，减轻自身库存压力；另外与 4 大物流合作伙伴合作，通过强大的后台体系保证迅速响应。淘汽档口目前已在 9 大省份，20 多个城市拥有 30000 多家线下门店。如图 5-31 所示为淘汽档口。2017 年淘气档口被京东收购。

图 5-31　淘汽档口

(2) 中驰车福

中驰车福汽配商场成立于 2012 年 1 月，隶属中驰车福电子商务有限公司，中驰车福电商是在配件供应厂商、汽车服务终端与车主之间建立的行业公共"供应链云平台"，集网上商城平台、汽车数据平台、供应链云平台于一体，为全国从事汽车服务的会员客户提供从保养件到维修件"一站式"的配件供应，同时为了帮助会员汽修厂引流，还引入了"上门保养""预约维修""汽车救援""新车商城""二手车商城""保险商城"等全方位、一站式的车主服务。虽然中驰车福覆盖了生产企业、汽修企业、车主，形成了 B2B2C + O2O 的一个整体格局，但是究其主要业务仍然是垂直类行业平台 B2B，因此还是列入垂直类电商模式。如图 5-32 所示为中驰车福。

2. 汽车后市场水平类电商模式

汽车后市场水平类电商模式大多数属于综合类 B2C 平台，如天猫汽车、京东车管家等。这类平台对于汽车专业的要求一般，准入门槛相对较低，销量较大的一般是易耗品（轮胎、雨刮）及用品（汽车内饰、清洁美容用品等）。目前还开始尝试 O2O 模式。这类模式通常具有以下特点：能充分展示企业产品和服务项目；完成各类商品和服务订购；支付快捷方便，即通过银行电子支付系统实现支付功能；为网络客户提供服务，与客户实时互动；进行客户信息管理；进行销售业务信息管理，及时分析相关数据。

图 5-32 中驰车福

(1) 阿里汽车事业部

2015 年 4 月，阿里宣布成立汽车事业部，由原来的天猫汽车、淘宝汽车、汽车 O2O 等部门组成。在 2015 年上海车展期间，阿里汽车事业部发布与国内外整车品牌的合作事宜，包括宝马、捷豹路虎、凯迪拉克、大众、别克、雪弗兰、丰田、本田、日产、现代、福特、奇瑞、吉利等 50 家主流车企入驻。2015 年 5 月发布阿里车海淘的项目，做平行进口车业务。2015 年 7 月初推出"车主＋" APP，以车主为中心，整合阿里集团大数据营销、汽车金融业务以及 6000 万车主汇聚的平台优势，协同汽车生态产业链各合作方，通过无线业务场景，向车主提供"看、选、买、用、卖"的全链路汽车电商 O2O 一站式服务。如图 5-33 所示为阿里汽车业务。

(2) 京东车管家

2012 年 2 月，京东正式涉足汽车电商。2014 年 8 月，京东与西国贸汽配基地达成战略合作，其为汽车用品配件批发零售、维修保养、汽车改装、美容养护一体式服务商城。2014 年 11 月，京东车管家正式上线，涉及车辆维修、保养、美容、洗车等服务。京东车管家建立了严格的品控机制，精选优质的服务商家，构建从产品到服务的"品质生态链"。如图 5-34 所示为京东车管家平台。

在自营方面，京东加大与品牌商的直供合作确保产品品质，已与 1500 余家汽车用品品牌商达成合作；在第三方平台，京东严审商家资质、严控进货渠道，并通过不定时抽检、自主研发的质控系统进行监督，同时提出明确而严格的惩罚

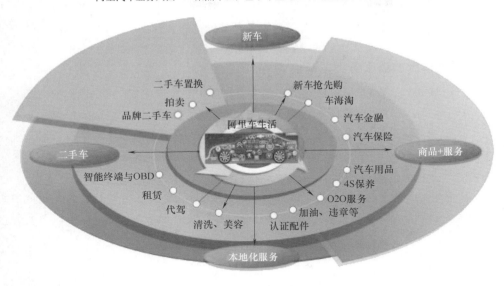

图 5-33 阿里汽车业务

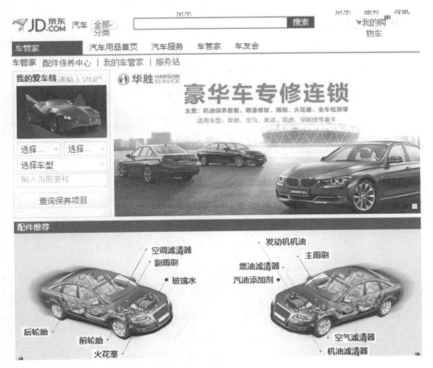

图 5-34 京东车管家平台

性措施，保障商品品质。目前，京东车管家已有5000多家线下服务门店，如爱义行、好快省、和谐汽车等，还同10多个知名上门服务品牌进行深度合作，如博湃、卡拉丁、摩卡等，构成了完善的线下O2O服务体系，为优质服务提供有力的支撑。

3. 汽车后市场服务类电商模式

汽车后市场服务类电商模式大多数属于O2O模式，如途虎养车网、车蚂蚁、车享网等。这类平台通常是由消费者在线上根据自身的品牌车型选择所需的配件型号，在线完成线上产品（线下服务）支付，随后根据所需选择门店进行线下服务，线下服务完成后再完成线上评价的过程。这类模式通常具有以下特点：能充分展示企业产品和服务项目；网上选择（预约、支付、评价）售后服务和产品，完成各类商品和服务订购；支付快捷方便；互联网特有的优势使其成为最便利的信息渠道、销售及服务渠道，为网络客户提供服务，与客户实时互动，生活便利。

（1）途虎养车网

途虎养车网（属于上海阑途信息技术有限公司）是中国领先的养车消费平台，它是电商自营平台，以售卖正品轮胎，为客户制订专业养护计划为宗旨。为了方便消费者购买轮胎后的安装问题，途虎养车网有超过10000家合作门店，广大客户可以到正规的汽车维修店进行轮胎更换以及保养服务，实现真正的线上线下一站式服务。它的服务以"轻量化"取胜，与维修服务门店展开合作，特约为主；为有效保证服务，对于线下的要求控制较高。如图5-35所示为途虎养车网基本服务流程。

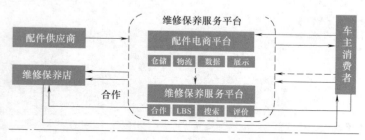

图5-35　途虎养车网基本服务流程

（2）车蚂蚁网

车蚂蚁，创立于2010年，是国内第一家真正意义上的汽车后市场本地汽车生活服务平台，服务范围包括汽车美容、汽车保养、汽车维修、汽车装潢等，依靠自主定制、智能检测和数据分析来配合车主发布的汽车服务需求，然后商家提供对应的服务方案进行匹配，来满足车主在用车过程中的各种个性化服务需求。如图5-36所示为车蚂蚁网。

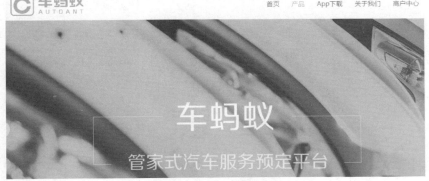

图 5-36 车蚂蚁网

现阶段车蚂蚁以互联网方式,打造类保险产品、车管家服务代表和智能 APP 三位一体的服务体系,涵盖油漆刮擦、车辆事故、意外救援等场景。客户在安装并购买类保险产品后,就可即时呼叫车管家服务代表,提供现场和上门服务。当车辆受损后,车蚂蚁提供无限次免费修复,直到车主满意为止。这类模式主要为线上车主消费者提供服务搜索及线下服务保养等,主要偏向于引流。

(3) 车享家

车享家是上海汽车集团股份有限公司注资 2 亿打造的中国汽车市场首个 O2O(即 Online To Offline)电子商务平台,于 2014 年 3 月 27 日正式上线。

车享家源自上汽集团旗下的汽车电商平台"车享"的连锁实体品牌。它彻底实现线上到线下的业务切换,以汽车售后维修保养的业务切入汽车后市场,结合车享家其他业务的板块,打造了全生命周期 O2O 汽车电商体系。让用户只通过一个平台就可以享受到养车、用车、买车、车主服务等需求。车享家分为中心店、综合店、社区店三类门店,三者各有侧重。中心店的建设将推动整体服务连锁化,以事故车维修、多品牌专业售后为主;综合店着重体现服务细分化,完成客户多样的需求,比如小事故、美容装潢、汽车保养;社区店达成服务社区化,解决 O2O 体验的"最后一公里"难题,如快修保养、洗车美容等。图 5-37 所示为车享家。

三、中国汽车后市场电商发展趋势

1. 模式缩小,竞争加剧

随着后市场垄断逐渐被打破,更多电商平台不断向全供应链方向发展,模式差异逐步缩小,竞争将进一步加剧。

2. 工具类领域发展突出

资本市场表现出对汽车工具类领域的看好,在资本的推动下,行业将会取得

图 5-37　车享家

快速的发展。

3. 积极布局线下网络，抢占线下资源

完善的线下服务体系能够提升用户体验，也将推动线上平台的发展，布局线下网络抢占线下资源将助力于电商平台的长远发展。

四、中国汽车后市场规模预测

出于多项政策出台的刺激及电商平台的冲击作用，2015 年中国汽车后市场逐渐走向规范化、标准化，为之后的发展打下了良好的基础。如图 5-38 所示为 2013—2018 年中国汽车后市场规模。

图 5-38　2013—2018 年中国汽车后市场规模

随着需求的不断增加，中国汽车后市场电商产业生态逐渐形成。如图 5-39 所示为中国汽车后市场电商产业生态图谱。

图 5-39　中国汽车后市场电商产业生态图谱

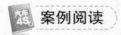 **案例阅读**

一、途虎养车网

1. 发展概况

途虎养车网 2011 年创立于上海,是国内领先的汽车后市场电商平台之一。途虎养车网以轮胎为主营业务切入汽车后市场,在多年的发展中朝着汽车维修保养全品类覆盖的方向拓展产品线,现已提供机油、汽车保养、汽车美容等各类产品和服务。途虎养车自建仓储物流,通过线上售卖汽车用品和线下合作门店提供安装服务的形式,为客户提供全方位的汽车保养服务。途虎养车网商业模式如图 5-40 所示。

从 2015 年开始,途虎养车网的服务品类从轮胎扩大到汽车养护、美容以及其他服务用品,销售收入达到 9.6 亿元。2016 年 1 月,途虎与 3M 公司合作,独家授权途虎线上首发 3M 机油,开了国内首次润滑油厂商对电商平台授权的先河。2016 年 3 月,途虎与国内最大轮胎厂商万力合作,成为万力轮胎旗下万嘉联盟在江浙沪地区的唯一服务商。2016 年 4 月,途虎与亚夏汽车签署了关于互联网保险项目合作协议,投资互联网保险项目。2016 年 6 月 18 日,途虎养车与 YunOS 宣布针对汽车智能、车联网领域进行战略合作。YunOS 的系统正在成为国内继 Android、iOS 之后的另一个重要移动操作系统,途虎养车也成为 YunOS for Car 生态圈内首个用车养车服务供应商。截至 2016 年底,途虎养车的销售收入达到 22 亿元,营销规模得到很快的增长。途虎养车在 2016~2017 年营销规模快速增长,销售轮胎超过 300 万个,占轮胎总市场的 7%。

根据途虎养车网统计,截至 2017 年 7 月,途虎养车网的线下合作门店覆盖全国 405 个城市,门店数量高达 13000 家。轮胎月销售额突破 1 亿元,美容日订单量超 1 万个,保养日订单量近 2000 个,月增长率超过 20%。基本完成全国重点销售区域的仓储和配送布局,从上海、北京、沈阳、成都、武汉、广州、济南、厦门、西安、昆明十大物流中心出发覆盖周边销售区域。

2. 商业模式

途虎养车网在创立之初在维修养护方面的商业模式采取的是自营型平台模式。维修养护类电商分为自营型平台、导流型平台、上门服务型平台三类。与导流型与上门型两种相比,自营型电商的服务程度最深,符合移动互联网时代要求的便捷用户体验。同时,与导流型收取广告费与佣金、上门型直接收取服务费相比,自营型模式通过线上出售汽车配件用品的利润差价营利,营利性更加直接稳定。此外,自营型电商具有其他两种类型无法匹敌的品牌力与口碑,增强了电商对商品来源、商品质量、商品供应及物流配送的硬控能力,实现了商品的垂直化供应，同时解决了其他两种模式获客成本高、用户难以留存、监控能力差等诸多弊病。根据标准排名研究院进行的相关研究与分析调查，导流型与上门型平台模式企业将在5年内转型与淘汰，自营型平台已有趋势提前进入寡头竞争阶段，优势资源越来越集中。

在深入分析后市场行业后，途虎养车网认为，本质上汽配行业的混乱是渠道的混乱，而渠道的混乱本质上是渠道的分散和供过于求，因此，小的、不规范的、多层级的渠道商应该被整合为大的、成规模的、规范的经销商；而线下渠道由于各种因素，整合成本甚至大于整合带来的溢价。后市场混乱的现状给了互联网企业机会，途虎养车网把握了机会。在汽车后市场服务中，配件品质是车主关心的第一要素，大多数用户对车辆养护知识了解程度一般，仅对轮胎、机油等广告力度大的零配件品类有一定认知。因此，途虎以轮胎这种标准化成熟产品为市场切入点，而后以养护这种标准化服务来满足用户的高价值长尾需求。由标准化产品切入，而后通过标准化的服务流程，管控整个O2O服务标准。通过标准化正品在用户心中深深扎根，途虎养车五年来积累了牢固的忠实用户。

在供应链方面，与其他第三方合作获得产品不同，途虎养车是极少数获得品牌正品授权的公司。秉承正品自营理念，途虎将厂家工厂直供的商品直接递到消费者手中，大大降低了渠道进货价格。途虎售卖的产品均有品牌的正式授权，也获得了越来越多的网络独家授权，更多个性化的汽车配件将在途虎售卖。2016年初，途虎养车与3M达成合作，后者推出首款机油产品并授权在途虎养车平台独家销售。2016年7月，美国固铂轮胎与途虎养车签署了战略合作，固铂则将为途虎养车提供Eco Cl轮胎独家专供花纹，提升途虎品牌正品自营优势。另外，目前马牌、固铂、万力、韩泰等工厂均向途虎直供正品轮胎。

途虎自建强大的仓储物流体系，面对繁复的物流环节，途虎创新性地将强大的WMS系统运用其中，该系统有效控制并跟踪了收货—上架—库存管理—备货—复核—交接的仓库管理全过程，每一个途虎轮胎上都贴有虎标条码，为消费者提供全程追踪服务。这些技术化的有效运用，为服务提供了时间上的有效保障。

门店作为线下服务终端，重要性不可忽视。途虎创新力表现在对于门店管控体系上，通过用户评论投诉、门店诚信、服务项目完善度综合评定门店星级，并完全公开给消费者自主选择。此外，途虎对线下拓展的要求较为严格，统一管理，并且集中培训关于如何提高营利能力、技术水平和客户服务能力等的课程。

3. 核心能力

物流优势是途虎最大的优势，这与途虎刚开始就深耕线下门店有很大关系，途虎自建物流体系，传统上需要40天的运转周期，途虎只用20天就实现了运转，而且仓库可以实现上午下单、下午安装，实现了途虎的"八小时直送"，提高了整体的效率。同时，途虎为每一个轮胎都建立了自己的数据系统，这在保证

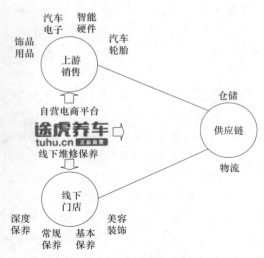

图 5-40　途虎养车网商业模式

透明的基础上，为客户实时提供使用信息，提醒客户轮胎使用寿命。

4. 企业运营

途虎三大运营特点分别为平台化布局管理、精细化运营模式、个性化服务定制。从平台化布局管理角度来看，随着互联网时代的到来，必然会伴随着对传统行业的冲击，从开始的轮胎到后期的养护再到汽车金融，每一次的延伸都意味着一次转型，失败有，成功也有，都是为了适应多变的消费者，建立信任，满足用户需求，不断挖掘，服务大众。从精细化运营模式角度来看，从生产到销售，再到销售渠道的选择，线下门店的考核，用户的探索挖掘都要利用大数据做到精细分析整理，提高企业营利能力。从个性化服务定制的角度来看，通过大数据系统分析用户，记录备案，系统会给出明确的指导，了解到用户的需求、消费习惯、消费能力、消费周期、消费水平等，然后再根据用户的要求进行个性化定制，既满足了客户的需求，又为企业节省了时间，这也是途虎的特色。

5. 总结

由于其资源能力、仓储物流能力、用户黏性、用户互动性、用户质量和生态闭环等方面的成绩，途虎受到行业的认可。但是汽车养护市场正面临巨变，4S店、养护门店或将继续占据市场主导地位，随着互联网时代的到来，移动互联网进入汽车养护市场也是必然的，作为养护渠道补充，养护电商正在不断崛起。B2C电商多强争霸，途虎未来在市场上的表现如何，值得进一步观察。

二、汽车超人

1. 发展概况

汽车超人是一家汽车后市场综合服务平台，采用线上销售与线下服务结合的方式，运用大数据分析，为用户提供供应链解决方案。汽车超人目前主要提供汽配销售、汽车保养、汽车美容等服务；汽车超人未来将拓展汽车金融、汽车救援、汽车改装和车务服务等汽车后服务市场业务。

汽车超人成立于2015年4月，当月完成品牌发布，上线第一个版本APP；6月母公司金固宣布增发27亿元用于汽车超人项目发展，到2016年5月累计用户超过1000万人；2016年9月汽车超人线下体验店投入运营，上海店正式开业。

汽车超人成立时间短，但业务发展速度较快，早期通过"一分钱汽车"的服务为线下门店导流，快速建立了汽车超人品牌。汽车超人逐步形成维修保养O2O＋汽配B2C的商业模式。

2. 商业模式

汽车超人的商业模式与途虎有很多类似之处。近两年，汽车超人主要依靠自营平台、自建仓储、自营合作、提升体验等迅速发展。汽车超人商业模式如图5-41所示。

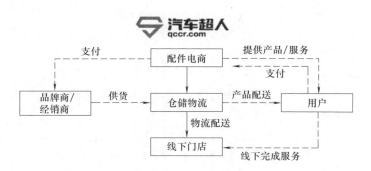

图 5-41　汽车超人商业模式

在自营平台、自建仓储方面，汽车超人坚持原产正品，并通过自营模式保障产品品质。同时，把汽车后市场的供应链当作成功的关键，认为不能做好供应链就是空中楼阁。因此，在流通环节，为更高效地管控流通过程，通过自建仓储物流体系，并通过自主研发的WMS和TMS两大系统对商品运输过程实施全程监控，实现零部件保真，增强供应链议价能力，提高利润率，以达到重塑供应链的目的。

在自营合作、提升体验方面，自营合作成为汽车超人拓展线下门店的关键，汽车超人凭借金固股份在汽配业界强大的供应链资源，从创立之初就逐步整合优势供应链资源，先后与固特异、马牌、邓禄普、固铂、辉门、马勒等品牌厂商合作，从源头保证产品质量，提升竞争力。在线下汽车超人通过自建与合作结合的形式保障服务质量，不仅有直营店，还有加盟合作店、认证店。

目前，汽车超人拥有上万家线下门店服务实力，通过门店管理系统、供应商管理系统与阿里云技术对接，为合作门店提供了一体化管理平台。汽车超人积极对汽修店进行改造，整合资源并使其IT化，建立评价机制，促进服务升级。汽车超人通过引入违章查询、车险、加油等配套服务，不断优化用户服务，增强用户体验。

汽车超人实现全国范围覆盖，通过自建配送体系，汽车超人目前服务范围已经覆盖一、二线城市。截至2016年底，华东、华南、华中、华北、西南部分城市实现最后一公里配送。

通过汽车超人完整的商业模式和服务体验，2016年12月，汽车超人移动端月活规模达191.5万人。

3. 核心能力

与竞争对手相比，汽车超人强调规范化服务、标准化服务，通过标准化管理理念，提升后市场服务的水平。汽车超人在拓展线下汽修店的同时，对合作门店进行改造提升。如对其进行现代化网络化管理，统一管理标准，建立规范流程，建立评价机制。人才是管理的关键，汽车超人建立超人学院，为合作门店培养和输送专业化汽修人才。

4. 企业合作

2016年11月，汽车超人与天会智数展开合作，在线下体验店内使用天会智数门店系统，实时监测门店消费者态度，通过大数据管理门店和员工，增强服务体验，提高管理效率。

2016年与支付宝、平安保险、百度地图、交通银行等相关第三方企业合作，引入相关企业资源，更好地服务用户。金固股份与阿里云合作开展大数据管理，汽车超人希望借助阿里云大数据平台，挖掘车主、车辆、门店、交易、消费频次和消费地点信息，以及上述信息之间的关联，以建立更加精确的营销和推荐模型，更好地为客户提供服务。

5. 总结

汽车超人以轮胎业务为后市场切入点，采取维修保养O2O＋汽配B2C的商业模式，目前正在构建汽车生活综合服务平台，目标是发展成为行业领先的车主生活综合服务平台。

三、乐车邦

1. 发展概况

乐车邦创立于2015年，创始人林金文曾担任长久汽车CEO。2015年2月，林金文在上海宣布成立乐车邦，并担任首席执行官。

2015年6月乐车邦首次在北京上线，随后在上海等国内30个城市上线。

目前，乐车邦已经拥有注册用户1400多万、3500家精选合作4S店、80个大汽车品牌。

2. 商业模式

乐车邦主要为4S店建立售后服务电商平台，整合大量4S店闲置工位，为后市场用户提供高性价比、标准化、原厂品质的汽车售后服务产品，打造用户用车的一站式服务平台。乐车邦业务模式如图5-42所示。

此外，乐车邦还成立了全资子公司纵汇汽车，面向全国22000家小型经销商，提供4S店全权托管业务，借此帮助小规模经销企业完成经营转型和突围，乐车邦希望发展成为汽车界的希尔顿/SPG管理集团。

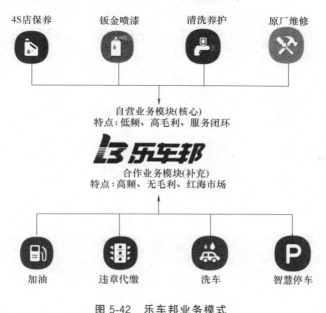

图5-42 乐车邦业务模式

3. 核心能力

乐车邦目前具有非常大的规模，注册用户达到1400多万，覆盖31个城市，有3500家合作4S店和80个大汽车品牌，也是唯一的全国性4S店维修保养电商平台。

乐车邦是中国前50大互联网公司售后服务产品的指定供应商，包括BAT、滴滴、美团、大众点评、易到用车、中国移动等，因此拥有接近零成本的有效流量供给。

乐车邦已与百度地图、糯米、腾讯、阿里巴巴、京东、大众点评、58、嘀嗒拼车、五大银行等175个互联网流量平台实现合作，为其提供4S店售后产品线上入口。

4. 总结

4S店体系目前整体情况并不乐观，乐车邦发现了整合和改造带来的巨大商机，认为利用互联网，4S店渠道仍有巨大潜力值得挖掘。乐车邦坚定不移地通过"互联网＋资本"的方式为4S店体系创造价值，实现了后市场领域的融合创新。

四、有壹手

1. 有壹手发展概况

2013年5月，曾经创办过拥有2000多家加盟店汽修连锁品牌、具有互联网创业经验的周桢，正式创立了第一家有壹手线下店，主修小剐小蹭的"钣喷"修复，还有清洗、美容、护理、修复、整形等"面子工程"，不承接大修。

四年时间的摸索，有壹手搭建了行之有效的数字化车间管理系统、O2O的用户体验模式和数字化获客营销模式，实现了单店赢利，并扩充到全国数个一、二线城市，建立了十余个运营总面积超过30000平方米的直营线下事故车钣喷中心，成为高端钣喷快修连锁领军品牌。

到2017年初，有壹手共维修十万余台车，钣喷20万余部件。其中中高端车型占70%以上。

2. 商业模式

有壹手选择钣喷快修作为主营业务，主要基于以下认识。

一是市场足够大。汽车保险业务中80%的赔付都是小剐小蹭。在4S店里，这一类小事故不会涉及机修，都可以用快捷的方式解决。做一个简单的估算：北京约有500家4S店，假设每个月一家4S店的车漆业务做到50万元营业额，这500家店就有2.5亿元的规模。这还不包括北京大量的二类厂、一类厂、街边店，它们承接的车漆业务比4S店更多。所以，虽然是一个单品业务，但它的市场很大。

二是利润足够高。这是汽车后市场利润最高的一块，物料成本很低。尤其是高端钣喷市场，有足够的利润去支撑。后市场商业形态众多，聚焦到钣喷业务的连锁品牌不是没有，但目前还鲜有聚焦到高端钣喷业务的品牌。有壹手刚开始计划做BBAB市场（奔驰、宝马、奥迪、保时捷四大品牌），所以技术人员的工艺配套都是按照最高标准来做。运营过程中也是如此，客户中，中高端车主比例偏高。

三是钣喷是4S店的核心业务，但也是4S店掌控力最弱的一块业务。4S店做机修保养都涉及原厂件问题，车主对4S店有足够的信赖。原厂件生产方，也会偏向保护4S店的利益。但车漆不涉及原厂件问题，大部分欧美车的物料用阿克苏、PPG、杜邦，日系车用立邦等品牌，和有壹手一样，都是由第三方供应商提供。所有车漆都一样的时候，4S店对喷漆反而就没有那么强的掌控力。

四是钣喷开店门槛并不高。一套5万元的车漆可以修所有车。做单品，易于简单化、专业化和标准化，适合复制连锁。

3．核心能力

（1）线下服务标准化

在划定了服务范畴后，创始人周槟开始考虑该以怎样的步骤将线上线下有效整合起来。业内普遍认为，O2O 模式是从线上到线下（Online to Offline），但在周槟看来，从线上到线下的模式更适合电商商品领域。电商商品已经标准化，只需要直接将商品上线让顾客消费即可。服务则不同，还需要在前面增加一个环节，即先在线下完成标准化，才能够上线以供顾客购买。

周槟认为，"归根结底，O2O 还是要先把线下做好，用互联网方式去改造线下作业流程，形成订单向下、口碑传播向上，再带动新订单向下的循环"。

因此，线下服务标准化成为 O2O 的第一步：想要实现客户直接从网页或移动端就能选定服务产品这一目标，服务一定要标准化到与电商商品一样的程度。同时，服务标准化是"又连又锁"的基础，否则就算总部管控力度再强，各门店也可能因为标准不够明晰、流程不够细致而各行其政。

有壹手从以下几方面将服务标准化。

价格透明化：有壹手首先将服务划分了大类（如局部车漆快修、钣金整形修复、车身色彩定制、内室清扫及消毒等），在选定了某项服务如局部车漆快修之后，再根据具体车型（如奥迪 A1、别克 GL8）、车部位（如前保险杠右侧、后翼子板）、工艺（标准工艺、纳米陶瓷工艺和精修工艺）的选择，报出一个大致的价格。若用户是通过移动端来预约服务，顾客还可以通过上传车照片以获取更精准的报价。这样，用户在到店之前就已经知悉自己所需服务的大致价格，这大大降低了门店随意加价的可能性。

质量标准化：在选择原材料时，有壹手使用 PPG 的产品，以保证服务品质的稳定性，采购由总部统一完成；在工艺上，将钣喷分为底材处理、喷涂、抛光和钣金 4 个工序，每个工序都必须由技术达到 A 的人来完成；为让顾客对有壹手的服务放心，车间都是玻璃面全透明的，修车的整个过程客户都可以看到；此外，每个车位上方都安装有摄像头，即使客户不能到店，也可以通过移动端进行监控。

服务流程优化：首先借助线上预约做好时间管理，客户来店以后等待的时间缩短，可以快速上修车位，单部件修理时间不超过 3h；其次，在经过一番测试后，有壹手采取了三个人管两个工位的模式，这样在保持员工有一定工作负荷的同时达到最快的交车速度。由于一个普通技术工通常只在两个工序上达到 A，要完成整个服务可能还需要其他技术工来配合，因此，IT 系统会根据员工的状态（是否正在工作中）和车的状况（进展到哪个环节）来调配员工，以优化这个车间的运作流程。

（2）搭建信息化平台

信息化平台承担着几大重要职能。首先，在对线下服务进行标准化时，需要信息化平台的全程介入。其次，要实现总部与门店之间的紧密联动，信息化平台是必不可少的。更重要的是，信息化平台是连接线上线下的关键纽带，是O2O中的"2"。

有壹手几乎用了一年的时间来打造这个信息化平台。一方面，有壹手自行开发了基于移动互联网技术的SaaS线上运营平台，帮助门店实现数字化的订单管理、车间管理、绩效管理、会员管理、财务管理，以帮助实现这些线下业务流程的标准化和规范化。

另一方面，该平台还集成网站、微博、微信等，以便为车主提供订单预约、远程监控、上门取送车等高效便捷的线上服务，以此将线上线下运营更顺畅地衔接起来。

有壹手将这个已经基本成熟的平台命名为SDI，基本上覆盖了钣喷中心、4S店和传统维修厂，从获得客源，到用户下单，直到完成维修的全过程，所有流程均可由系统协调完成。该系统完全可以为汽车厂商、汽车经销商以及汽车快修连锁企业提供全面的售后服务升级解决方案，助力企业售后服务"互联网＋"进程。

目前，已经有多个同行主动了解并购买该系统，专注于汽车后市场的SaaS模式也获得了资本市场的关注和青睐。

（3）线上借力微信

在O2O的线上端，有壹手同时在PC网页端和手机移动端布局。由于近年来智能手机发展迅猛，一方面移动端较PC的使用更为便利，另一方面由于移动端可以显示地理位置信息，与有壹手提供服务内容更为匹配，因此移动端是有壹手在线上发力的重点。在移动端，有壹手的战略选择是将服务建立在微信上，而非自己做手机应用APP。

自建APP和使用微信公众号各有利弊。自建APP后，企业可以掌握更全面的用户数据，实现精准的消息推送，同时，用户基于切身需求使用APP的痕迹明显，对销售业绩的转化率更高。

然而，APP的使用频率低。若没有买产品或服务的需求，用户很少能用到APP，不利于企业与用户互动。此外，APP的开发周期比开一个微信公众号要长，开发成本和维护成本比开一个微信公众号要高许多。更重要的是，APP上线后要吸引用户关注和下载，这是非常耗财力的。

在周槟看来，开微信公众号可以节省上述众多成本，明显划算很多。更重要的是，微信公共号可以帮助导流量，一方面企业通过微信打广告吸引客户的成本相对低廉，另一方面若有壹手服务做得足够好，微信甚至可能自动为其引导客户。微信的另一个吸引人之处在于其具有支付功能，企业因此可以实现从营销、与用户互动、展示服务到用户选择服务和完成支付的一个闭环。

有壹手正在逐渐将以前通过直接进店或者网页预约的客户导到自己的微信平台上，以更好地与用户互动。同时，有壹手还通过微信向老顾客发放优惠券，以鼓励顾客多用此方式购买服务。

4. 出险直赔与购险续保

随着知名度和业务量的提升，有壹手与多家主流保险公司达成深度合作，包括平安、太平洋、人保、阳光等。购买以上保险的用户，可以直接在有壹手进行定损直赔，无需掏一分钱就能完成维修的模式将会吸引更多的顾客前来。

配合已有的上门取送、维修直播等服务，有壹手干脆将救援、定损、直赔、维修、交车的全过程打通，进行一条龙服务。这样一来，车主发生剐蹭事故后，无需惊慌，通常只需在手机上操作几步，或打一个电话，就能完成从定损理赔到维修的全过程。

不仅如此，有壹手还提供购险续保的服务。因为卖险是为了进一步获客和存留老客，所以有壹手将这部分业务的利润尽可能让出，提供幅度较大的购险优惠，并赠送钣喷、美容等多项产品。因此，保险业务的增长势头也不容小觑，并且进一步提高了客户进厂维修率。

5. 企业运营

（1）O2O：线上运营和线下车间

在完成了O2O三个环节的建设后，有壹手形成了自己的一套运营模式：线上负责整体运营，承担平台建设、会员管理、员工绩效管理、营销、财务等诸多工作，起到"大脑"的作用；线下各个门店则变成车间，只须提供最专业的技术服务。此模式将店长肩负的职责减轻了很多，对整个门店的能力要求也降到了最低，最大限度地提升了服务的标准化程度和门店的可复制性。

这种模式带来的另一个变化是有壹手的选址理念与传统汽修店完全不同。周槟分析，"可以把店开得更偏一点，因为客户从线上来，又开着车来，门脸藏在后面也没问题。只要进出方便、开车容易找到，不需要在商业中心或者主干道上"。

目前，有壹手在各个城市的门店基本上都不在市中心，但争取在城市的各个方位布点，以方便在不同方位的顾客车辆到达。选址理念变化也带来一个好处，就是门店的租金成本降低了不少。

（2）对管理模式提出的挑战

然而，O2O模式对有壹手的企业制度建设和人力资源管理也提出了挑战。O2O意味着公司需要配备两个团队：一个是互联网团队，工资福利水平和激励机制参照BAT这样的企业；另一个是线下修车团队，对标的是修车行业。两个团队差异非常大，因此，如何做好权衡和激励，特别是激励线下员工成为最大挑战。

最初，周槟是想让两个团队分开办公，但由于整个O2O流程的优化需要两队的紧密配合，因此只能合在一起办公。这样就产生了比较，自然就产生了许多矛盾和质疑。以工作时间为例，互联网团队的要求是双休，周末如果要工作可以，但是算加班；而对线下技术团队来说，维修行业一直以来都是单休，节假日更是要上班，因此不能算加班的。有了比较后，线下团队很容易产生心理不平衡。还比如，互联网团队可能会要求解决北京户口，不然不能吸引最优秀的人才，但对线下团队来说，这是从来不可能有的想法。而最难做的是同时服务于这两个团队的行政和财务管理人员，他们需要在两个团队的利益间不断寻找平衡。

第六章

汽车电子商务客户服务和管理

第一节　电子商务客户关系管理
第二节　汽车企业的客户关系管理系统
第三节　汽车企业的呼叫中心
第四节　客户数据挖掘

第一节 电子商务客户关系管理

一、客户关系管理概述

1. 客户关系管理的定义

客户关系管理简称 CRM（Customer Relationship Management），是企业为提高核心竞争力，利用相应的信息技术以及互联网技术协调企业与顾客间在销售、营销和服务上的交互，从而提升其管理方式，向客户提供创新式的个性化的客户交互和服务的过程。其最终目标是吸引新客户、保留老客户以及将已有客户转为忠实客户，增加市场份额。

CRM 概念引入中国已有数年，其字面意思是客户关系管理，但其深层的内涵却有许多的解释。从字义上看，它是指企业用 CRM 来管理与客户之间的关系。CRM 是选择和管理有价值客户及其关系的一种商业策略，CRM 要求以客户为中心的商业哲学和企业文化来支持有效的市场营销、销售与服务流程。如果企业拥有正确的领导、策略和企业文化，CRM 应用将为企业实现有效的客户关系管理。

CRM 是一个获取、保持和增加可获利客户的方法和过程。CRM 既是一种崭新的、国际领先的、以客户为中心的企业管理理论、商业理念和商业运作模式，也是一种以信息技术为手段有效提高企业收益、客户满意度、雇员生产力的具体软件和实现方法。

CRM 的实施目标就是通过全面提升企业业务流程的管理来降低企业成本，通过提供更快速和周到的优质服务来吸引和保持更多的客户。作为一种新型管理机制，CRM 极大地改善了企业与客户之间的关系，实施于企业的市场营销、销售、服务与技术支持等与客户相关的领域。如图 6-1 所示为客户关系管理。

2. 客户关系管理的意义

客户关系管理（CRM）有以下三层含义。

① 体现为新业态企业管理的指导思想和理念。

② 是创新的企业管理模式和运营机制。

③ 是企业管理中信息技术、软硬件系统集成的管理方法和应用解决方案的总和。

CRM 不仅仅是一个软件，它是方法论、软件和 IT 能力的综合，是商业策

图 6-1 客户关系管理

略,如图 6-2 所示。

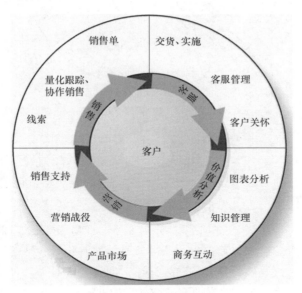

图 6-2 CRM 是商业策略

在国内,当一个企业开始关注客户关系管理时,往往也伴随着业务流程的调整,通过引入先进的营销管理理念、可借鉴的流程制度以及自动化工具,来实现企业的战略目标。

客户关系管理的工具一般简称为 CRM 软件,实施起来有一定的风险,超过半数的企业在系统实施一段时间之后将软件束之高阁。

从软件关注的重点来看，CRM软件分为操作型、分析型两大类，当然也有两者并重的。操作型更加关注业务流程、信息记录，提供便捷的操作和人性化的界面；而分析型往往基于大量的企业日常数据，对数据进行挖掘分析，找出客户、产品、服务的特征，从而修正企业的产品策略、市场策略。如图6-3所示为CRM分布图。

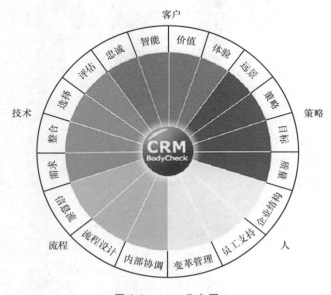

图 6-3 CRM 分布图

从软件的技术层面来看，CRM软件分为预置型和托管型两类，如何解决数据安全方面的担忧，是托管型CRM面临的最大难题，如何说服一个成熟企业将核心数据放置在企业可控制范围之外，是托管型CRM能走多远的重点。

3. CRM 分类

根据客户的类型不同，CRM可以分为BtoB CRM及BtoC CRM。BtoB CRM中管理的客户是企业客户，而BtoC CRM管理的客户则是个人客户。提供企业产品销售和服务的企业需要的是BtoB的CRM，也就是市面上大部分CRM的内容。而提供个人及家庭消费的企业需要的是BtoC的CRM。

根据CRM管理侧重点不同又分为操作型CRM和分析型CRM。大部分CRM为操作型CRM，支持CRM的日常作业流程的每个环节，而分析型CRM则偏重于数据分析。

二、客户关系管理在汽车行业的应用

综观国内汽车行业的CRM，可以将其应用分为四个层次，每个层次又因为不同的角色分为多种特色的实践，即使是同一层次同一角色也会因为具体的企业环境和管理因素而体现出不同的 CRM 需求。

1. 基于呼叫中心的客户服务

基于热线、销售咨询和品牌关怀等方面的动机，大部分汽车厂商与部分有实力的经销商都建立了呼叫中心系统作为客户服务中心的热线。在这一层次上，CRM 更多的还是被动式的服务和对主动关怀的尝试，价值体现在节约成本与提高客户低层次的满意度上。

该层次应用的典型代表包括：上海大众、一汽大众、神龙汽车、福田汽车、江铃汽车等。

2. 客户信息管理与流程管理

客户信息管理的重点对于整车厂商、经销商和零部件商是不同的，对于汽车行业的客户信息档案的采集分析，在三个不同角色的体现也是不同的。整车厂商更多的是已购车的客户信息管理；经销商更多的是潜在客户和有意向客户的信息管理；零部件商更多关注的是维系与管理维修客户的信息。因此客户信息管理对于整个汽车行业价值链而言并非一个简单的事情。

流程管理主要分为销售流程管理、服务流程管理和关怀流程管理。在一个客户购买与使用一辆车的整个过程，要经历整车厂商、经销商和维修服务商多个流程，这些流程的标准化和规范化如何去体现，又是整个汽车行业价值链的一个关键问题。

在这一层次上，很多整车厂商通过 ERP 系统和 DMS（经销商管理系统）来进行部分客户信息管理和交易流程的管理，但也有部分整车厂商部署了专业的 CRM 系统来管理客户信息，同时部分厂商的经销商体系也建立了 CRM 系统，比较整体地管理客户的信息。不仅如此，零部件厂商也开始关注客户信息和 CRM 管理流程，意图通过 CRM 战略实现客户导向的任务。

该层次应用的典型代表包括：以上海通用、一汽大众、神龙汽车、东风襄樊旅行车等为代表的整车厂商；以上海通用经销商、一汽大众经销商等为代表的经销商；以东风朝柴、东风康明斯发动机、江淮等为代表的零部件厂商。

3. 客户细分与客户价值、客户满意度与忠诚度

这一层次只有在第二层次完善和积累的基础上才有可能进行，因为如果没有详细的客户信息和过程信息，那么对客户的细分和对细分之后的客户价值的定位是不可能完成的。基于积累的真实有效的客户相关数据进行建模分析，细分客户群，并分辨客户细分群的不同价值，从而实现客户的差异化对待。

当竞争激烈的时候，客户满意度是吸引客户并持续消费的一个重要因素。而当前的二手车置换等服务使客户的转移成本降低，因此客户满意度与忠诚度将成

为以客户为导向的汽车行业最关注的问题。

在这一层次，因为国内企业部署 CRM 的时间还比较短，所以只有像 2000 年就部署了 Siebel 系统的上海通用，在积累了多年的客户数据后，才能够开始部分分析和预测工作。

该层次应用的典型代表包括：上海通用、上海大众等。

4. 企业价值链协同体系

在汽车行业的客户生命周期中，要经历汽车制造、新车经销、汽车维护、二手车置换、汽车贷款、汽车保险、装潢装饰、汽油消耗、汽车维修、备品备件、汽车租赁等多项服务。而这些服务又是由整个汽车价值链中的不同角色来分别承担的，如何有效地管理整个客户的生命周期，就意味着整个汽车行业的价值链内的相关企业要建立企业价值链协同体系，有效地共享资源和管理资源。

整车厂商关注销售收入和收益，但是他们没有与客户直接接触的渠道，客户信息是他们迫切需要的。经销商在共享销售信息上就会体现出两种态度：一种为他们乐于接受整车厂商通过其网站和其他媒介得到的销售线索和潜在客户信息，另一种为他们不愿共享他们收集到的潜在客户信息。由于客户生命周期涉及潜在客户、销售、服务、置换、汽车金融等多个价值链的环节，因此企业价值链协同的关键为信息共享的级别和权限。

三、汽车客户关系管理对策研究

汽车客户服务需要实行全方位覆盖客户购买要求的发展战略，客户有什么样的要求，汽车厂商就供给什么样的产品，提供什么样的服务。同时，汽车厂商还需要做到不断挖掘客户的需求，不断了解客户的满意度，并努力超越他们的期望。基于此，对于客户关系管理的关键对策为确保 CRM 在汽车服务行业的实施过程中，以客户为中心，并将 CRM 贯穿于整个实施过程中。

① 完善客户资料信息，深度挖掘客户信息。组织专门人员来集中管理客户信息，保证客户关系管理的正常运作。

② 要充分考虑客户信息的收集问题，利用在服务过程中收集到的各种潜在客户与现有客户的有效信息，建立一个客户资料库以及客户价值评估体系。

③ 在 CRM 系统拥有大量潜在与现有客户信息的基础上，对其进行分析，使决策者掌握的信息更全面，从而做出相关的服务决策。

④ CRM 的实施要与客户建立一个统一的交流渠道，要让客户通过互联网或者企业建立起来的呼叫中心，与企业服务人员以及企业进行交流，而且确保这种交流是连贯的、方便客户的、有效的。

⑤ 让汽车服务企业各个部门的员工都能共享客户信息，让服务人员掌握第一手的客户信息，同时保证各个服务部门和 CRM 功能模块之间数据的连贯性。

⑥ 设立一个高效的 CRM 项目小组，负责监督整个项目的实施过程，并控制 CRM 的实施进度，并与企业员工进行定期沟通，定期向领导汇报 CRM 的实施情况。

⑦ 强化与 ERP 功能的集成。将 CRM 与 ERP 在财务、制造、库存、分销等方面的信息连接起来，从而提供一个闭环的客户互动循环。

四、汽车行业客户关系管理的应用价值

1. CRM 是汽车企业在"客户导向"时代不可或缺的系统和方法

如同众多行业一样，汽车业的发展也经历了三个阶段：产品导向、市场导向和客户导向。过去汽车企业是以产品为导向，企业把主要精力放在扩大生产和满足社会需求上。但随着社会经济的发展，产品已是供大于求，企业开始了市场导向时代。市场导向体现在市场细分和目标市场的客户群上，让企业换了一个视角去审视自己的生产。但现在，客户成了上帝，客户对企业产品的需求决定了企业未来的命运，企业要生存，必须生产客户需要的产品，这就是以"客户为导向"。

市场导向与客户导向的主要区别在于：企业是否面对真实的客户？企业是否分辨出真正的客户？企业是否定位出有价值的客户？企业是否了解了变化的客户需求？目前国内大部分汽车厂商还没有真正进入以基于客户细分的客户价值和客户需求导向的阶段，还是在假定的目标客户群上作市场分析，在所有的客户群中进行客户关怀，在所有的潜在客户群上投放营销费用。

CRM 是一种"以客户为中心"的非常重要的系统和方法，能帮助企业保留住已有的客户、发展新的客户、密切与客户的联系并了解他们的新需求，决定今后新产品的开发方向。

2. CRM 有助于提高汽车的销售量

CRM 系统能对客户信息进行跟踪管理，促进客户与企业之间的交流互动，便于企业作出更及时的反应，以最大限度地满足客户需求。

对于汽车这种价值较高的耐用消费品，消费者在决定购买之前通常都会进行详尽的信息搜集，这些潜在用户是实现厂家提升销售量的最直接也是最有诚意的对象，必须好好把握。

有了 CRM 系统，企业可以与潜在用户利用各种媒介进行接触的同时，及时处理每天收到的大量纷繁杂乱的信息，从中识别、筛选出那些有诚意的潜在购买者，并详细收集他们的个人资料，了解他们的姓名、年龄、家庭状况、工作性质、收入水平、通信地址、个人喜好、购买习惯、生日等，有条理地记录下每次联系的详细情况，以供下次联系时参考。这样才能使每个潜在用户都有一种受到重视的感觉，并使厂家能更有针对性地对不同的潜在用户提供适当的购买建议，

提高潜在用户的实际购买率。

CRM还可以通过对各个客户的信息进行搜集、追踪和分析，为他们量身定做产品，把客户想要的产品和服务送到客户手中，这就是汽车营销中随着市场不断细化而最终出现大规模"定制"生产的汽车市场营销的精髓。

另外，企业还可通过IT和通信的渠道，把握客户手中产品的行驶里程、保养维修项目、车辆性能状况、使用情况、更换周期及产品零部件的更换情况。客户也可以通过IT和通信手段来反映对产品的投诉、要求及技术支持。即根据不同客户建立不同联系，并根据其特点和需求提供不同的服务和产品，从而真正做到"以客户为中心"，以最终赢得客户的"忠诚"。

3. CRM能够提高售后服务满意度

有数据表明：68%的客户流失是由于不良的客户服务造成的。某公司通过对英国前1000名企业进行调查后撰写的报告指出：英国主要的消费品行业客户流失率从2003年的16.9%提高到了2005年的19.1%。虽然这个调查仅限于英国的企业，但是在其他国家也很可能有类似的情况。

汽车业是一个特别强调客户售后服务的行业，良好的售后服务可以确立汽车品牌在用户群中的良好口碑，一个不能提供良好售后服务的汽车厂家无法在业内立足。但是，向客户提供售后服务是一项非常庞大的系统工作，需要通过包括客服、索赔、技术、财务等企业内部各部门的协作来完成，因此提升客户售后服务的满意度绝非易事。在企业内部，纵向的职能型组织结构各部门之间存在着条块分割，各部门各自为政，造成信息共享的困难，其结果就是导致处理客户问题周期过长、效率低下。

改变这种情况的治本方法就是从转变观念入手，以处理客户需求为标准来重新规划业务流程，并建设统一的管理信息系统来帮助各部门使用统一完整的客户及业务数据。但汽车行业的CRM运作有其特殊性，因为绝大部分在一线与（准）车主打交道的销售及售后服务工作还是由遍布全国的渠道商（4S店、经销商及服务站）网络来完成的。因此，要利用CRM提升客户满意度，并非汽车生产厂家独自可以完成的，需要整个营销网络中各个商家的共同参与。

4. CRM有助于加强汽车营销渠道管理

渠道对于汽车业来说，具有举足轻重的作用，因为汽车的销售及服务都离不开渠道。只有把渠道处理好了，实现生产厂家与渠道商之间的共赢，厂家的利益才能够真正得到保证。但现在渠道的运作往往不尽如人意，如信息传递不够及时、详尽和准确，对用户的服务也不够到位等。这其中既有渠道商的原因，也有生产厂家的原因。CRM系统的建立和运用，将帮助汽车生产厂家实时查看并监督渠道商的各类信息，渠道商可以自动将客户需求或服务信息上传到CRM系统，这样，CRM 系统的最终目标是把渠道也纳入自己的整体业务活动计划中来，真正实现对业务流程的端到端的全程管理，提升汽车生产厂家的核心竞争力。

五、实施 CRM 需要注意的问题

客户关系管理是从经营理念、组织架构、客户战略、企业流程、信息化规划和绩效等各个方面对企业进行的变革，它直接影响了一个企业的经营运作。如何控制 CRM 项目的风险，提高 CRM 项目的成功率，是目前国内 IT 界和准备使用 CRM 系统的企业所面临的共同课题。

客户关系管理理念引入我国之后，不少国内企业逐步开始尝试实施 CRM 系统的部分模块（销售自动化 SFA、Services 以及 Marketing 模块）。虽然不乏成效显著的案例，但仍然有相当多的企业实施 CRM 后，却未能见到预期的效果或者根本无法推广使用。

看起来很好的客户关系管理不成功的原因到底在哪里呢？

首先，以数据为导向而不是以客户为中心、以价值为导向的客户关系管理理念，导致了中国企业客户关系管理实施出现高失败率，严重影响了客户关系管理在中国的发展与运用，给中国企业带来巨大的市场风险与高额的利润损失。

其次，很多 CRM 软件企业缺乏实际的管理与营销经验，没有能力引导企业采用全面的客户关系管理系统，企业在购买 CRM 软件后，只用于简单的收集客户的资料、管理客户的资料、建立相应的数据库，而没有对客户的需求信息进行深度的分析和分类，缺乏对客户关系和消费者利益价值深层次开发与管理的体系与手段，没有能够通过客户关系管理真正地将客户变成企业的资源与财富。

第三，国内大部分企业没有意识到客户关系管理是当前企业提高客户满意度和忠诚度、提升企业盈利率、塑造服务品牌的最重要的战略手段和关键性竞争工具，由于重视程度不够而导致目前企业对客户关系管理的投入资金不足。

今后，企业实施客户关系管理这样一个相当复杂的系统工程，又需要注意哪些问题呢？

1. 取得企业高层管理者的理解与支持

高层管理者对 CRM 项目实施的支持、理解与承诺，是项目成功的关键因素之一。因为客户关系管理是企业经营理念转变的策略性计划，其导入必将会对企业传统的工作方式、部门架构、人员岗位和工作流程等带来一定的变革和冲击，缺乏管理者支持与承诺会给项目实施带来很大的负面影响，甚至可能使项目在启动时就已经举步维艰了。同时，为配合客户关系管理推广的各种业务规范、业务流程，必须有好的管理制度加以配合，保证各项制度的顺利实施，这些都需要企业高层管理者予以大力支持。

要得到管理者的支持与承诺,需要管理者对项目有相当深入的参与程度,CRM 系统实施所影响到的部门高层领导应成为项目的发起人或发起的参与者。项目组成人员则由企业内部成员和外部的实施伙伴共同组成。

2. 确立合理的客户关系管理项目实施目标

CRM 是一种商业理念,强调企业必须对客户进行"长期关注",而不是传统的"短期客户行为",也就是说要以建立、发展及维护客户的长期合作关系为基本出发点。因此,CRM 系统的实施必须有明确的远景规划和近期实现目标。企业在导入客户关系管理之前,要在考虑企业内部的现状和实际管理水平以及外部市场对企业的要求与挑战的基础上,事先拟定整体的客户关系管理蓝图规划,制订客户关系管理的预计短期、中期的商业效益。有了明确的规划和目标,然后再考虑这一目标是否符合企业的长远发展计划,是否已得到企业内部各层人员的认同;不可盲目追求大而全的系统,或听信 CRM 厂商的承诺。

3. 卓越的管理是 CRM 系统成功实施的基础

由于宣传方面的误导,不少企业领导层甚至信息主管都认为作客户关系管理就是上一套 CRM 软件,这种观点是错误的。芬兰学者格罗鲁斯就曾经说过,IT 常常从狭义角度来讨论这个问题。客户关系管理的范围相当广泛,包含客户管理、员工管理、合作伙伴管理,甚至还有品牌管理等内容。

其实,企业从事 CRM 实践是一个持续的过程。企业的 CRM 实践过程由一系列不同时期、不同阶段的活动构成,每个活动不论大小,都是企业对客户问题的持续改进过程中的一部分。人、业务流程以及技术是 CRM 作为现代商业策略的三大支柱,缺一不可。客户关系管理以客户满意为中心,以 IT 技术为支撑工具。提升客户满意度不是一套 CRM 管理软件就能达成的,它只是实现目标的工具而已。

采用 CRM 系统是为了建立一套以客户为中心的销售服务体系,因此 CRM 系统的实施应当是以业务过程来驱动的。尽管客户关系管理方案以 IT 技术为主导,但它本身并不属于技术范畴,而是与企业管理、业务操作息息相关的经营管理理念。因此,任何一套 CRM 系统在实施时,都要根据企业实际情况作一定程度上的修改与调整。通常业务部门应作为推广客户关系管理的牵头部门,而信息化部门则作为辅助、技术把关部门。不协调好二者之间的关系,就难以顺利实施 CRM 项目。

为了把客户关系管理做好,需要依靠企业良好的制度体系。如果没有一个保证 CRM 顺利实施的制度,再好的软件也无法发挥应有的价值。客户关系管理的很多思想需要用传统的管理方法来实现,如制度、规范、流程和考核方法等;要教育培训员工,仅有 IT 技术是不够的。例如,体现客户关系管理思想的规范和制度的制定，考核方法的确立，企业人员对客户关系管理的认知、理解和参与，组织结构的调整等，都是依靠 IT 手段无法实现的，还需要借助于传统的"口传心授"的方式才能够实现。

事实上，很多企业迫切需要的首先是客户关系管理，其次才是 CRM。也就是说，必须以客户关系管理作为基础，由客户关系管理的理念引路，CRM 才会有出路。客户关系管理不仅仅是技术，如果企业的员工没有以客户为中心，再上好的软件也没有价值。

4. CRM 以企业信息系统（如 ERP）作为应用基础

使用 IT 技术的 ERP 系统主要关注的是企业内部的成本控制与工作效率，而应用 CRM 系统的目的主要是提升企业营销能力，改善销售绩效。CRM 系统可以看作 ERP 系统销售管理功能的延伸，CRM 系统与 ERP 系统的集成运行才能够真正解决企业供应链中的下游链管理问题。因此，一般要求企业应在 ERP 实施成功之后再应用 CRM 系统。但由于 ERP 在中国企业的应用普及率尚不高，这会导致很多企业会先上 CRM 再考虑 ERP，可能的风险将是企业从网上接收众多订单而难以靠手工方式进行高效处理，甚至会造成业务的混乱。当然，仅仅实现销售自动化而不建立网上商店的 CRM 是可以独立运行的，否则应在 ERP 系统的基础上扩展应用 CRM 系统。

5. 客户关系管理的重心是高价值的客户

并不是所有的客户都愿意和企业保持关系，而且也不是所有的客户都值得企业花费精力去维系。因此，企业需要通过数据来分析，哪一类客户可以和企业保持一定关系，哪一类客户只是跟企业发生一次交易的关系，哪一类客户对企业来说是有价值的。按照国外的统计，汽车的生命周期是 6 年，一个车主每隔 6 年会换一部新车；但目前在中国，汽车的生命周期会稍微长一些。通用汽车公司刚进入中国时，主打产品别克走的是高端路线。但是几年后，通用汽车公司调整了单一的市场产品结构，从 35 万元的别克做到 10 万元的赛欧，吸引中等收入阶层购买赛欧成为通用汽车公司的客户；6 年之后当这些人事业有成之时，大部分还会是通用汽车公司的客户，而他们已经拥有了购买高档车的实力。这种调整产品结构的灵感正是来自它的客户关系管理，来自它的数学统计。因为有数据表明：通用汽车公司每卖掉 100 辆汽车，其中 65 辆就是由老客户买走的。

客户关系管理的目的是提升客户满意度，客户满意再进一步，就形成了客户忠诚。满意的客户不一定是忠诚的，但是忠诚的客户一定是满意的。实际上，企业追求的目标就是使满意的客户变成对企业忠诚的客户。对服务比较满意的客户，他的重购率是 30%；而非常满意的客户，重购率可以达到 80%。满意度越高，企业与客户的关系越可靠，客户选择竞争对手的可能性就越小。企业就是通过赢得忠诚客户来为自己获得更大的营利。

因此需要不断地强调：企业营销工作的注意力应该一直放在维系有价值的客户上，也就是让客户从满意到忠诚，而不是把精力集中在吸引新客户上。但有趣的是，Peppers&Rogers 和 Meta Group 两家机构的一项调研表明，企业每年用于电子商务营销的费用只有 12% 花在客户维系上，而 55% 的费用花在了获取新客户上。这说明大部分企业还是没有真正意识到维系老客户的重要性，客户关系管理没有用在最有利可图的地方。

第二节 汽车企业的客户关系管理系统

一、客户关系管理系统概述

客户关系管理（CRM）系统主要有高可控性的数据库、更高的安全性、数据实时更新等特点，提供日程管理、订单管理、发票管理、知识库管理等功能。如图 6-4 所示为客户关系管理系统。

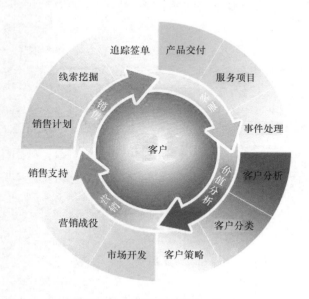

图 6-4　客户关系管理系统

CRM 系统的宗旨是：为了满足每个客户的特殊需求，同每个客户建立联系，通过同客户的联系来了解客户的不同需求，并在此基础上进行"一对一"个性化服务。通常 CRM 包括销售管理、市场营销管理、客户服务系统以及呼叫中心等方面。

CRM 系统主要包含传统 CRM 系统和在线 CRM 系统。

二、客户关系管理系统的安全

CRM 系统的安全或稳定性备受企业关注，在选择系统之前应该注意三点事项。

1. 操作权限设定

企业内不同部门不同岗位的使用人员可分别设定不同的操作权限，比如普通业务员只能看到自己的客户资料、合同订单、应收款、费用等数据，而销售部门主管或办事处主任、分公司经理可以看到其所属团队成员的相关数据，总经理和销售总监则可以看到所有的数据；业务人员不能看到及使用与采购有关的功能及数据。

2. 数据自动备份

可设定每天固定时间自动备份，系统自动将所有数据打包备份在服务器硬盘的备份目录下，每天 1 个备份文件，根据硬盘大小可存储任意多个备份文件，平时只需经常从服务器硬盘的备份目录下使用 U 盘或移动硬盘复制备份文件即可增加保险系数。一旦发生意外，只需一份最近的备份文件就可还原恢复所有数据。

3. 异地分支机构访问的安全控制

使用 VPN 软件或设备，可对在互联网上传输的数据进行打包加密，提高访问速度，防止数据被窃取泄密，还可进行身份认定，只有通过远程访问身份验证的设备和用户才可连接到公司服务器。

三、客户关系管理系统的功能

CRM 系统的基本功能包括客户管理、营销管理、销售管理、员工管理、合作伙伴关系管理，还包括客户服务中心、知识管理、商业智能、电子商务和协同工作等。

1. 客户管理

这一功能主要是对客户基本信息的收集和处理，包括与此客户相关的基本活动和活动历史、联系人的选择、订单的输入和跟踪、建议书和销售合同的生成等；还包括潜在客户管理，如业务线索的记录、升级和分配、销售机会的升级和分配，潜在客户的跟踪等。

客户信息是企业的财富，通过对客户信息的分析和挖掘，可以深入了解客户的需求、发现客户交易的规律、发现价值客户的构成规律等。这些信息将对正确决策、提升业务有着重要的作用。

2. 营销管理

这一模块帮助企业对日常所开展的各种营销活动进行全面管理，能辅助企业快速、有效地开展各式各样的市场活动，包括市场政策的制订和执行、市场宣传活动的组织和策划、竞争对手的调查和分析、公共关系的建立和维护、营销智能和营销分析等。

其主要功能包括：产品和价格配置器；在进行营销活动（如广告、邮件、研讨会、网站、展览会等）时，能获得预先定制的信息支持；把营销活动与业务、客户、联系人建立关联；显示任务完成进度；提供类似公告板的功能，可张贴、查找、更新营销资料，从而实现营销文件、分析报告等的共享；跟踪特定事件；安排新事件，如研讨会、会议等，并加入合同、客户和销售代表等信息；信函书写、批量邮件，并与合同、客户、联系人、业务等建立关联；邮件合并；生成标签和信封。

3. 销售管理

这一功能模块主要是对销售环节进行管理，帮助销售人员及时掌握销售信息。通过对这一模块的应用，能够缩短销售周期，降低销售成本。

其功能主要包括：组织和浏览销售信息，如客户、业务描述、联系人、时间、销售阶段、业务额、可能结束的时间等；生成各销售业务的阶段报告，并给出业务所处阶段、还需要的时间、成功的可能性、历史销售状况评价等信息；对销售业务给出战术、策略上的支持；对地域（省市、邮编、地区、行业、相关客户、联系人等）进行维护；把销售员归入某一地域并授权；地域的重新设置；根据利润、领域、优先级、时间、状态等标准，用户可定制关于将要进行的活动、业务、客户、联系人、约会等方面的报告；提供类似BBS的功能，用户可把销售秘诀贴在系统上，还可以进行某一方面销售技能的查询；销售费用管理；销售佣金管理。

4. 员工管理

"人是生产力中最活跃的因素"，企业的效益与员工个人的工作效率息息相关。员工管理功能可以完全依照企业的实际组织情况，在系统中建立"虚拟企业"，设定企业的部门结构；录入、编辑企业各部门人员信息；根据企业中人员的职位设定相应的系统权限；根据人员的职务设定权限。通过对部门、员工、系统角色和权限的管理，将所有人员的业务工作置于完善而有序的"虚拟企业"平台之中。在此基础上，企业的决策者和部门主管可以通过对相关任务或工作进程的跟踪、统计和分析，及时了解企业的业务动态，评价业务进展的状况和员工的工作绩效，从而大大提高了员工的工作效率。

5. 合作伙伴关系管理

其主要功能包括：对公司数据库信息设置存取权限，合作伙伴通过标准的Web浏览器以密码登录的方式对客户信息、公司数据库、与渠道活动相关的文档进行存取和更新；合作伙伴可以方便地存取与销售渠道有关的销售机会信息；合作伙伴通过浏览器使用销售管理工具和销售机会管理工具，如销售方法、销售流程等，并使用预定义的和自定义的报告；产品和价格配置器。

6. 客户服务中心

其主要功能包括：客户在线的支持服务响应；客户呼入呼出电话处理；用户抱怨登记和处理；呼叫中心运行管理；管理分析工具；通过传真、电话、电子邮件、打印机等自动进行资料发送等。

客户服务中心对汽车企业而言非常重要。利用客户服务中心与客户沟通，不仅可以完善企业与客户的关系，同时还可获得非常有价值的商业信息，能够帮助企业维护用户的忠诚度、产生新的商业机会、提高企业营业额和维护公司的形象。

7. 知识管理

其主要功能包括：在站点上显示个性化信息；把一些文件作为附件贴到联系人、客户、事件概况等上；文档管理；对竞争对手的Web站点进行监测，如果发现变化，则向用户报告；根据用户定义的关键词，可对Web站点的变化进行监视。

8. 商业智能

其主要功能包括：预定义查询和报告；用户定制查询和报告；可看到查询和报告的代码；以报告或图表形式查看潜在客户和业务可能带来的收入；通过预定义的图表工具进行潜在客户和业务的传递途径分析；将数据转移到第三方的预测和计划工具；系统运行状态显示器；能力预警等。

管理者决策水平的高低，决定了企业的竞争力。然而，要想作出科学、正确的决策，离不开对历史和现实信息的分析。商业智能可以为企业管理者的分析决策提供支持。客户关系管理系统将企业的各种业务统一存储在业务信息数据库中，为企业针对业务进展情况作定量分析打下了坚实的基础。

9. 电子商务

其主要功能包括：个性化界面、服务；网站内容管理；店面；订单和业务处理；销售空间拓展；客户自助服务；网站运行情况的分析和报告。

10. 协同工作

企业的销售、服务和市场等各部门的业务不是孤立的,而是在互动的过程中相互促进、共同提升的。客户关系管理系统能够将销售、市场和服务业务进行整合,提供统一的操作平台,实现了业务信息的共享。客户关系管理系统的这一功能消除了市场、销售和服务各部门之间的信息孤岛,将三个部门紧密结合,形成一个有机的整体,从而提升了企业整体的运营效率。

四、汽车业 CRM 应用的四个层次

独立咨询专家叶开撰文指出:可将国内汽车业的 CRM 分为四个层次,每个层次又因为不同的角色分为多种特色的实践,即使是同一层次同一角色也会因为具体的企业环境和管理因素而体现出不同的 CRM 需求。

1. 基于呼叫中心的客户服务

出于热线、销售咨询和品牌关怀等方面的动机,大部分汽车厂商都建立了呼叫中心系统作为客户服务中心的热线,部分有实力的经销商也建立了呼叫中心系统。

这一层次更多的还是被动式的服务和主动关怀的尝试,其价值体现在节约成本、提高客户低层次的满意度上。

2. 客户信息管理与流程管理

对于整车厂商、经销商和零部件厂商,客户信息管理的重点是不同的;对于汽车行业的客户信息档案的采集分析,在三个不同角色的体现上也是不同的。整车厂商更多的是已购买的客户信息;经销商更多的是潜在客户和意向客户的信息管理;零部件厂商关注更多的是维修客户的信息。流程管理包括:销售流程、服务流程和关怀流程。

在这一层次,很多整车制造商通过 ERP 系统和 DMS(经销商管理系统)来进行部分客户信息管理和交易流程的管理,但也有部分厂商部署了专业的 CRM 系统来管理客户信息。同时部分厂商的经销商体系也建立了 CRM 系统,比较整体地管理起客户信息。零部件厂商开始关注客户信息和流程,通过 CRM 战略实现客户导向。

3. 客户细分与客户价值、客户满意度与忠诚度

这一层次只有在第二层次完善和积累的基础上才有可能进行。因为对客户的细分和对细分之后的客户价值的定位,没有详细的客户信息和过程信息是不可能完成的。基于积累的真实有效的客户相关数据进行建模分析,细分客户群,并分辨客户细分群的不同价值,从而能够实现客户的差异化对待。

4. 企业价值链协同

在汽车行业的客户生命周期中,要经历汽车制造、新车经销商、汽车保

养、二手置换、汽车贷款、汽车保险、装潢装饰、燃料消耗、汽车维修、备品备件、汽车租赁等多项服务，这些服务又是由整个汽车价值链中的不同角色来分别承担的。要有效地管理客户的整个生命周期，就意味着整个汽车行业价值链中的相关企业都要都建立企业协同体系，以有效地共享资源和管理资源。在这一层次，需要整个汽车行业的自律和推动，目前暂时还没有此类实践的应用。

五、汽车企业 CRM 系统总体设计

1. 实施 CRM 的管理策略

从 CRM 的概念和内涵中可以看出，企业实施 CRM 应从两方面入手：一是基于 CRM 理念的企业管理，二是 CRM 的技术和管理软件。企业首先把 CRM 作为企业的管理策略来进行研究和咨询，会起到事半功倍的效果。而作为技术和管理软件的 CRM 系统，是个与企业的"个性"关系十分密切的产品，它必须通过与企业密切配合进行研究、开发，才会有好的应用成果。这是因为不同企业采集和存储的数据不同，因而对它的分析、建模处理和算法也不同，特别是决策支持部分更是与本企业内部的管理运作密切相关。因此，企业应从自己的实际出发，除了选择使用一些通用的功能模块以外，还要补充一些特别的功能模块，以符合企业特殊的业务要求。

2. CRM 系统的体系结构设计

根据汽车企业的一般业务功能和流程，整个汽车 CRM 系统在结构上可以分为三个层次：界面层、功能层和支持层。其中，界面层是 CRM 系统与客户进行交互、获取或输出信息的接口，它通过提供直观的、简便易用的界面，用户或客户可以方便地提出要求，得到所需的信息。功能层由执行 CRM 基本功能的各个子系统构成，各子系统又包含若干业务，这些业务可构成业务层，业务层之间既有顺序的也有并列的。这些子系统包括销售管理子系统、市场管理子系统、支持与服务管理子系统。支持层是指 CRM 系统所用到的数据仓库平台、操作系统、网络通信协议等，是保证整个 CRM 系统正常运作的基础。

第三节 汽车企业的呼叫中心

在欧美等汽车业相当成熟的地区，汽车服务业被看作利润丰厚的蛋糕，因为

汽车业的主要利润来源并不是整车销售，而是服务，售后服务的市场价值约占总利润的七成。在美国，汽车服务业是有名的黄金产业。

我国汽车业兴起较晚，虽然最近几年汽车制造业飞速发展，但相配套的市场服务却没有与之齐头并进。近几年，汽车市场悄然进入低迷时期，光靠销售产生利润的时代已经过去了。在严峻的形势下，汽车厂商们开始重新认识中国的汽车消费者，寻找新的销售手段，重新定位自己的销售服务理念，以此来吸引消费者。

中国的汽车服务市场潜力巨大，因为目前国内汽车后市场几乎还处于一种混沌的状态，可谓"容量大、潜力高"。因此，抓住目前汽车服务市场尚未成熟的契机，在客户关系管理的理念指导下，在呼叫中心的基础上做好客户服务工作，是汽车企业走出困境、长足发展的关键。

一、呼叫中心概述

1. 呼叫中心的定义

呼叫中心 CC（Call Center）又称为客户服务中心 CCC（Customer Care Center），是一种基于计算机与通信技术（CTI）的综合信息服务系统。现代的呼叫中心集成通信网、计算机网和信息领域的多项最新技术，形成完整的综合信息服务系统，高效、高速地为用户提供多种服务。

CTI 即计算机电话集成（Computer Telephony Integration），国外将其统称为 CT（Computer Telephony），是随着电信技术和计算机技术的发展而产生和发展的。随着两者的逐步融合，诞生了 CTI 这个横跨电信和计算机两大领域的新技术。如今，它已经不仅仅是计算机和电话的综合，而且还支持传真、Internet、视频、语音邮件等媒体的通信形式，从而成为了计算机与电信的融合。

用户接入呼叫中心后，就能收到呼叫中心任务提示音，按照呼叫中心的语音提示，就能接入数据库，获得所需的信息服务；进行存储、转发、查询、交换等处理；还可以通过呼叫中心完成交易。对现代的呼叫中心来说，平均通话时长、通话质量监控、座席利用率、占用率、服务比率、电话转接率、非实时业务处理转接率等，都是企业想要提升的指标所在。呼叫中心是客户关系管理系统的一个组成部分。如图 6-5 所示为呼叫中心。

图 6-5　呼叫中心

2. 呼叫中心的功能

如图 6-6 所示为呼叫中心典型流程。现代的呼叫中心要逐步具备以下功能。

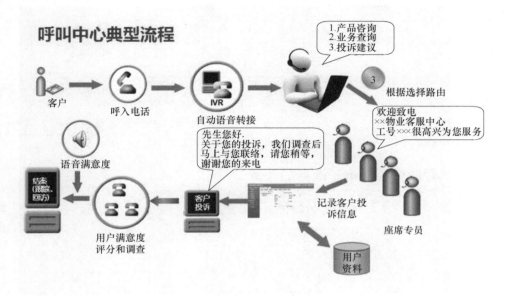

图 6-6　呼叫中心典型流程

(1) 咨询服务处理

在售前以及售后为消费者提供有关产品等信息的咨询服务。消费者可通过电话连接到服务代表处获取帮助，也可通过系统提供的自动语音、网上服务系统获取信息。现代呼叫中心应能提供每周七天、每天 24h 不间断的全天候服务，并允许客户在与中心联络时自由选择语音、IP 电话/传真、电子/语音邮件、传真、文字信息、视频信息等通信方式。

(2) 智能选择

在处理客户咨询、报修或投诉的过程中，随时记录客户的各种信息，并根据这些信息通过智能座席选择，对不同客户安排最合适的业务代表为其服务。

(3) 投诉、维修处理

用语音引导接入的方式受理投诉与维修电话，直接生成投诉单或维修单，并转发到相应部门进行处理，再把处理意见通过呼出、语音信箱或打印信函的方式反馈给客户，并了解客户对处理意见的满意程度，然后作相应的记录，以备企业有关部门参考。

(4) 回访服务处理

按照一定的标准利用筛选功能选择回访目标消费者，然后派送给相关工作人员由其进行回访工作，并记录回访信息，作为企业未来产品设计与服务的参考。

(5) 决策信息支持

呼叫中心对外向用户、对内与企业相联系，与整个企业管理、服务、调度、生产、维修结合为一体。通过数据仓库分门别类地储存从用户处获得的信息，为企业的再发展和决策提供依据。

(6) 内部管理

通过知识库管理对企业的业务、信息、资料和政策等内容进行采集、审核、归档和发布，通过工作流系统实现包括咨询、投诉、业务申请、预约、外拨等在内的信息流转，从而使企业管理水平在客户业务处理、主动式服务、内部管理和整合服务渠道等多个方面得到全面优化。

二、呼叫中心与电子商务的关系

1. 呼叫中心是电子商务的润滑剂

电子商务有别于一般商业活动之处在于：大多数情况下客户和企业是无法谋面的，网上购物者普遍感到缺乏传统方式所能提供的客户服务体验，无法像在商店购物中那样随时提问。因此，更需要建立一个畅通的、与客户交流的双向通道，以便于了解客户需求、倾听客户意见、解决客户问题、宣传企业的产品和服务。如果不能快速而方便地提供信息并帮助客户解决问题，企业和商业部门将面临购买者放弃网上交易或转向竞争对手的危险。因此，电子商务的发展和完善离不开呼叫中心的支撑。因为任何商业活动最终都要以客户的认同和满意为目的，提供优质的全方位服务是今后商家吸引并留住客户、迎接激烈的市场竞争的必要手段和强大基础。

2. 呼叫中心为网上交易引路

将电子商务与呼叫中心集成在一起，能够为客户与公司业务的接触提供最大的灵活性。呼叫中心可以为客户提供一个获得最好服务的重要接触场所，客户能自由选用电话、电子邮件或Internet等不同的接入方式进入呼叫中心，以获得所需要的专门服务。日新月异的技术允许客户向业务部门发送电子邮件，并将其选送到专家业务代表，就像使用电话一样快捷方便；企业可以将网站通过Internet语音呼叫与呼叫中心连接，从而使客户和业务代表通过一条电话线路一起浏览网页并进行实时交谈。呼叫中心与电子商务这两者的结合，使得公司能够最大限度地获得"覆盖"所有客户需求的能力。

三、面向汽车用户的呼叫中心

不论是在发达国家还是在发展中国家，现在人们对汽车性能的要求越来越高。

随着无线通信、Internet 网络和全球卫星定位系统（GPS）技术的发展，除了原有的安全、舒适、环保和服务等方面的要求，人们也开始要求汽车能够随时与呼叫中心通信，了解道路信息、获得导航和维修服务等。由此，如何通过信息技术与汽车技术相结合，向用户提供道路信息、防盗救护等专用服务，以及提供娱乐信息、商务信息、语音通信等各类增值服务，已成为现代汽车企业的一个重要课题。

呼叫中心在国外是一个非常成熟的产业，早在 20 世纪 40 年代就已经在欧美制造业企业和服务业中出现。在汽车行业中，更是有着广泛的应用。例如，汽车远程信息服务的全球标杆企业——美国通用汽车公司的子公司 On Star 公司提供三大王牌服务：免提呼叫服务、导航位置服务和安全救援服务。用户车上装有无线通信装置，一旦有需求，可以直接向 On Star 公司发出服务请求。On Star 公司接受用户的请求后，以语音的方式向用户提供信息查询、维修和救护等服务；而且车载的无线通信装置还通过汽车总线连接安全气囊、中央门锁、发动机、油路控制等汽车部件，以此监控汽车状态，如根据安全气囊的状态监视汽车事故的发生、进行开/关锁、断开发动机等操作。随车安装的卫星导航装置能够将汽车的位置信息传给 On Star 公司，以提供导航服务。On Star 公司目前在北美有很大的市场，深受欢迎。

思科和惠普联手利用 IP 电话技术为美国汽车协会 AAA（American Automobile Association）应答服务中心安装了一套堪称完美的联络中心解决方案。该方案的运用能简化中心的操作流程，并提高对广大驾驶员的服务质量。通过两家公司的携手合作，联络中心解决方案得以成型并付诸营运，千百万汽车协会的成员也因此享受到各种定点服务。

大众汽车公司计划推出基于 Internet 的门户网站，向汽车用户提供移动 Internet 服务包括汽车导航、安全停车、加油、信息、娱乐及电子商务，使汽车成为移动的"办公室""休闲娱乐场所"，让用户享受到新型汽车带来的增值服务。此举可认为是呼叫中心的一种新的形式。

从 20 世纪 90 年代开始，呼叫中心开始在我国兴起。由于呼叫中心投入巨大，所以最先导入这种服务的是那些实力雄厚而又特别重视客户服务的行业和企业，如银行、电信、家电行业的企业。1998 年，我国汽车行业才开始出现呼叫中心，目前上海通用、一汽大众、上海大众、福田汽车和东风等轿车、商务车企业已经形成比较完备的呼叫服务系统。

中国汽车产业最大规模的呼叫中心——福田汽车呼叫中心重建系统工程，于 2004 年三月顺利切换成功，正式投入使用。该呼叫中心主要面向福田汽车四大品牌客户开展产品咨询、用户定期回访、市场调查、服务站报修、用户投诉、业务协调、客户关怀等服务业务。

2005 年，福田汽车呼叫中心还被中国客户关怀标杆企业评审团授予"2005

年度中国最佳呼叫中心"的称号。2004年，奇瑞汽车有限公司采用了来自西门子的ProCenter多媒体呼叫中心解决方案，以建设其全新的客户服务中心。作为该项目集成商，西门子数字程控通信系统有限公司（SBCS）成功地将多媒体呼叫中心与现有的mySAP CRM系统进行整合，从而为奇瑞汽车有限公司提供了更优化及高效的数据库和业务流程。也是在2004年，长春一汽集团与英立讯科技（北京）有限公司合作，在国内汽车行业引入集客户服务和管理中心于一体的呼叫中心系统，这标志着长春一汽集团的服务水准开始向国际标准看齐。

目前，中国版的On Star公司在北京悄然出现——中国卡贝斯技术有限公司，已经在北京多辆私家车中测试运行。该公司的服务与美国On Star公司的安全服务类似，包括救援和远程诊断。一旦汽车发生故障，24h待命的卡贝斯中心会迅速判断汽车位置，并在最短时间内使用户获得救援；而放置在用户汽车内的检测头，则会对用户汽车进行24h的检测，检测数据也会同时传送到中心，中心会通过语音随时提醒用户汽车的安全状况。这样，用户在去汽修厂之前，便会得到卡贝斯中心提供的详细的故障检测报告。目前，中国卡贝斯技术有限公司在北京丰台科技园建造了500个座席的呼叫中心。

第四节 客户数据挖掘

汽车行业买方市场的形成加剧了企业资源重新整合的压力。在深入挖掘企业潜力、提高产品创新能力的同时，企业越来越关注的一个重要资源就是客户数据。"谁拥有客户，谁就拥有未来"，客户在企业生存、发展进程中的地位是毋庸置疑的。

网站和呼叫中心是客户数据的低成本"吸收器"。随着电子商务的开展，网站、呼叫中心在汽车企业客户发展战略中起的作用已经越来越大。很多汽车企业在经过数年的积累后，已经拥有了大量的汽车生产、物流、销售、客户、服务等方面的数据，但是只有庞杂的信息，并不能真正为企业所用。如何把数据转化为知识，使得业务人员（包括管理者）能够充分掌握、利用这些知识，并且辅助决策，就是客户数据挖掘主要解决的问题。目前，很多企业已经将客户在网站、呼叫中心的访问作为收集客户数据的重要机会，然后通过数据分析技术，获得有价值的知识，为企业决策提供强有力的支持。

一、数据挖掘（DM）与商业智能（BI）

从技术术语上说，数据挖掘（Data Mining）特指的是：源数据经过清洗和转换等成为适合于挖掘的数据集。数据挖掘在这种具有固定形式的数据集上完成知识的提炼，最后以合适的知识模式用于进一步分析决策工作。

狭义的数据挖掘可以定义为：从资料库中萃取有效且有用的、前所未知的、可理解的信息，作为企业决策的依据。

数据挖掘往往针对特定的数据、特定的问题，选择一种或者多种挖掘算法，找到数据下面隐藏的规律，这些规律往往被用来预测、支持决策。

商业智能（Business Intelligence）包括数据报表、数据分析和数据挖掘三个层面。虽然目前大部分企业在商业智能应用方面还仅限于使用数据报表，但未来越来越多的企业会进入数据分析与数据挖掘的领域。商业智能所带来的决策支持功能，会给这些企业带来越来越明显的效益。

从广义上来说，任何从数据库中挖掘信息的过程都叫作数据挖掘。因此从广义上看，数据挖掘就是商业智能，或者说商业智能以数据挖掘为核心。在这里，采用广义的数据挖掘概念。

数据挖掘（Data Mining）往往也被称作 KDD（Knowledge Discovery in Database），即在数据库中发现知识。数据挖掘技术在 CRM 系统中应用得比较多。CRM 中的数据挖掘是指从大量的有关客户的数据中挖掘出隐含的、先前未知的、对企业决策有潜在价值的知识和规则。技术上，客户关系管理系统采用嵌入数据挖掘系统的方式，可以自动生成一些所需要的信息。更进一步的，还需要企业有统计学、决策科学、计算机科学方面的专业人才制订相应的挖掘规则，以进一步发挥挖掘系统的优势。如图 6-7 所示为数据挖掘与商业智能。

图 6-7　数据挖掘与商业智能

二、数据挖掘的作用

客户关系管理能够帮助公司通过逐步优化来积累客户价值。实现客户价值的首要前提是，企业必须深层理解客户及其行为。企业越理解客户，就能越好地与他们交流，而且理解客户才能服务客户，才能从客户身上获得回报。国外 IT 分析机构的研究表明，公司利用 CRM 分析数据的能力，与公司提升客户忠诚度的程度成正比。

目前，许多 CRM 厂商将标准查询、统计分析以及复杂的预测模型等分析技术融入到 CRM 产品中，将数据挖掘技术应用到 CRM 功能模块中，从而为用户提供更准确、更有价值的决策支持方法和工具。例如 Business Objects 将它的商务智能解决方案与 Salesforce.com 集成，以让企业用户更好地分析客户消费行为趋势和销售漏斗（也叫销售管线），并获得更先进的报表功能；PeopleSoft 也推出用于 CRM 的 People Soft Predictive Analytics Solution，该解决方案可以确保用户实现"实时决策"，以提高客户利润贡献率、客户保留度以及客户忠诚度；Siebel Systems 也开发了自主产权的预测技术并集成到公司新版本的 CRM 产品中。所有这些产品都是用来帮助销售、服务和营销部门更好地作出针对客户的决策。

数据挖掘在某种程度上与"决策支持"意义相近，可以帮助企业更加了解客户及其行为，拉近企业与客户之间的距离，从而进一步改善企业的营销与销售效率，降低营销与销售成本，提升客户满意度。

具体来说，数据挖掘的作用主要体现在以下六个方面。

1. 正确处理现有的客户数据

在正式实施 CRM 系统之前，汽车企业就已经存储了很多客户数据，而这些已有的客户数据对于客户信息的管理是非常重要的。对于这些数据，需要考虑其存储数据的媒介、数据升级的时间以及是否有为这些数据进行升级的清楚的流程。

2. 建立完善的数据收集与升级流程

客户情况是不断变化的，客户数据也因此需要不断升级和增补。数据的有效性是有期限的，在信息技术日趋发达的当今社会里，数据有效性的期限更加短暂。数据的收集与升级需要一个完善的流程，以确保数据升级的平稳性和有效性。

3. 客户接触点跟踪

数据挖掘对客户联系点/接触点（如呼叫中心、销售中心）客户行为的跟踪，可以确保企业能够获得更多更翔实的资料，更好地了解客户的状况。

4. 客户价值细分

企业的客户对企业的利润贡献程度是不同的，也就是说，不是所有客户对企业来说都是有价值的，因此对客户进行细分是客户关系管理非常重要的前提。客户数据挖掘可以帮助企业从短期、长期以及客户生命周期的角度来审视客户对企业价值的大小。

5. 客户的需求分析

汽车企业要想优化客户价值，首先要知道客户需要什么。只有了解了客户，才能做到"想客户未来所想"，满足客户的需要，甚至能够做到引导客户未来的消费。对客户需求的研究，涉及很多方面的知识，不仅涉及管理知识，还涉及心理学方面的思想与方法，还需要通过先进的信息技术、数据分析技术（如数据挖掘、数据仓库等数据分析工具）来对数据加以分析，使其转化为有用的信息。因此，商业智能对客户需求的分析将为企业带来主动优势。

6. 强大的分析能力

数据挖掘具有强大的分析能力。数据挖掘的方法有很多，主要包括关联分析（Correlation）、时序模式（Sequence Discovery）、分类（Classification）、聚类（Clustering）、偏差分析（Deviation）以及预测（Prediction）等，这些方法使用在客户数据纠正、客户行为预测分析、客户行为关联分析、客户行为序列分析、群体行为分析以及黄金客户分析等方面，应用到以客户为中心的企业决策分析及管理的不同领域和阶段。

三、数据挖掘的流程

1. 建立数据仓库

首先汇总整个企业不同产品、不同时期、不同信息系统（如财务软件、ERP、CRM、SCM）中不同格式的数据，通过通用数据接口按规范进行采集、抽取、整合和转化，建立起总部的数据仓库。这个仓库是所有智能分析的基础。

2. 数据抽样

从数据仓库内大量客户信息数据中抽取相关的数据子集。通过对数据样本的精选，不仅能减少数据处理量，节省系统资源，而且能通过对数据的筛选，使数据更加具有规律性。

3. 数据探索

这一阶段对数据进行深入的调查，从样本数据集中找出规律和趋势，用聚类分析区分类别，最终找出多因素相互影响的关系，发现因素之间的相关性。

4. 数据调整

通过上述两个步骤的操作，对数据的状态和趋势有了进一步的了解后，尽可能对解决问题的要求进一步明确化和进一步量化，对数据结构和内容进行适当的调整。

5. 模型化

在问题进一步明确、数据结构和内容进一步调整的基础上建立模型。这一步是数据挖掘的核心环节，运用神经网络、决策树、数理统计、时间序列分析等方法来建立模型。

6. 评价

从上述过程中将会得出一系列的分析结果、模式和模型，多数情况会得出对目标问题多侧面的描述，然后可以通过丰富的图形和立体报表等灵活的形式给出报告。在预测模型的基础上对未来作出判断，发现问题，找出规律，预测将来。如图6-8所示为数据挖掘的基本流程。

图 6-8　数据挖掘的基本流程

四、CRM 中数据挖掘的应用

对于汽车企业来说，客户的消费行为记录是一个巨大的信息源，通过运用适当的数据挖掘技术，对这些信息进行加工、整理和提升，就可以形成对客户的"营销属性库"，并成为运营商在数据业务营销中独有的资源。

"客户理解"有多种层次的表现，如对客户的自然属性（如性别、年龄、职业）、客户的行为属性（消费行为、使用渠道等）、客户的偏好（对具体业务的兴趣、对渠道的偏好等）等的理解，就是属于不同层次的。通过数据挖掘加深"客户理解"，有助于企业实现精细化营销。

1. 客户细分

分类和聚类等挖掘方法可以把大量的客户分成不同的群体，同一群体中的客户对产品的需求以及交易心理等方面具有相似性，而不同群体间差异较大。通过客户细分，针对不同的细分群体推广不同的产品，有助于企业在营销中更加贴近客户需求。通过群体细分，汽车企业可以更好地理解客户，发现群体客户的行为规律。在行为分组完成后，还要进行客户理解、客户行为规律发现和客户组之间的交叉分析。

2. 发现有价值的客户

根据 80/20 原则，企业利润的大部分是由占小部分的重要客户带来的。由于这些有价值的客户对企业具有重要的意义，因此重要客户发现在客户关系管理中具有举足轻重的作用。

发现有价值客户的方法主要包括：发现有价值的潜在客户；发现有更多消费需求的同一客户；发现更多使用同一种产品或服务、可以保持高忠诚度的客户。

使用客户数据挖掘，利用一些特别的指标来衡量客户的重要程度，将有利于企业有针对性地进行营销推广，降低营销成本，增加销售量。

3. 客户流失分析

利用数据挖掘技术，能够判断具有哪些特性的客户群体最容易流失，建立客户流失预测模型，从而帮助企业对有流失风险的客户提前采取相应的营销措施，最大程度地保持住老客户。数据挖掘技术中的决策树技术（Decision Tree）能够较好地应用在这一方面。

4. 交叉营销

商家与其客户之间的商业关系是不断发展的，企业应当通过与客户不断地相互接触和交流，使这种客户关系趋于完美：客户得到了更好、更贴切的服务，商家则因为增加了销售量而获利。

交叉营销是指企业向原有客户销售新的产品或服务的过程。它的好处在于：由于企业可以比较容易地得到客户以前购买行为的信息，而这些信息可能正包含着这个客户下一个购买行为的影响因素，甚至决定因素。这种策略成功的关键是要确保推销的产品是客户所感兴趣的。对企业来说，问题就在于如何发现这其中内在的微妙关系。

有几种数据挖掘方法都可以用来解决这个问题。例如，关联规则分析能够发现客户倾向于关联购买哪些商品；聚类分析能够发现对特定产品感兴趣的用户群；神经网络、回归等方法能够预测客户购买该新产品的可能性等。

数据挖掘技术应用在 CRM 系统中的时间并不长，但是它所表现出的广阔应用前景令人瞩目。数据挖掘和客户关系管理相辅相成：数据挖掘使得 CRM 的实用价值越来越高，而 CRM 的良好应用前景也进一步加快了数据挖掘技术的成熟和发展。汽车企业在 CRM 中有效地利用数据挖掘技术，将可以从多个角度和层面对各种客户数据展开深层次的分析、处理，增强决策者的信息处理能力，拓展决策者的思维空间，延伸决策者的智力，增强决策的合理性、科学性及决策者的快速反应能力，提高公司的效益和效率，降低企业运营成本，增加利润，加速企业的发展。

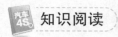 知识阅读

数据库在汽车 4S 店客户关系管理中的运用

一、数据库的建立

随着我国汽车市场竞争的日趋激烈，汽车商家的经营模式逐渐从"技术驱动"向"市场驱动"和"客户驱动"转化。在面对客户多样化、层次化和个性化需求的背景下，缺乏针对性的大众化营销已难以获得优势。现在市场的成熟与技术的进步要求企业对客户的营销与服务的单位最小化，尽可能地提供至少差异化，更理想的是个性化的沟通、产品与服务。因而，如何收集客户数据并基于客户信息和对客户行为的分析开展有效的客户关系管理逐渐成为汽车行业所面临的主要问题。利用数据库收集、分析和使用客户数据，进而量化服务的这一过程是在企业或部门层面对客户数据的全面掌握及在市场营销与客户互动各环节有效的应用。

二、利用数据库开展汽车营销活动

CRM 系统强调以客户为中心，利用客户数据库开展售前、售中、售后服务，开展全方位的服务营销。

1. 售前——发现潜在客户并售前跟进

销售人员在这一阶段需有选择地联系老客户，挖掘新的潜在用户，特别是对重要的大客户要定期走访，向客户介绍新产品、新款车型和新政策，认真了解客户的具体需求，听取客户对产品和服务质量的意见，购买可能遇到的困难，并积极为客户出谋划策。在此过程中，汽车销售商不仅可以拉近与客户间的距离，更可以在无形中影响客户后期评估阶段评估标准的形成。如果自身所能提供的产品与服务比竞争对手更接近客户的评估标准，获得更大的胜算是必然的。

2. 售中——个性化服务

售中服务一般包括的流程为：接待顾客—车辆介绍—车辆试乘—车辆选购—签订合同—提车。这一阶段要求销售人员对客户热情接待，并对产品技术性能、使用特点、价格构成、一条龙服务、贷款方案、售后服务项目以及质量担保和索赔等进行介绍；同时设立购车咨询热线电话，为不方便上门的客户提供购车咨询服务。特约销售服务中心还免费为用户提供代办工商验证、车辆检测、临时移动证、代缴购置附加税、保险费、上牌费等一条龙服务；销售人员根据用户的需求提供试乘试驾服务；在交车前对车辆进行 PDI

检查（售前检查），并且在交接过程中销售人员要提醒、帮助用户填写用户档案卡，及时向用户解释今后的服务范围和优惠条件，提供用户售后服务的联系方式。

3. 售后——跟踪式服务

销售人员要定期与用户联系，提醒用户对车辆进行必要的保养和维修，并为用户提供免费代办保险理赔等各项服务。因为80％新开拓的业务是从20％的已有的业务中开发的。这就是顾问式销售所提倡的"建立一种长期而富有回报的客户关系"。

三、客户关系管理数据库的作用

1. 客户价值分析

通过分析客户对企业业务所构成的贡献，并结合投入产出进行分析，计算客户对企业的价值度，然后根据价值度的大小，用分类或聚类的方法来划分客户群，以便对客户实施有差异的服务。

2. 产品客户价值分析

分析客户对某产品业务量的贡献，使用的方法与客户价值分析基本相同，通过对产品客户价值分析，不仅有利于该产品的经营管理者区别地做好客户服务，而且可以为该产品的营销提供相对准确的目标客户群。

3. 客户保持

采用聚类和关联分析技术，将客户分为5类：高价值稳定客户、高价值易流失的客户、低价值稳定的客户，低价值易流失的客户，没有价值的客户。

4. 客户满意度分析

分析客户对企业产品和服务的满意度，可以帮助企业改进客户营销策略，从而增加客户的忠诚度，数据挖掘可从零散的客户反馈信息中，分析出客户的满意度。

客户满意度评价指标一般选择顾客最希望的因素和顾客最多抱怨的因素，以上两种因素决定的评价标准对客户满意有着很大的影响，雪弗兰4S店一般采用客户正面沟通交流、电话调查和邮件访问等方式，但是客户满意度决定因素较多，而且对于个体的单位和服务，决定标准也是不一样的，对于汽车4S店来说，汽车服务发展到品牌服务的年代，对于汽车4S店的顾客可选的服务标准较多，所以雪弗兰4S店客户满意度的评价标准包括：服务内容价值、超越服务价值、服务文化价值、服务形象价值。

5. 客户信用分析

分析客户信用，对不同信用级别的客户，采取不同的营销分案等。数据挖掘可以从大量历史数据中分析出具体客户的信用等级。如图6-9所示为建立数据库及数据库的作用。

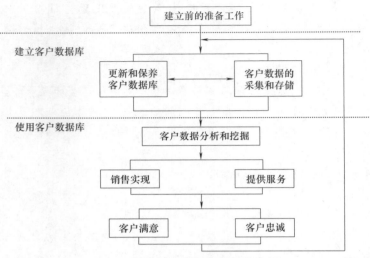

图 6-9 建立数据库及数据库的作用

第七章

汽车电子商务物流及供应链管理

第一节　汽车电子商务物流
第二节　汽车电子商务供应链管理

第一节 汽车电子商务物流

一、物流概述

1. 物流的概念

物流的概念最早是在美国形成的,起源于20世纪30年代,原意为"实物分配"或"货物配送"。1963年被引入日本,日文意思是"物的流通"。20世纪70年代后,日本的"物流"一词逐渐取代了"物的流通"。

物流的定义:供应链活动的一部分,是为了满足客户需要而对商品、服务以及相关信息从产地到消费地的高效、低成本流动和储存进行的规划、实施与控制的过程。

中国的物流术语标准将物流定义为:物流是物品从供应地向接收地的实体流动过程中,根据实际需要,将运输、储存、装卸搬运、包装、流通加工、配送、信息处理等功能有机结合起来实现用户要求的过程。

物流管理是指在社会生产过程中,根据物质资料实体流动的规律,应用管理的基本原理和科学方法,对物流活动进行计划、组织、指挥、协调、控制和监督,使各项物流活动实现最佳的协调与配合,以降低物流成本,提高物流效率和经济效益。现代物流管理是建立在系统论、信息论和控制论的基础上的。

2. 物流的功能要素

物流系统的功能要素主要包括运输、储存、包装、装卸搬运、流通加工、配送、信息处理等7项功能。如图7-1所示为物流系统的功能要素。

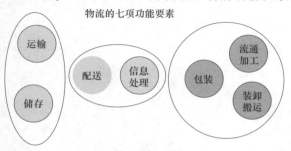

图7-1 物流系统的功能要素

(1) 运输功能要素

运输是物流各环节中最重要的部分，是物流的关键。运输一般分为输送和配送。有人将运输作为物流的代名词。运输方式有公路运输、铁路运输、船舶运输、航空运输、管道运输等。没有运输，物品只能有存在价值，却没有使用价值，即生产出来的产品，如果不通过运输，送至消费者手中进行消费，等于该产品没有被利用，因而也就没有产生使用价值。没有运输连接生产和消费，生产就失去意义。一般认为，所有商品的移动都是运输，运输可以划分为两段：一段是生产厂到流通据点之间的运输，批量比较大、品种比较单一、运距比较长，这样的运输称为"输送"；另一段是流通据点到用户之间的运输，一般称为"配送"，就是根据用户的要求，将各类商品按不同类别、不同方向和不同用户进行分类、拣选、组配、装箱，按用户要求的品种、数量配齐后送给用户，其实质在于"配齐"和"送达"。

(2) 包装功能要素

包装可大体划分为两类：一类是工业包装，或叫运输包装、大包装；另一类是商业包装，或叫销售包装、小包装。工业包装是为保持商品的品质；商业包装是为使商品能顺利抵达消费者手中，提高商品价值、传递信息等。由此看来，包装的功能和作用不可低估，它既是生产的终点，又是企业物流的起点。包装的作用是按单位分开产品，便于运输，并保护在途货物。注重包装是保证整个物流系统流程顺畅的重要环节之一。

(3) 装卸搬运功能要素

装卸搬运是物流各环节连接成一体的接口，是运输、储存、包装等物流作业得以顺利实现的根本保证。装卸搬运质量的好坏、效率的高低是整个物流过程的关键所在。装卸搬运工具、设施、设备不先进，搬运装卸效率低，商品流转时间就会延长，商品就会破损，就会增大物流成本，影响整个物流过程的质量。装卸搬运的功能是连接运输、储存和包装各个系统的节点，该节点的质量直接关系到整个物流系统的质量和效率，而且又是缩短物流移动时间、节约流通费用的重要组成部分。装卸搬运环节出了问题，物流其他环节就会停顿。

(4) 储存功能

在物流中，运输承担了改变商品空间状态的重任，储存则承担了改变商品时间状态的重任。而库存是与储存既有密切关系又有区别的一个概念，它是储存的静态形式。产品离开生产线后到最终消费之前，一般都要有一个存放、保养、维护和管理的过程，也是克服季节性、时间性间隔，创造时间效益的活动。库存主要分为基本库存和安全库存。

基本库存是补给过程中产生的库存。在订货之前，库存处于最高水平，日常的需求不断地"抽取"存货，直至该储存水平降至为零。实际在库存没有降至零之前就要开始启动订货程序，于是在发生缺货之前，就会完成商品的储存。补给订货的量就是订货量。在订货过程中必须保持的库存量就是基本库存。

为了防止不确定因素对物流的影响，如运输延误；商品到货，但品种、规格、质量不符合要求；销售势头好，库存周转加快或紧急需要等，都需要企业另外储备一部分库存，这就是安全库存。

确定合理库存是企业物流管理的重要内容之一。但是库存管理并没有统一的模型，而且每个企业都有自己特殊的存货管理要求，所以企业只能根据自己的具体情况，建立有关模型，解决具体问题。

(5) 流通加工功能

所谓流通加工就是产品从生产者向消费者流动的过程中，为了促进销售，维护产品质量，实现物流的高效率所采取的使物品发生物理和化学变化的功能。通过流通加工，可以节约材料、提高成品率，保证供货质量和更好地为用户服务。所以，对流通加工的作用同样不可低估。流通加工是物流过程中"质"的升华，使流通向更深层次发展。

(6) 配送功能要素

过去没有将配送独立作为物流系统实现的功能，未看成是独立的功能要素，而是将其作为运输中的末端运输对待。但是，配送作为一种现代流通方式，集经营、服务以及库存、分拣、装卸、搬运于一身，已不仅仅是一种送货运输所能包含的，所以应将其作为独立功能要素。

(7) 信息处理功能

物流信息是连接运输、储存、装卸、包装各环节的纽带，没有各物流环节信息的通畅和及时供给，就没有物流活动的时间效率和管理效率，也就失去了物流的整体效率。通过收集与物流活动相关的信息，就能使物流活动有效、顺利地进行。

信息包括与商品数量、质量、作业管理相关的物流信息，以及与订货、发货和货款支付相关的商流信息。不断地收集、筛选、加工、研究、分析各类信息，并把精确信息及时提供给决策人员，以此为依据判断生产和销售方向，制订企业经营战略，以便做出高质量的物流决策。

与物流信息密切相关的是物流信息系统，即管理人员利用一定的设备，根据一定的程序对信息进行收集、分类、分析、评估，并把精确信息及时地提供给决策人员，以便他们做出高质量的物流决策。物流信息系统的目的是不但要收集尽可能多的信息，提供给物流经理，使他们做出更多的有效的决策，还要与公司中销售、财务等其他部门的信息系统共享信息，并将有关的综合信息传至公司最高决策层面，协助他们形成战略计划。

二、汽车物流概述

1. 汽车物流的概念

汽车物流是物流领域的重要组成部分,具有与其他物流种类所不同的特点,是一种复杂程度极高的物流活动。随着中国汽车工业的飞速发展,在成本控制变得越来越重要的今天,汽车物流的成本控制也日益成为人们关注的焦点,通过资源整合来降低物流成本已经成为汽车企业所必须面对和亟待解决的问题。

汽车物流是集现代运输、仓储、保管、搬运、包装、产品流通及物流信息于一体的综合性管理,是沟通原材料供应商、生产厂商、批发商、零售商、物流公司及最终用户的桥梁,是商品从生产到消费各个流通环节的有机结合。如图 7-2 所示为汽车物流。

图 7-2 汽车物流

汽车物流是汽车制造商生产经营活动的重要组成部分。随着生产技术水平的不断提高,企业内部管理手段的不断加强,企业在可控的生产过程内降低成本的空间越来越小,可采用的手段越来越少。而在生产之外的采购、运输、仓储、包装、配送等环节却有很大潜力可挖。所以,积极采用先进的物流模式和物流技术来降低物流成本成为继降低人工成本和生产资料消耗成本之后的又一重要经营手段。中国汽车产业正在形成供应链体系,如钢厂与汽车厂之间,整车厂与配件厂之间,汽车生产厂与分销商之间正在逐步形成战略合作伙伴关系。支撑这些合作关系的是物流与配送的服务。汽车整车及其零部件的物流配送是各个环节必须衔接得十分平滑的高技术行业,是国际物流业公认的最复杂、最具专业性的领域。

2. 发展概况及现状

汽车产业的高速发展为汽车物流行业提供了巨大的增长空间。国际汽车物流巨头纷纷抢滩中国汽车物流市场。同时一批国有大型企业也纷纷将业务扩展到汽车物流领域。中国现代汽车物流的发展已进入以整车物流为主,向零部件入厂物流、零部件售后物流以及进出口物流方向延伸的竞争新格局。

中国现行的主体汽车物流模式是产、供、销一体化的自营物流,即产品、原材料、零部件、辅助材料等的采购、产品的制造与分销等活动全部由生产企业完成。生产企业既是汽车生产活动的组织者和实施操作者,又是企业物流活动的组织者与实施者。随着物流业务的不断扩大，供应全球化和电子商务对汽车产品物流的信息化、自动化和柔性化提出了全新的要求。要求汽车制造商具有更加强大的物流实力，不断加大对物流的投入以适应电子商务发展的需要。这些变化对自营物流而言，不但加重了制造商的资金负担，而且也不能充分发挥社会分工的经济优势，降低了汽车产品的总体物流效率。自营物流模式往往较多地从整车生产企业的利益出发，强调保障整个生产的连续性，要求零配件生产企业提供远大于实际需要的库存。在整车物流方面，有的生产企业为了满足市场需求，自建运输网络、投资仓储设施、铁路专用线和公路运输队伍，呈现重复建设现象，造成运力资源分散和发展的不均衡。据初步估计，中国几个大的汽车生产企业，每家的过剩运力约为20%。

各汽车生产企业内部基本上已实现了信息化管理，尤其是以一汽、上汽、东风为代表的汽车制造企业信息化程度更高。但企业间的信息化，特别是汽车生产企业间的横向沟通少之又少，基本上处于相对封闭状态。生产企业之间、物流企业之间实施壁垒及保护，汽车物流资源共享缺少综合信息平台的支持。各大物流企业也各自为战，信息保密，未能进行有效合作。有的地方汽车产销量大，但物流能力不足；而有些地方汽车产销量小，但物流资源相对过剩，这种资源分配的不平衡，在一定程度上阻碍了汽车物流业的发展。

各生产企业对承运商和仓储商都用自己制定的技术标准、质量标准、统一标识使用等评价和选用物流企业，导致整个汽车物流行业中存在多种标准、多套体系。比如目前使用的轿车运输车中，就有全封闭、半封闭、框架式等品种，运输车的质量也千差万别，服务标准、交验标准各企业也不一致，某一家的承运商因承运标准、标识及运输车辆厢体尺寸规格和服务规范的不同无法为另外一家服务。在仓储设施方面同样也存在着标准不统一的问题。存储条件、防火设施标准、防盗设施标准，操作规范各式各样，造成物流资源的严重浪费。

近几年来，中国的汽车第三方物流取得快速发展，兴起了一批专业的汽车物流第三方物流公司，可以说，中国汽车物流已经进入理性快速发展时期。同时，国家政府对汽车零部件物流问题也高度关注。

第三方汽车物流具有专业化、规模化和社会化特点，是物流资源整合的主要承担者。在欧美发达国家和地区，以第三方物流供应商或者领头物流供应方身份加入汽车供应链已成为主流，80%以上的汽车制造商均将汽车物流外包。随着中国汽车产业的发展，汽车供应链的社会分工日趋专业化，特别是面临外资跨国物流集团的威胁，加快第三方汽车物流企业的发展，增强市场竞争力，既是整合汽车物流资源的有效途径，也是应对跨国物流集团挑战的有效途径之一。

中国汽车第三方物流行业还存在一些问题，采取资源整合战略，实现汽车物流企业间资源的优势互补，是中国汽车物流业提高行业发展水平、增强企业竞争能力、降低企业物流成本、提高物流服务质量的最优选择。

3. 汽车物流的特点

（1）技术复杂性

保证汽车生产所需零部件按时按量到达指定工位是一项十分复杂的系统工程，汽车的高度集中生产带来成品的远距离运输以及大量的售后配件物流，这些都使汽车物流的技术复杂性高居各行业物流之首。如图7-3所示为汽车物流的技术复杂性。

图7-3　汽车物流的技术复杂性

（2）服务专业性

汽车生产的技术复杂性决定了为其提供保障的物流服务必须具有高度专业性：供应物流需要专用的运输工具和工位器具，生产物流需要专业的零部件分类方法，销售物流和售后物流也需要服务人员具备相应的汽车保管、维修专业知识。

（3）密集型行业

汽车物流需要大量专用的运输和装卸设备，需要实现"准时生产"和"零库存"，需要实现整车的"零公里销售"，这些特殊性需求决定了汽车物流是一种高度资本密集、技术密集和知识密集型行业。

4. 汽车物流的组成

汽车物流的组成如图7-4所示。

（1）运输

汽车工业牵涉的零件太多，除了自己生产一部分零件以外，还有许多零件是从专业的汽车零部件厂家生产，要实现汽车整车的装配，运输是必不可少的。

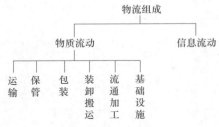

图7-4　汽车物流的组成

运输是指将物料进行空间移动的活动。运输过程既不改变物品的形态和特性，也不增加零件的数量，主要是指物料从供应地向需要地空间距离的传送过程。

在汽车工业方面的运输方式分为公路、铁路、水路、航空及管道等，运输的范围分为城市间的运输、城市内的运输、工厂内部的运输等。

（2）保管

零件存放必须要进行保管活动，保管包括物料的堆存、管理、保养、维护等活动，目的是克服供应与使用在时间上的差异，是物流的重要组成部分。保管需要配置存放物品的场地、仓库或露天堆场,并且由人来管理。

保管过程中的工作内容主要包括仓库里存放的零件如何存放、如何送货、如何保证零件在存放过程中的质量、如何保证经济储存量等。

(3)包装

在汽车工业内部,包装是极易被人们忽视的一个环节,原料、毛坯、半成品、外协件等在搬运过程中都缺乏必要的保护,留下零件破损、丢失的隐患,使理应创造的价值被丢弃掉。作为一个成功的经营者,研究包装这一课题是十分重要的。

从保护产品和利于流通来看,包装技术要考虑的问题主要是包装的形态、大小、材料、重量等的设计和包装箱的复用频度。

(4)装卸搬运

装卸搬运是运输和保管过程中产生的物流活动。把物料装到运输工具上运送到目的地后,再把物料卸下来,然后存储在仓库里保管,始终都伴随着装卸搬运活动。装卸搬运环节很容易造成物料破损、丢失、磕碰划伤等,因此目前这一阶段已逐步为人们所重视,采取的措施主要有严格确定装卸作业方式、合理选择和配置搬运机械、集装化、单元化运输等。

(5)流通加工

流通企业或生产企业在为用户提供商品时,为了弥补生产过程中的不足,往往需要在物流过程进行一些辅助性的加工活动,称为流通加工。例如装袋、定量化小包装、拴牌子、贴标签、混装、刷标记等工序。生产的外延流通加工包括剪断、打孔、折弯、拉拔、组装等工作,有效地满足了用户的需要,衔接了产需。

三、电子商务物流

1. 电子商务物流的概念

电子商务物流是一整套的电子物流解决方案,也就是通常所说的ERP系统。电子商务物流还要从传统物流做起。目前国内外的各种物流配送虽然大都跨越了简单送货上门的阶段,但在层次上仍是传统意义上的物流配送,因此在经营中存在着传统物流配送无法克服的种种弊端和问题,尚不具备或基本不具备信息化、现代化、社会化的新型物流配送的特征。如图7-5所示为电子商务物流。

2. 电子商务物流的模式

电子商务物流又称网上物流,就是基于互联网技术,旨在创造性地推动物流行业发展的新商业模式;通过互联网,物流公司能够被更大范围内的货主客户主动找到,能够在全国乃至世界范围内拓展业务;贸易公司和工厂能够更加快捷地找到性价比最适合的物流公司;网上物流致力于把世界范围内最大数量的有物流

图 7-5 电子商务物流

需求的货主企业和提供物流服务的物流公司都吸引到一起，提供中立、诚信、自由的网上物流交易市场，帮助物流供需双方高效达成交易。目前已经有越来越多的客户通过网上物流交易市场找到了客户，找到了合作伙伴，找到了海外代理。网上物流提供的最大价值，就是更多的机会。

（1）自营物流

企业自身经营物流，称为自营物流。自营物流是在电子商务刚刚萌芽的时期，那时的电子商务企业规模不大，从事电子商务的企业多选用自营物流的方式。企业自营物流模式意味着电子商务企业自行组建物流配送系统，经营管理企业的整个物流运作过程。在这种方式下，企业也会向仓储企业购买仓储服务，向运输企业购买运输服务，但是这些服务都只限于一次或一系列分散的物流功能，而且是临时性的纯市场交易的服务，物流公司并不按照企业独特的业务流程提供独特的服务，即物流服务与企业价值链的松散的联系。如果企业有很高的顾客服务需求标准，物流成本占总成本的比重较大，而企业自身的物流管理能力较强时，企业一般不应采用外购物流，而应采用自营方式。由于中国物流公司大多是由传统的储运公司转变而来的，还不能满足电子商务的物流需求，因此，很多企业借助于他们开展电子商务的经验也开展物流业务，即电子商务企业自身经营物流。

目前，在中国，采取自营模式的电子商务企业主要有两类：一类是资金实力雄厚且业务规模较大的电子商务公司，电子商务在中国兴起的时候，国内第三方物流的服务水平远不能满足电子商务公司的要求；第二类是传统的大型制造企业或批发企业经营的电子商务网站，由于其自身在长期的传统商务中已经建立起初具规模的营销网络和物流配送体系，在开展电子商务时只需将其加以改进、完善，可满足电子商务条件下对物流配送的要求。

选用自营物流，可以使企业对物流环节有较强的控制能力，易于与其他环节密切配合，全力专门地服务于该企业的运营管理，使企业的供应链更好地保持协调、简洁与稳定。此外，自营物流能够保证供货的准确和及时，保证顾客服务的质量，维护了企业和顾客间的长期关系。但自营物流所需的投入非常大，建成后对规模的要求很高，大规模才能降低成本，否则将会长期处于不盈利的境地。而且投资成本较大、时间较长，对于企业柔性有不利影响。另外，自建庞大的物流体系，需要占用大量的流动资金。更重要的是，自营物流需要较强的物流管理能力，建成之后需要工作人员具有专业化的物流管理能力。

（2）物流联盟

物流联盟是制造业、销售企业、物流企业基于正式的相互协议而建立的一种物流合作关系，参加联盟的企业汇集、交换或统一物流资源以谋取共同利益；同时，合作企业仍保持各自的独立性。物流联盟为了达到比单独从事物流活动取得更好的效果，在企业间形成了相互信任、共担风险、共享收益的物流伙伴关系。企业间不完全采取导致自身利益最大化的行为，也不完全采取导致共同利益最大化的行为，只是在物流方面通过契约形成优势互补、要素双向或多向流动的中间组织。

联盟是动态的，只要合同结束，双方又变成追求自身利益最大化的单独个体。选择物流联盟伙伴时，要注意物流服务提供商的种类及其经营策略。一般可以根据物流企业服务的范围大小和物流功能的整合程度这两个标准，确定物流企业的类型。

物流服务的范围主要是指业务服务区域的广度、运送方式的多样性、保管和流通加工等附加服务的广度。

物流功能的整合程度是指企业自身所拥有的提供物流服务所必要的物流功能的多少，必要的物流功能是指包括基本的运输功能在内的经营管理、集配、配送、流通加工、信息、企划、战术、战略等各种功能。

一般来说，组成物流联盟的企业之间具有很强的依赖性，物流联盟的各个组成企业明确自身在整个物流联盟中的优势及担当的角色，内部的对抗和冲突减少，分工明晰，使供应商把注意力集中在提供客户指定的服务上，最终提高了企业的竞争能力和竞争效率，满足企业跨地区、全方位物流服务的要求。

(3) 第三方物流

第三方物流（Third-Party Logistics，简称 3PL 或 TPL）是指独立于买卖之外的专业化物流公司，长期以合同或契约的形式承接供应链上相邻组织委托的部分或全部物流功能，因地制宜地为特定企业提供个性化的全方位物流解决方案，实现特定企业的产品或劳务快捷地向市场移动，在信息共享的基础上，实现优势互补，从而降低物流成本，提高经济效益。它是由相对"第一方"发货人和"第二方"收货人而言的第三方专业企业来承担企业物流活动的一种物流形态。

第三方物流公司通过与第一方或第二方的合作来提供其专业化的物流服务，它不拥有商品，不参与商品买卖，而是为顾客提供以合同约束、以结盟为基础的、系列化、个性化、信息化的物流代理服务。服务内容包括设计物流系统、EDI 能力、报表管理、货物集运、选择承运人、货代人、海关代理、信息管理、仓储、咨询、运费支付和谈判等。在国内，第三方物流企业一般都是具有一定规模的物流设施设备（库房、站台、车辆等）及专业经验、技能的批发、储运或其他物流业务经营企业。

第三方物流是物流专业化的重要形式，它的发展程序体现了一个国家物流产业发展的整体水平。第三方物流是一个新兴的领域，企业采用第三方物流模式对于提高企业经营效率具有重要作用。首先，企业将自己的非核心业务外包给从事该业务的专业公司去做；其次，第三方物流企业作为专门从事物流工作的企业，有丰富的专门从事物流运作的专家，有利于确保企业的专业化生产，降低费用，提高企业的物流水平。

目前，第三方物流的发展十分迅速，有几方面是值得我们关注的：第一，物流业务的范围不断扩大。商业机构和各大公司面对日趋激烈的竞争，不得不将主要精力放在核心业务，将运输、仓储等相关业务环节交由更专业的物流企业进行操作，以求节约和高效；另一方面，物流企业为提高服务质量，也在不断拓宽业务范围，提供配套服务。第二，很多成功的物流企业根据第一方、第二方的谈判条款，分析比较自理的操作成本和代理费用，灵活运用自理和代理两种方式，提供客户定制的物流服务。第三，物流产业的发展潜力巨大，具有广阔的发展前景。

(4) 第四方物流

第四方物流主要是指由咨询公司提供的物流咨询服务，但咨询公司并不就等于第四方物流公司。目前，第四方物流在中国还停留在仅是"概念化"的第四方物流公司，一些物流公司、咨询公司甚至软件公司纷纷宣称自己的公司就是从事"第四方物流"服务的公司。这些公司将没有车队、没有仓库当成一种时髦；号称拥有信息技术，其实却缺乏供应链设计能力；只是将第四方物流当作一种商业炒作模式。

第四方物流公司应物流公司的要求为其提供物流系统的分析和诊断，或提供物流系统优化和设计方案等。所以第四方物流公司以其知识、智力、信息和经验为资本，为物流客户提供一整套的物流系统咨询服务。它从事物流咨询服务就必须具备良好的物流行业背景和相关经验，但并不需要从事具体的物流活动，更不用建设物流基础设施，只是对于整个供应链提供整合方案。第四方物流的关键在于为顾客提供最佳的增值服务，即迅速、高效、低成本和个性化服务等。

第四方物流有众多的优势：

第一，它对整个供应链及物流系统进行整合规划。第三方物流的优势在于运输、储存、包装、装卸、配送、流通加工等实际的物流业务操作能力，在综合技能、集成技术、战略规划、区域及全球拓展能力等方面存在明显的局限性，特别是缺乏对整个供应链及物流系统进行整合规划的能力。而第四方物流的核心竞争力就在于对整个供应链及物流系统进行整合规划的能力，也是降低客户企业物流成本的根本所在。

第二，它具有对供应链服务商进行资源整合的优势。第四方物流作为有领导力量的物流服务提供商，可以通过其影响整个供应链的能力，整合最优秀的第三方物流服务商、管理咨询服务商、信息技术服务商和电子商务服务商等，为客户企业提供个性化、多样化的供应链解决方案，为其创造超额价值。

第三，它具有信息及服务网络优势。第四方物流公司的运作主要依靠信息与网络，其强大的信息技术支持能力和广泛的服务网络覆盖支持能力是客户企业开拓国内外市场、降低物流成本所极为看重的，也是取得客户的信赖、获得大额长期订单的优势所在。

最后，具有人才优势。第四方物流公司拥有大量高素质国际化的物流和供应链管理专业人才和团队，可以为客户企业提供全面的卓越的供应链管理与运作，提供个性化、多样化的供应链解决方案，在解决物流实际业务的同时实施与公司战略相适应的物流发展战略。

发展第四方物流可以减少物流资本投入、降低资金占用。通过第四方物流，企业可以大大减少在物流设施（如仓库、配送中心、车队、物流服务网点等等）方面的资本投入，降低资金占用，提高资金周转速度，减少投资风险，降低库存管理及仓储成本。第四方物流公司通过其卓越的供应链管理和运作能力可以实现供应链"零库存"的目标，为供应链上的所有企业降低仓储成本。同时，第四方物流大大提高了客户企业的库存管理水平，从而降低库存管理成本。发展第四方物流还可以改善物流服务质量，提升企业形象。

(5) 物流一体化

物流一体化是指以物流系统为核心，由生产企业、物流企业、销售企业、直至消费者的供应链整体化和系统化。它是在第三方物流的基础上发展起来的新的物流模式。20世纪90年代，西方发达国家如美、法、德等国提出物流一体化现代理论，并应用和指导其物流发展，取得了明显效果。在这种模式下物流企业通过与生产企业建立广泛的代理或买断关系，使产品在有效的供应链内迅速移动，使参与各方的企业都能获益，使整个社会获得明显的经济效益。这种模式还表现为用户之间的广泛交流供应信息，从而起到调剂余缺、合理利用、共享资源的作用。

在电子商务时代，这是一种比较完整意义上的物流配送模式，它是物流业发展的高级和成熟的阶段。物流一体化的发展可进一步分为三个层次：物流自身一体化、微观物流一体化和宏观物流一体化。物流自身一体化是指物流系统的观念逐渐确立，运输、仓储和其他物流要素趋向完备，子系统协调运作，系统化发展。

微观物流一体化是指市场主体企业将物流提高到企业战略的地位，并且出现了以物流战略作为纽带的企业联盟。

宏观物流一体化是指物流业发展到这样的水平：物流业占到国家国民总产值的一定比例，处于社会经济生活的主导地位，它使跨国公司从内部职能专业化和国际分工程度的提高中获得规模经济效益。

物流一体化是物流产业化的发展形式，它必须以第三方物流充分发育和完善为基础。物流一体化的实质是一个物流管理的问题，即专业化物流管理人员和技术人员，充分利用专业化物流设备、设施，发挥专业化物流运作的管理经验，以求取得整体最优的效果。同时，物流一体化的趋势为第三方物流的发展提供了良好的发展环境和巨大的市场需求。

四、汽车电子商务物流

随着经济的快速发展，市场的竞争也越来越激烈，对于汽车企业来说，如何能够有效地缩短交货时间，提高销售服务，满足客户的个性需求以及降低企业的物流成本，成为了汽车企业发展中的重要问题。对于汽车企业来说，其发展相对具有同质化的性质，仅仅依靠制造力的竞争来获得市场地位和优势已经越来越困难。对于汽车企业来说，只有不断地提高销售服务，提高客户的服务体验，才能在激烈的市场竞争中获得较大的发展。随着电子商务物流的发展，使得传统的汽车物流方式发生了重大的变革，对于汽车的销售、库存、订单处理等都产生了重要的影响。

1. 电子物流对汽车企业发展的意义

对于汽车制造业来说，在其行业的发展过程中具有基本的发展模式，如基本上都遵循着：原材料的供应→汽车的加工→零部件的配套安装→整车的装配→汽车的销售→售后服务，即原材料供应→制造→销售→服务的发展体系。在汽车行业中由于其零部件相对比较多，需求量比较大，而且供应商比较多，产业体系比较发达，在对零部件的采购上往往要求跨地域甚至全球采购，其销售的地域范围也相对比较广泛，这些因素造成了汽车制造企业对电子商务具有迫切的需求。

在汽车制造业中，其生产过程需要大量的技术和零部件的协助，而且其销售网络也非常的宽广，产品本身也相对标准化，这些因素使汽车制造业能够很好地利用电子商务的长处，通过互联网技术，使汽车的生产过程由原来的批量生产发展到批量定制，使汽车制造业开始真正地面对消费者的需求，这也是汽车制造企业对电子商务的需求和动力。

通过开展电子商务物流，可以使汽车制造企业大幅度地降低生产的周期和缩短供货的时间，使订单程序大大简化，对于汽车制造企业来说，可以实现资源的快速流通和资金的快速回升，真正地发挥了市场在资源配置中的作用，逐步实现零库存。通过电子商务物流，可以在理论上使汽车企业为地球上任何一个地方的客户提供服务，可以有效地维护和巩固同客户之间的关系。对于汽车制造企业来说，其市场竞争不仅仅是对产品质量的竞争，更是服务的竞争。在现代的电子商务物流的影响下，物流的概念已经不是传统意义上的包装、运输，现代的物流已经成为汽车企业整个供应链的重要组成部分，它以满足企业和客户的需求为目的，是对商品、服务资金等相关信息在企业和消费者之间实现高效的流动和存储以及执行和控制的过程。

2. 汽车企业电子商务物流的发展方向分析

在世界范围内，汽车制造企业都非常重视供应链的管理工作，努力地降低库存，降低物流中的成本，提高汽车的利润率。在西方国家的汽车制造企业中，大部分都把汽车的供应链同第三方物流供应商合作，而且已经成为了物流业发展的主流。在我国高速增长的汽车供应链管理中，管理基础相对比较薄弱，需要对其发展方向进行相关的探索和研究。

对于在电子商务的环境下，其物流应当具有现代服务的特征，现代汽车企业电子商务物流的发展方向主要表现在以下几个方面。

(1) 首先要在汽车企业内部建立统一的电子商务物流模式

汽车企业要不断地加强企业的信息化建设的投资，更重要的是要建立统一的信息交流平台，使企业内部的信息能够很好地流动起来，使企业不同部门的业务能够在企业内部实现统一和信息的集成。

对于汽车企业来说物流信息系统的建设是其信息建设的重要内容，物流信息系统的建设也要和企业的其他业务实现良好的融合，不能简单地实现信息化就算达到目标。对于物流管理信息系统来说，应当利用现代比较先进的电子商务物流技术，建立包括仓储信息网、运输信息网等比较综合又统一的信息网络。

物流信息系统主要实现两个方面的功能，即运输和仓储的管理和控制，其中管理功能主要是指对运输车辆的管理、运输商品信息管理、突发事件管理、保险管理、途中管理等内容；仓储管理主要是指对商品的库存管理、库位管理等内容。同时还要和汽车企业其他部门的信息系统实现连接，对物流实现综合化的管理。

（2）建立电子商务下的物流发展模式

汽车企业的电子商务物流应当包括商品网络和物流信息网络，其中物流信息网络是关键。随着信息技术的快速发展，可以从技术上实现所有的物流节点和企业连接，进而实现信息交流和合作，在企业内部形成一个相对开放的信息网络系统，实现了物流的效率和服务质量的提高，可以有效地降低企业在物流方面的成本。

对于汽车企业来说，原材料和零件的采购数量和范围非常广泛，而且其供应商也比较多，如果采用传统的面对面交易方式，将会大大增加企业的交易成本，而采用电子商务下的物流方式可以使公司在采购交易方面的内容透明化，大大提高了企业的交易效率，也大幅度地降低了企业的交易成本，提高了汽车企业的经济效益，提高了企业的利润率。

五、汽车零部件物流与整车物流

1. 零部件物流与整车物流的意义

汽车物流可以细化成两个相关的领域，即整车物流和零部件物流。过去人们一直注重于整车物流的研究，而忽视零部件物流的研究，这与我国零部件工业发展落后有关。对零部件物流业的研究是最近几年才逐渐兴起，由于汽车产业全球采购浪潮的兴起，人们发现零部件物流业的落后已远远制约了零部件工业的发展。

同零部件物流业相比，整车物流在中国的发展情况较好，受重视程度较高。我国的整车物流业兴起于20世纪80年代，当时主要是整车厂成为自营物流商，开始有专业的仓储和运输企业，主要负责整车物流一块，而且主要是由整车制造企业自身或总经销商负责。后来逐渐发展到一些大的生产商，如上海大众、中国一汽、二汽都拥有自己一定规模的整车物流储运公司或部门。20世纪90年代后期，整车物流业中发展最快的是第三方物流业。随着社会化分工日益专业化，涌现出一大批汽车第三方物流企业。据统计，在"十五"期间，中国整车第三方物流市场的年增长率达25%。

可以说，汽车市场的蓬勃发展为整车物流业的发展提供了历史性的契机和动力，但是目前整车物流的状况还不尽如人意。中国的整车物流业在管理体制、基础设施、信息人才和服务质量方面与国际水平都存在巨大差距。以整车储运能力为例，美国通用公司每年运送汽车1000多万辆，发送对象为全球各地的用户。

我国最大的整车物流公司年储运能力仅 32 万辆。物流成本更是直接反映了这种差距。我国物流成本占 GDP 比重的 20% 以上，而发达国家占 GDP 比重的 10% 以下，美国为 9%，日本仅为 8%；我国仓储量为美国的 5 倍，企业支付产品储存、运输的费用约占生产成本的 30%～40%，而发达国家却仅占 8%～10%，甚至更少。

从社会需求的角度看，加强对汽车物流体系的设计和管理过程优化的研究，为我国汽车物流的运作提供理论指导，这对于发展我国汽车工业的确具有十分重要的战略意义。

2. 整车物流与零部件物流的比较

零部件物流比整车物流复杂，这是由零部件的功能特性所决定的。整车产品的供应链相对简单。整车从生产厂家出来后，一般经过一级经销商、二级经销商直接到达客户手中，这是我国常用的一种销售方式。另外，与零部件相比，整车品种相对较少，外型差异较小，但个体价值高。

零部件产品的供应链相对复杂得多。在汽车行业零部件全球采购的背景下，从生产厂家出厂的零部件，从功用上分析，要满足多种用途，有一部分提供给整车制造商，作为生产资料；有一部分提供给汽车维修部门或零售商，以满足汽车销售以后的维修功用。提供给整车制造商的部分批量往往很大，而提供给零售商和维修部门的批量相对要小得多。针对同一个运送目的地，要同时满足两方面的需要，这就决定了物流配送的复杂性。另外，不论针对的用户是谁，零部件都具有品种繁多、外型差异大的特点。这就决定了物流运输和包装过程的复杂性。

3. 物流管理过程的比较

(1) 订货环节的物流管理

我国汽车企业的大部分产品，尤其是整车产品，通常是按合同销售给中间商，即在每一年的年末或下一年的年初，举行订货会，双方签订购销合同。在履约的过程中，企业按经销商的临时订单（通常按月发出）要求的车型、品种、数量、交车地点和交车时间等发车。

零部件物流的销售业务也是从顾客订货开始的。企业的销售部门在接到订单后，对需要发送的零部件首先要进行分析。零部件供应企业联系的客户地理位置的分布可能是全国、全球，对产品需求的数量、品种的差异很大，因此不可能像整车处理一样大批量、单一品种地发货。发货环节是物流的起点，发货量的多少直接影响后续库存管理、运输过程的效率，所以对发货数量和时机的把握在零部件物流中显得格外重要。

(2) 库存环节的物流管理

对整车库存而言,库存管理最大的问题是决策好存货水平和订货时间问题。由于汽车属于大件消费品,不合理的库存会占用企业大量的流动资金。而存货过少,又可能导致脱销,而且会增加订货次数,从而增加订货费用。以上两种情况都可能会造成仓储工作综合费用上升,增加企业的营销成本。仓库存货水平大小决定了每次订货的订货量,因而存货水平决策实质上就是订货量的决策。订货量的确定应综合考虑库存成本(包括占用流动资金的利息支出,物品功能维护费用等)和进货成本(包括进货人员差旅费、手续费、运输计划费、运费等),选择综合成本最小时相应的订货量。仓库管理应根据仓储管理模型,科学地确定订货量。如图7-6所示为最佳库存决策模型。

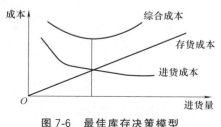

图7-6 最佳库存决策模型

进货时间的确定通常要综合考虑销售频率,办理订货手续的繁简、运送时间的长短,以及其他情况(如意外情况、用户对交货的要求等)。它通常可按下式计算:进货提前时间(天)=仓库现有库存量/日均销货量+安全时间(天)。上式中的进货时间应从订单发出的当天算起,至货物运达仓库所需要的时间(天),安全天数则是为了避免仓库脱销而考虑的保险系数,一般可根据统计经验确定,但应考虑目前的销货频率是否与日均销售量相等。如果销货频率大于日均销售量,安全天数可取大一些;反之则可取小一些。当仓库物品剩余的数量达到进货点时,仓库就应及时办理订货业务。

零部件物流业的库存,除了要解决好存货水平和订货时间问题以外,还要注意仓库布局的管理。零部件物品的仓库布局有自己的特点。基于零部件品种繁多、形状各异、价格差别大的特点,在仓库布局时,应多使用立体仓库,这样可充分利用仓库的空间。另外,由于企业的资源有限,因此,对所有库存品种均给予相同程度的重视和管理是不可取的,也是不切实际的。为了使有限的时间、资金和物力等企业资源能得到更有效的利用,常对库存物资进行分类,将管理的重点放在重要的库存物资上,运用ABC分类方法进行分类管理和控制。

(3)运输环节的物流管理

一般来说,整车及其零部件产品的发运可以选择的运输方式主要有铁路运输、水路运输和公路运输。其中,公路运输又包括利用专门运送汽车产品的专用汽车运输和驾驶员将商品汽车开到用户地点两种方式。在上述运输方式中,一般以公路运输手续最简单,运送最快,转运环节最少,最易保证交付时间,但公路运输成本最高;水运虽然成本低廉,但水运时间慢、周期长,且只能用于通航的地区;铁路运输的优缺点介于水运与公路运输之间,但铁路运输常常会增加运送时间,不能保证及时交付。

我国现行的主体汽车物流模式是供产销一体化自营物流。制造企业既是汽车生产活动的组织者、实施操作者，又是企业物流活动的组织者、实施操作者。这种模式下的制造商对供应物流、制造物流及分销物流拥有完全的控制权，能够掌握第一手的客户信息，有利于改善客户服务和对整个物流进行协调和控制。但在业务量不断扩大的条件下，这种模式的弊端越来越明显。

整车制造企业自身或总经销商负责整车物流，整车制造企业在核定汽车零部件价格时已经将运费、包装费和工位器具等费用包含在内，故国内汽车零部件基本上是由零部件供应商自行负责零部件的运输、仓储和包装等工作，整车制造企业或总经销商一般提供一个较大规模的零部件总库作为供应商入厂或售后物流集散地。

这种状况导致的弊端如下：

第一，零部件供应企业各自拥有独立的零部件物流运输体系，使用自己的运输工具、仓库或向社会租用，这样难免出现重复建设、投资过大、资源利用率不足的现象。

第二，物流运输成本过高。采用自身能力运输，企业要配备相应的办公设施、人员，还要负责运输工具的维修养护，这些都可能导致成本过高。

第三，产品的仓储、运输质损率较高。在企业自身提供仓储、运输的过程中，零部件的质损率较高。所以，零部件物流比较适合采用第三方物流的形式进行管理。

在汽车零部件物流运输中，选择运输工具应优先考虑适合集装箱运输的车辆、船舶、机车。因为长途运输过程中，集装箱运输的质损率最低，并且经过运输工具规格标准化工作后，在调运过程中，无需再考虑运输工具的适载性，便于进行路径优化。其次要考虑运输系统的安全。

(4) 包装环节的物流管理

零部件包装技术讲究实用、环保。为保证物品在运输、装卸的过程中不受损害，提高装卸速度，包装就显得十分重要。对于细小的零部件，应用木材特别制作箱子或木架固定件，使之固定；对于 SKD 供货模式的汽车，则可用特殊铁制框架完全固定下来。无论大件、小件、贵件、贱件，规则或不规则都要与之配套、加固，使之在长途运输过程中免受损害。同时，为了环保和降低成本，容器和包装物都要循环使用。

另外，为了合理避税，降低汽车进口成本，对发往不同国家的汽车组装件要实行不同的零部件包装和供货模式。如，CKD（Completely Knocked Down）成套批量化包装部件模式供货，一般常规是，一辆汽车所需的相同的零部件个数为一套，原则上，6套相同的部件作为一单位包装、运输；PBP（Pary-by-Part）批量化包装供货模式，与 CKD 相反，没有固定的包装，一旦确定所需零部件的数量，相同部件批量包装和运输；SKD（Semi Knocked Down）整车拆分部件供货模式，是将已完工的汽车拆分成部件运往指定国家，一般是拆下易安装的部件，如轮胎等，这是因为整车进口在这些国家要交纳高额关税，而部件进口要便宜。与零部件相比，整车物流对包装没有特殊要求。

在汽车物流的整体规划中，既要注重零部件物流与整车物流的配合、协调，更要考虑二者不同的特性。建立一个整车物流与零部件物流的互动机制，这是在今后的工作中需特别注重的问题。

第二节 汽车电子商务供应链管理

一、供应链的概念

供应链的概念是从扩大的生产概念发展而来，供应链是指围绕核心企业，从配套零件开始，制成中间产品以及最终产品，最后由销售网络把产品送到消费者手中，它是将供应商、制造商、分销商直到最终用户连成一个整体的功能网链结构。供应链管理的经营理念是从消费者的角度，通过企业间的协作，谋求供应链整体最佳化。成功的供应链管理能够协调并整合供应链中所有的活动，最终成为无缝连接的一体化过程。

日本丰田公司的精益协作方式中就将供应商的活动视为生产活动的有机组成部分而加以控制和协调。哈理森（Harrison）将供应链定义为："供应链是执行采购原材料，将它们转换为中间产品和成品，并且将成品销售到用户的功能网链"。美国的史蒂文斯（Stevens）认为："通过增值过程和分销渠道控制从供应商到用户的流就是供应链，它开始于供应的源点，结束于消费的终点。"因此，供应链就是通过计划（Plan）、获得（Obtain）、存储（Store）、分销（Distribute）、服务（Serve）等这样一些活动而在顾客和供应商之间形成的一种衔接（Interface），从而使企业能满足内外部顾客的需求。

随着3G、4G，甚至5G移动网络不断迭代，供应链已经进入了移动时代。移动供应链，是利用无线网络实现供应链的技术。它将原有供应链系统上的客户关系管理功能迁移到手机。移动供应链系统具有传统供应链系统无法比拟的优越性。移动供应链系统使业务摆脱时间和场所局限，随时随地与公司进行业务平台沟通，有效提高管理效率，推动企业效益增长。数码星辰的移动供应链系统就是一个集3G移动技术、智能移动终端、VPN、身份认证、地理信息系统（GIS）、

Webservice、商业智能等技术于一体的移动供应链产品。

二、供应链的特点

1. 协调性、整合性

协调性和整合性应该说是供应链的特点之一。供应链本身就是一个整体合作、协调一致的系统，它有多个合作者，像链条似地环环连接在一起，大家为了一个共同的目的或目标，协调动作，紧密配合。每个供应链成员企业都是"链"中的一个环节，都要与整个链的动作一致，绝对服从于全局，做到方向一致、动作也一致。

2. 选择性和动态性

供应链中的企业都是在众多企业中筛选出的合作伙伴，合作关系是非固定性的，也是在动态中调整的。因为供应链需要随目标的转变而转变，随服务方式的变化而变化，它随时处在一个动态调整过程中。

3. 复杂性和虚拟性

不少供应链是跨国、跨地区和跨行业的组合。各国的国情、政体、法律、人文、地理、习惯、风俗都有很大差异，经济发达程度、物流基础设施、物流管理水平和技术能力等也有很大不同；而供应链操作又必须保证其目的的准确性、行动的快速反应性和高质量服务性，这便不难看出供应链复杂性的特点。在供应链的虚拟性方面，主要表现在它是一个协作组织，而并不一定是一个集团企业或托拉斯企业。这种协作组织以协作的方式组合在一起，依靠信息网络的支撑和相互信任关系，为了共同的利益，强强联合，优势互补，协调运转。由于供应链需要永远保持高度竞争力，必须是优势企业之间的连接，所以组织内的吐故纳新、优胜劣汰是必然的。供应链犹如一个虚拟的强势企业群体，在不断地优化组合。

此外，供应链的存在和竞争力在于高质量管理。供应链管理的重要手段是信息网络和信息资源配置。供应链是单向的、无阻碍的、无缝的连接，没有组织和信息障碍。供应链管理在欧洲颇为盛行，第三方物流和第四方物流将来可能有条件成为主要的供应链构筑者。

三、供应链模型

根据以上供应链的定义，其结构可以简单地归纳为图 7-7 中的模型。

从图中可以看出，供应链由所有加盟的节点企业组成，其中一般有一个核心企业（可以是制造企业，也可以是大型零售企业，如美国的沃尔玛），节点企业在需求信息的驱动下，通过供应链的职能分工合作，以资金流、物流和服务流为媒介实现整个供应链的不断增值。

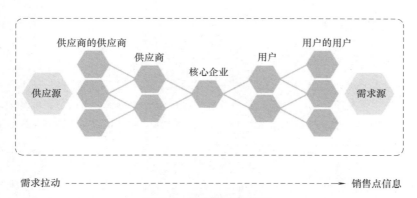

图 7-7 供应链结构模型

四、供应链管理

供应链管理,使供应链运作达到最优化,以最少的成本,令供应链从采购开始,到满足最终客户的所有过程,包括工作流、实物流、资金流和信息流等均能高效率地操作,把合适的产品、以合理的价格,及时准确地送达消费者手上。

供应链管理是一种集成的管理思想和方法,它执行供应链中从供应商到最终用户的物流的计划和控制等职能。从单一的企业角度来看,是指企业通过改善上、下游供应链关系,整合和优化供应链中的信息流、物流、资金流,以获得企业的竞争优势。

供应链管理是企业的有效性管理,表现了企业在战略和战术上对企业整个作业流程的优化。整合并优化了供应商、制造商、零售商的业务效率,使商品以正确的数量、正确的品质、在正确的地点、以正确的时间、最佳的成本进行生产和销售。

企业采用供应链管理,建立供应商与制造商之间的战略合作关系的最终目的是达成以下四个目标:

① 提升客户的最大满意度(提高交货的可靠性和灵活性);
② 降低公司的成本(降低库存,减少生产及分销的费用);
③ 企业整体"流程品质"最优化;
④ 寻求"提高用户服务水平"和"降低总交易成本"两个目标之间的平衡。

供应链管理主要涉及四个主要领域:供应、生产计划、物流、需求。由图 7-7 可见,供应链管理是以同步化、集成化生产计划为指导,以各种技术为支持,尤其以 Internet 和 Intranet 为依托,围绕供应、生产作业、物流、满足需求来实施的。供应链管理主要包括计划、合作、控制从供应商到用户的物料和信息。

五、汽车行业供应链管理

1. 汽车行业供应链特点

汽车行业供应链管理目标是在满足客户需要前提下，对整个供应链（从供货商、制造商、分销商到消费者）的各个环节进行综合管理，例如从采购、产品管理、生产、配送、营销到消费者的整个供应链的货物流、信息流和资金流，把物流与库存成本降到最小。

汽车行业供应链是最典型的供应链组织结构模式，具有如下特点。

① 以汽车制造企业为供应链的核心企业。汽车制造企业作为供应链的物流调度与管理中心，担负着信息集成与交换的作用，在产品设计、制造、装配等方面具有强大优势。其不但可以拉动上游供应商的原材料供应，也可以推动下游分销商的产品分销及客户服务。

② 汽车行业供应链管理的重点在于：核心企业对供应链的整合、协调，战略合作伙伴关系的构建，供应链物流模式的创新，供应商与分销商的管理，产、供、销关系的协调与控制等。

③ 供需间的关系十分密切。汽车制造商和供应商伙伴间形成共同开发产品的组织，持久合作。供应商提供具有技术挑战性的部件；伙伴成员共享信息和设计思想，共同决定零部件或产品以及重新定义能够使双方获益的服务。

④ 物流配送功能的专业化。原材料及汽车零部件供应商、汽车制造商的物流配送体系与其主业剥离，社会化、专业化的物流体系逐步完善，以汽车物流为纽带整合供应链，第三方物流配送中心完成汽车供应链物流配送功能。

⑤ 利用计算机网络技术全面规划汽车供应链中的物流、商流、信息流、资金流，构建电子商务采购和销售平台，通过应用条码技术、EDI 技术、电子订货系统、POS 数据读取系统等信息技术，做到供应链成员能够及时有效地获取需求信息并及时响应，以满足顾客需求。

2. 汽车产业的供应链管理

成功的汽车产业物流服务和供应链管理过程，往往不是"散兵游泳"式的管理，也不是"铁路警察，各管一段"式的管理，而是汽车产业物资供应商、汽车装配生产商，包括第三方物流在内的汽车产业物流服务供应方、托运人、承运人和经纪人等方面的一体化经营管理。供应链管理过程的效率和透明度，往往是汽车产业是否取得最终成功的关键所在。

目前风靡全球的"准时制"（JIT）经营管理模式，早在 20 世纪 60 年代就已经被丰田汽车公司所实施。它是把汽车必要的零部件，以必要的数量，在必要的时候，送到必要的生产线或者地点。这一切都是为了适应当时已经出现的汽车消费者要求多样化、个性化而建立的一整套汽车产业制造体系和围绕该体系的物流供应链服务体系。因此所谓的准时制实际上就是物流和供应链服务的物资配送新模式。由于准时制坚持多品种、准批量、短周期的汽车产业经营模式,避免了传统汽车产业库存积压现象,以所谓"零库存"的模式让存货规模不断的"瘦身",减少物流和供应链过程及领域里的浪费,从而大幅度降低了汽车产业的整体生产成本,提高了经济效益和市场竞争力。

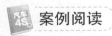
案例阅读

风神汽车有限公司

经济全球化、制造全球化、合作伙伴关系、信息技术进步以及管理思想的创新,使得竞争的方式也发生了不同寻常的转变。现在的竞争主体,已经从以往的企业与企业之间的竞争转向供应链与供应链之间的竞争。因而,在越来越激烈的竞争环境下,供应链管理(SupplyChainManagement,简称SCM)成为近年来在国内外逐渐受到重视的一种新的管理理念和管理模式,在企业管理中得到普遍应用。风神汽车有限公司就是其中一个典型范例。

风神汽车有限公司是东风汽车公司、台湾裕隆汽车制造股份有限公司(裕隆集团为我国台湾省内第一大汽车制造厂,其市场占有率高达51%,年销量20万辆)、广州京安云豹汽车有限公司等共同合资组建的,由东风汽车公司控股。在竞争日益激烈的大环境下,风神公司采用供应链管理思想和模式及其支持技术方法,取得了当年组建、当年获利的好成绩。通过供应链系统,风神汽车有限公司建立了自己的竞争优势:通过与供应商、花都工厂、襄樊工厂等企业建立战略合作伙伴关系,优化了链上成员间的协同运作管理模式,实现了合作伙伴企业之间的信息共享,促进物流通畅,提高了客户反应速度,创造了竞争中的时间和空间优势;通过设立中间仓库,实现了准时化采购,从而减少了各个环节上的库存量,避免了许多不必要的库存成本消耗;通过在全球范围内优化合作,各个节点企业将资源集中于核心业务,充分发挥其专业优势和核心能力,最大限度地减少了产品开发、生产、分销、服务的时间和空间距离,实现对客户需求的快速有效反应,大幅度缩短订货的提前期;通过战略合作充分发挥链上企业的核心竞争力,实现优势互补和资源共享,共生出更强的整体核心竞争能力与竞争优势。风神公司目前的管理模式无疑是成功有效的,值得深入研究和学习借鉴。

一、风神公司的供应链系统

供应链是围绕核心企业,通过对信息流、物流、资金流的控制,从采购原材料开始,制成中间产品以及最终产品,最后由销售网络把产品送到消费者手中的将供应商、制造商、分销商、零售商、直到最终用户连成一个整体的功能网链结构。它是一个范围更广的扩展企业结构模式，包含所有加盟的节点企业，从原材料供应开始，经过链中不同企业的制造加工、组装、分销等过程直到最终用户。它不仅是一条连接供应商到最终用户的物料链、信息链、资金链，而且是一条增值链，物料在供应链上因加工、包装、运输等过程而增加其价值，给相关企业都带来收益。

在风神供应链中，核心企业风神汽车公司总部设在深圳，生产基地设在湖北的襄樊、广东的花都和惠州。"两地生产、委托加工"的供应链组织结构模式使得公司组织结构既灵活又科学。风神供应链中所有企业得以有效的连接起来形成一体化的供应链，并和从原材料到向顾客按时交货的信息流相协调。同时，在所有供应链成员之中建立起了合作伙伴型的业务关系，促进了供应链活动的协调进行。

在风神供应链中，风神汽车公司通过自己所处的核心地位，对整个供应链的运行进行信息流和物流的协调，各节点企业（供应商、中间仓库、工厂、专营店）在需求信息的驱动下，通过供应链的职能分工与合作（供应、库存、生产、分销等），以资金流、物流或/和服务流为媒介，实现整个风神供应链不断增值。

二、风神供应链的结构特征

为了适应产品生命周期不断缩短、企业之间的合作日益复杂以及顾客的要求更加挑剔的环境，风神供应链中的供应商、产品（整车）制造商和分销商（专营店）被有机组织起来，形成了供应-生产-销售的供应链。风神的供应商包括了多家国内供应商和多家国外供应商（KD件），并且在全国各地设有多家专营店。供应商、制造商和分销商在战略、任务、资源和能力方面相互依赖，构成了十分复杂的供应-生产-销售网链。通过分析发现，风神供应链具有如下特征。

① 风神供应链的结构具有层次性。从组织边界的角度看，虽然每个业务实体都是供应链的成员，但是它们可以通过不同的组织边界体现出来。这些实体在法律上是平等的，在业务关系上是有层次的，这与产品结构的层次是一致的。

② 风神供应链的结构表现为双向性。在风神供应链的企业中，使用某一共同资源（如原材料、半成品或产品）的实体之间既相互竞争又相互合作，如襄樊和花都厂作为汽车制造厂，必然在产量、质量等很多方面存在竞争，但是在整个风神供应链运作中又是紧密合作的。花都厂为襄樊厂提供冲压件，在备件、零部件发生短缺时，相互之间又会进行协调调拨保证生产的连续性，最终保证供应链系统的整体最优。

③ 风神供应链的结构呈多级性。随着供应、生产和销售关系的复杂化，风神供应链的成员越来越多。如果把供应链网中相邻两个业务实体的关系看作一对"供应-购买"关系，对于风神供应链这样的网链结构，这种关系应该是多级的，

而且同一级涉及多个供应商和购买商。供应链的多级结构增加了供应链管理的困难，同时也为供应链的优化组合提供了基础，可以使风神公司根据市场变化随时在备选伙伴进行组合，省去了重新寻找合作伙伴的时间。

④ 风神供应链的结构是动态的。供应链的成员通过物流和信息流联结起来，但是它们之间的关系并不是一成不变的。根据风神公司战略转变和适应市场变化的需要，风神供应链中的节点企业需要动态地进行更新。而且，供应链成员之间的关系也由于顾客需求的变化而经常做出适应性的调整。

利用风神供应链的这些特征，风神公司找到了管理的重点。例如，风神公司对供应链系统进行了层次区分，确定出了主干供应链和分支供应链，在此基础上建立起了最具竞争力的一体化供应链。另外，利用供应链的多级性特征，对供应链进行等级排列，对供应商/分销商做进一步细分，进而制订出具体的供应/营销组合策略。利用供应链结构的动态性特点指导风神公司建立供应链适时修正战略，使之不断适应外部环境的变化。世界著名的耐克公司之所以取得全球化经营的成功，关键在于它卓越地分析了公司供应链的多级结构，有效地运用了供应商多级细分策略，这一点在风神公司的供应链上也得到了体现，说明充分掌握供应链的结构特征对制订恰当管理策略的重要性。

三、风神供应链的管理策略

风神供应链在结构上具有层次性、双向性、多级性、动态性和跨地域性等特点，在管理上涉及生产设计部门、计划与控制部门、采购与市场营销部门等多个业务实体，因此在实现供应链的目标、运作过程和成员类型等方面存在较大的差异。面对如此复杂的供应链系统，如何选择恰当的管理策略是非常重要的。

① 供应链核心企业的选址战略。风神汽车供应链中的核心企业设在广东的深圳，这是因为深圳有优惠的税收政策和发达的资本市场，并且可为今后的增资扩股、发行企业债券等提供财力支撑，此外，在便利的口岸、交通、技术引进及资讯便利等方面，具有无可替代的地理优势，这些都是构成风神供应链核心竞争力的要素。而位于湖北的襄樊工厂有资金、管理及技术资源的优势，广东花都具有整车组装能力，这样就形成了以深圳作为供应链中销售、财务、技术、服务及管理的枢纽，而将整车装配等生产过程放在襄樊和花都，又以襄樊和花都为中心联结起众多的上游供应商，从而可以集中公司的核心竞争力完成销售、采购等核心业务，在整个供应链中就像扁担一样扛起了襄樊、花都两大生产基地。

② 业务外包战略。风神公司"总体规划、分期吸纳、优化组合"的方式很好地体现了供应链管理中的业务外包及扩展企业思想。这种组合的优势体现在充分利用国际大平台的制造基础，根据市场需求的变化选择新的产品，并且可以最大限度降低基建投资及缩短生产准备期，同时还可以共享销售网络和市场，共同摊销研发成本、生产成本和物流成本，从而减少了供应链整体运行的总成本，最

后确保风神汽车公司能生产出最具个性化、最适合中国国情的中高档轿车，同时还具有最强的竞争力。风神公司紧紧抓住"总体规划、分期吸纳、优化组合"的核心业务，而将其他业务（如制造、仓储、物流等）外包出去。

③ 全球性资源优化配置。风神公司的技术引进战略以及 KD 件的采购战略体现了全球资源优化配置的思想。风神公司大部分的整车设计技术是由日产和我国台湾的裕隆提供的，而采购则包括了 KD 件的国外进口采购和零部件的国内采购，整车装配是在国内的花都和襄樊两个不同地方进行，销售也是在国内不同地区的专营店进行，这就实现了从国内资源整合到全球资源优化配置的供应链管理，大大增强了整个供应链的竞争能力。

④ 供应商管理库存（VMI）的管理方式。在风神供应链的运作模式中，有一点很值得学习和借鉴的就是其供应商管理库存（VendorManagedInventory，简称 VMI）的思想。关于 VMI，国外有学者认为："VMI 是一种在用户和供应商之间的合作性策略，以对双方来说都是最低的成本优化产品的可获性，在一个相互同意的目标框架下由供应商管理库存，这样的目标框架被经常性监督和修正以产生一种连续改进的环境"。风神公司的 VMI 管理策略和模式，通过与风神公司的供应商之间建立的战略性长期合作伙伴关系，打破了传统的各自为政的库存管理模式，体现了供应链的集成化管理和"双赢"思想，能更好地适应市场化的要求。VMI 是一种供应链集成化运作的决策代理模式，它把用户的库存决策权代理给供应商，由供应商代理客户行使库存管理的决策权。例如，在风神公司的采购过程中，风神公司每六个月与供应商签订一个开口合同或者闭口合同，在每个月初告诉供应商每个月的要货计划，然后供应商根据这个要货计划安排自己的生产，然后将产品运送到风神公司的中间仓库，而风神公司的装配厂只需要按照生产计划凭领料单按时到中间仓库提取产品即可，库存的消耗信息由供应商采集并及时作出补充库存的决策，实现了准时化供货，节约了库存成本，为提高整个供应链的竞争力作出了贡献。

⑤ 战略联盟的合作意识。风神公司通过业务外包的资源整合，实现了强强联合，达到了共赢的目的。通过利用全球采购供应资源和产品开发技术，以及国内第三方物流公司的优势，不仅风神汽车公司获得了投资仅一年就获利的良好开端，而且也为花都工厂、襄樊工厂以及两地中间仓库和供应商带来了巨大商机，使所有的企业都能在风神供应链中得到好的发展。风神供应链中的合作企业都已经认识到，它们已经构成了相互依存的联合体，各方都十分珍惜这种合作伙伴关系，都培育出了与合作结成长期战略联盟的意识。可以说，这种意识才是风神供应链真正的价值！

第八章

汽车电子商务安全体系

第一节 电子商务安全概述
第二节 汽车电子商务的安全技术
第三节 汽车企业电子商务安全现状
第四节 电子商务法律法规

第一节 电子商务安全概述

一、电子商务安全威胁

美国密歇根大学一个调查机构曾对 23000 名互联网用户作了一个调查，调查结果显示有超过 60％的人不愿意在网上购物，主要担心的是电子商务的安全问题。同样的调查结果显示，任何个人、商业机构或企业以及银行都不会在一个不安全的网络环境下进行商务交易，因为交易网络一旦遭到蓄意攻击，就会导致个人隐私或商业机密信息的泄漏，从而造成交易双方的潜在威胁或蒙受巨大损失。电子商务的安全威胁概括主要有以下几点。

1. 信息截获及窃取

在没有加密措施或加密强度较弱的情况下，攻击者可以利用互联网、公共电话网、搭线、电池波辐射范围内安装截收装置等方法，在数据包通过的网关和路由器上截获数据，获取机密信息，也可以通过对信息流量和流向、通信频度和长度等参数进行分析，推断出需要的信息，例如银行账号、密码及企业机密等信息。

2. 信息篡改

当蓄意攻击者掌握了网络信息格式后，通过网络技术手段对网络中传输的报文进行欺骗、拦截和修改后发往目的地，这样就破坏了传输信息的完整性。这种方式主要表现为：篡改授权，使信息变成某个未经授权的人所取得；删除部分消息；修改消息中的部分信息，让接收方对接收的信息不能很好地识别或者接收到一个错误消息。

3. 信息假冒

当攻击者掌握网络信息数据规律或解密商务信息以后，可以假冒合法用户或发送假冒信息来欺骗其他用户。主要表现为：伪造电子邮件；假冒他人身份。

4. 交易抵赖

这种方式主要表现为：发送消息者否认发送过某些信息；接收消息者否认收到过某些信息；交易中下了订单但是不承认；接收到订单后由于某些原因而不承认本次交易。

二、电子商务安全需求

通过一个完整的保障体系来规避电子商务活动中的各种风险，应该以保障网上交易的顺利进行为前提，它是电子商务安全的重要内容。从商务的角度来看，一个电子商务交易过程应该具备以下五个安全要素。

1. 机密性

机密性是指保证信息不会泄漏给非授权人或实体电子商务作为一种贸易手段，其信息是个人、企业或国家的商业机密。网络交易必须保证发送者和接受者之间交换信息的保密性，而电子商务建立在一个较为开放的网络环境上，商业保密就成为电子商务全面推广应用的重点保护对象。

2. 完整性

数据的完整性要求防止数据非授权的输入、修改、删除或破坏，保证数据的一致性、信息的完整性将影响到贸易各方的交易和经营策略，保持这种完整性是电子商务应用的基础，数据输入时的意外差错或欺诈行为可能导致贸易各方信息的差异。数据传输过程中的信息丢失、信息重发或信息传送次序的差异也会导致贸易各方信息不相同。

3. 可靠性和可用性

电子商务的可靠性直接关系到贸易双方的商业交易，可靠性既要能保证合法用户对信息资源的使用不会被不正当地拒绝，也要对网络故障、硬件故障、应用程序错误及计算机病毒所产生的潜在威胁加以控制和预防，以保障贸易数据可访问。

4. 不可抵赖性

在传统的纸质贸易中，贸易双方通过交易合同、契约或者贸易单据等书面文件，手写或者加盖印章来鉴别贸易伙伴，确定合同、契约、单据的可靠性并预防抵赖行为的发生。在无纸化的电子商务方式下，通过手写签名和印章进行贸易方的鉴别已经不可能。不可抵赖性是要求建立有效的责任机制，防止实体否认其行为在互联网上每个人都是匿名的，原发字方发送数据后不能抵赖；接收方在接收数据后也不能抵赖。

5. 有效性和真实性

有效性、真实性是指能对信息、实体的有效性、真实性进行鉴别，电子商务作为贸易的一种形式，其信息的有效性和真实性将直接关系到个人、企业和国家的经济利益和声誉。如何保证这种电子贸易信息的有效性和真实性成了经营电子商务的前提。

三、电子商务安全控制体系

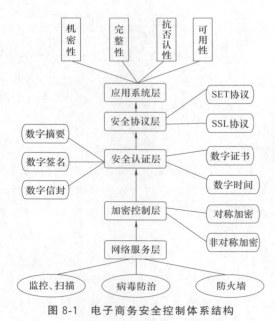

图 8-1 电子商务安全控制体系结构

由于电子商务是在开放的网上进行的贸易，大量的商务信息在计算机上存放、传输，从而形成信息传输风险、交易信用风险、管理方面的风险、法律方面的风险等各种风险，为了对付这种风险，从而形成了电子商务安全体系。

由图 8-1 可见，电子商务安全控制体系由网络服务层、加密控制层、安全认证层、安全协议层、应用系统层组成。从图中的结构层次可以看出，下层是上层的基础，为商城提供技术支持；上层是下层的扩展和递进。各个层次间相互依赖构成一个整体。通过各层控制技术的递进，实现电子商务系统的安全。

第二节 汽车电子商务的安全技术

随着 Internet 的迅速发展，电子商务已成为一种潮流，人们可以通过互联网进行网上购物、银行转账等许多商业活动。现在商业贸易、金融财务和其他经济行为中，不少已经以数字化信息的方式在网上流动着。在 21 世纪，伴随着电子商务的不断发展和普及，全球电子交易一体化将成为可能。然而，开放的信息系统必然存在众多潜在的安全隐患，黑客和反黑客、破坏和反破坏的斗争仍将继续。在这样的斗争中，安全技术作为一个独特的领域越来越受到全球网络建设者的关注。

一、网络安全技术

1. 防火墙技术和 SET 规范

防火墙技术和数据加密传输技术将继续沿用并发展，多方位的扫描监控、对后门渠道的管理、防止受病毒感染的软件和文件的传输等许多问题将得到妥善解决。未来防火墙技术会全面考虑网络的安全、操作系统的安全、应用程序的安全、用户的安全、数据的安全，五者综合应用。在产品及功能上，将摆脱目前对子网或内部网管理方式的依赖，向远程上网集中管理方式发展，并逐渐具备强大的病毒扫除功能；适应IP加密的需求，开发新型安全协议，建立专用网（VPN）；推广单向防火墙；增强对网络攻击的检测和预警功能；完善安全管理工具，特别是可疑活动的日志分析工具，这是新一代防火墙在编程技术上的革新。

理论上，防火墙就是指设置在不同网络（如可信任的企业内部网和不可信任的公共网）或网络安全域之间的一系列部件的组合。在逻辑上它是一个限制器，也是一个分析器，能有效地监控内部网和Internet之间的活动，保证内部网络的安全。由于硬件技术的进步，基于高速Internet上的新一代防火墙，还将更加注重发挥全网的效能，安全策略会更加明晰化、合理化、规范化。技术的进步将进一步减少时延、提高网络效能。

2. 生物识别技术

人类在追寻文档、交易及物品的安全保护的有效性与方便性经历了三个阶段的发展。第一阶段也就是最初的方法，是采用大家早已熟悉的各种机械钥匙。第二阶段是由机械钥匙发展到数字密钥，如登录上网的个人密码（Password）以及使用银行自动提款机所需的身份识别码（PIN-PersonalIdentificationNumber）、身份证（IDCards）或条形码等，它是当今数字化生活中较为流行的一种安全密钥系统。第三阶段，一种更加便捷、先进的信息安全技术将全球带进了电子商务时代，它就是集光学、传感技术、超声波扫描和计算机技术于一身的第三代身份验证技术——生物识别技术。

生物识别技术是依靠人体的身体特征来进行身份验证的一种解决方案，由于人体具有不可复制的特性，这一技术的安全系数较传统意义上的身份验证机制有很大的提高。人体的生物特征包括指纹、声音、面孔、视网膜、掌纹、骨架等，而其中指纹凭借其无可比拟的唯一性、稳定性、再生性倍受关注。

20世纪60年代，计算机可以有效地处理图形，人们开始着手研究用计算机来处理指纹，自动指纹识别系统AFIS由此发展开来。AFIS是当今数字生活中一套成功的身份鉴别系统，也是未来生物识别技术的主流之一，它通过外设来获取指纹的数字图像并存储在计算机系统中，再运用先进的滤波、图像二值化、细化手段对数字图像提取特征，最后使用复杂的匹配算法对指纹特征进行匹配。时下，有关指纹自动识别的研究已进入了成熟的阶段。随着指纹识别产品的不断开发和生产，未来该项技术的应用将进入民用市场，服务大众。

3. 加密及数字签名技术

加密技术的出现为全球电子商务提供了保证，从而使基于Internet上的电子交易系统成为了可能，因此完善的对称加密和非对称加密技术仍是 21 世纪的主流。对称加密是常规的以口令为基础的技术，加密运算与解密运算使用同样的密钥。

不对称加密，即"公开密钥密码体制"，其中加密密钥不同于解密密钥，加密密钥公之于众，谁都可以用，解密密钥只有解密人自己知道，分别称为"公开密钥"和"秘密密钥"。

目前，广为采用的一种对称加密方式是数据加密标准（DES），DES 对 64 位二进制数据加密，产生 64 位密文数据，实际密钥长度为 56 位（有 8 位用于奇偶校验，解密时的过程和加密时相似，但密钥的顺序正好相反），这个标准由美国国家安全局和国家标准与技术局来管理。

DES 的成功应用是在银行业中的电子资金转账（EFT）领域中。现在 DES 也可由硬件实现，AT&T 首先用 LSI 芯片实现了 DES 的全部工作模式，该产品称为数据加密处理机 DEP。另一个系统是国际数据加密算法（IDEA），它比 DES 的加密性好，而且计算机功能也不需要那么强。在未来，它的应用将被推广到各个领域。IDEA 加密标准由 PGP（Pretty Good Privacy）系统使用，PGP 是一种可以为普通电子邮件用户提供加密、解密方案的安全系统。在 PGP 系统中，使用 IDEA（分组长度 128bit）、RSA（用于数字签名、密钥管理）、MD5（用于数据压缩）算法，它不但可以对邮件保密以防止非授权者阅读，还能对邮件加以数字签名从而使收信人确信邮件是由你发出。

4. 网络认证技术

网络认证技术的设计目标是通过密钥系统为客户机/服务器应用程序提供强大的认证服务。Kerberos 是一种网络认证协议，其设计目标是通过密钥系统为客户机/服务器应用程序提供强大的认证服务。该认证过程的实现不依赖于主机操作系统的认证，无需基于主机地址的信任，不要求网络上所有主机的物理安全，并假定网络上传送的数据包可以被任意地读取、修改和插入数据。在以上情况下，Kerberos 作为一种可信任的第三方认证服务，是通过传统的密码技术（如：共享密钥）执行认证服务的。

二、电子商务的安全协议

电子商务协议是为了完成电子商务活动而设计的协议。而所谓协议（Protocol），就是两个或两个以上的参与者为完成某项特定的任务而采取的一系列步骤。目前，得到广泛应用的电子商务协议有安全套接层协议 SSL（SecureSocketLayer）、安全电子交易协议 SET（SecureElectronicTransaction）。

1. 安全套接层协议 SSL

SSL 协议是由网景公司 1994 年推出的一种安全通信协议，其主要目的就是要解决互联网上信息传输的安全问题。因为它实施起来比较简单，对现有网络系统的修改也不是太大，再加上它的速度快、成本低等优点，使它在目前得到广泛的应用。安全套接层协议（SSL）运用密钥技术来保证数据的完整性和机密性。在运用过程中，发送方用接收方的公钥将所要发送的信息加密之后再进行传送，而接收方利用私钥进行解密之后来获取信息。这样一来，即使信息被窃取，因为没有解密的密钥，也是没有办法获取可读信息的。通过这种方式 SSL 充分保证了用户所输入的信用卡号码和其他信息只会由向他提供服务的商家所获取。

（1）SSL 协议提供的安全连接的基本特点

① 连接是保密的，对于每一个连接都有一个唯一的会话密钥，采用对称密码体制（如 DES 等）来加密数据。

② 连接是可靠的，消息的传输采用信息验证算法（如 SHE）进行完整性检验。

③ 对端实体的鉴别采用非对称密码体制进行认证。

（2）SSL 协议提供的服务

① 用户和服务器的合法性认证。其使得用户和服务器能够确信数据将被发送到正确的客户机和服务器上。客户机和服务器都有各自的识别号，有公开密钥进行编排，为了验证用户是否合法，SSL 要求在握手交换数据时进行数字认证，以此来确保用户的合法性。

② 加密数据以隐藏被传送的数据。SSL 协议所采用的加密技术既有对称密钥技术，也有公开密钥技术。具体而言，在客户机与服务器进行数据交换之前，交换 SSL 初始握手信息，在 SSL 握手信息中采用了各种加密技术对其加密，以保障其机密性和数据的完整性，并用数字证书进行鉴别。这样就可以防止非法用户进行破译。

③ 保护数据的完整性。SSL 协议采用 Hash 函数和机密共享的方法来提供信息的完整性服务，建立客户机与服务器之间的安全通道，使所有经过 SSL 处理的业务在传输过程中都能完整准确地到达目的地。

2. 安全电子交易协议 SET

（1）SET 协议概述

安全电子交易协议（Secure Electronic Transaction，简称 SET）是由威士（VISA）国际组织、万事达（MasterCard）国际组织创建，结合 IBM、Microsoft、Netscope、GTE 等公司制定的电子商务中安全电子交易的一个国际标准。安全电子交易协议 SET 是一种应用于因特网（Internet）环境下，以信用卡为基础的安全电子交付协议，它给出了一套电子交易的过程规范。通过 SET 协议可以实现电子商务交易中的加密、认证、密钥管理机制等，保证了在因特网上使用信用卡进行在线购物的安全。

其主要目的是解决信用卡电子付款的安全保障性问题,这包括:保证信息的机密性,保证信息安全传输,不能被窃听,只有收件人才能得到和解密信息;保证支付信息的完整性,保证传输数据完整接收,在中途不被篡改;认证商家和客户,验证公共网络上进行交易活动包括会计机构的设置、会计人员的配备及其职责权利的履行和会计法规、制度的制定与实施等内容。合理、有效地组织会计工作,意义重大,它有助于提高会计信息质量,执行国家财经纪律和有关规定;有助于提高经济效益,优化资源配置。会计工作的组织必须合法合规。必须建立完善的内部控制制度,必须有强有力的组织保证。

(2) SET 协议工作过程

基于 SET 的购物处理流程如图 8-2 所示。

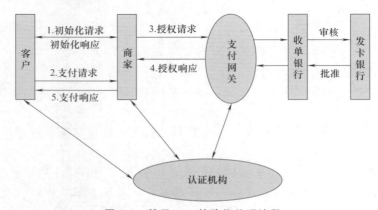

图 8-2 基于 SET 的购物处理流程

从图中可以看到 SET 协议工作过程如下。

① 消费者利用自己的 PC 机通过因特网选定所要购买的物品,并在计算机上输入订货单,订货单上需包括在线商店、购买物品名称及数量、交货时间及地点等相关信息。

② 通过电子商务服务器与有关在线商店联系,在线商店作出应答,告诉消费者所填订货单的货物单价、应付款数、交货方式等信息是否准确,是否有变化。

③ 消费者选择付款方式,确认订单签发付款指令。此时 SET 开始介入。

④ 在 SET 中,消费者必须对订单和付款指令进行数字签名,同时利用双重签名技术保证商家看不到消费者的账号信息。

⑤ 在线商店接受订单后,向消费者所在银行请求支付认可。信息通过支付网关到收单银行,再到电子货币发行公司确认。批准交易后,返回确认信息给在线商店。

⑥ 在线商店发送订单确认信息给消费者。消费者端软件可记录交易日志,

以备将来查询。

⑦ 在线商店发送货物或提供服务并通知收单银行将钱从消费者的账号转移到商店账号,或通知发卡银行请求支付。在认证操作和支付操作中间一般会有一个时间间隔,例如,在每天的下班前请求银行结一天的账。

前两步与 SET 无关,从第三步开始 SET 起作用,一直到第六步,在处理过程中通信协议、请求信息的格式、数据类型的定义等 SET 都有明确的规定。在操作的每一步,消费者、在线商店、支付网关都通过 CA(认证中心)来验证通信主体的身份,以确保通信的对方不是冒名顶替,所以,也可以简单地认为 SET 规格充分发挥了认证中心的作用,以维护在任何开放网络上的电子商务参与者所提供信息的真实性和保密性。

第三节 汽车企业电子商务安全现状

一、安全现状

在经济与贸易全球化的时代,电子商务成为一种崭新的商务手段,是一切经济活动不可缺少的部分,并且在世界范围内得到了广泛的发展及应用。越来越多的汽车生产厂家已经意识到以信息化、网络化、全球化为主要特征的新经济不可逆转,企业信息化发展将是必由之路。一时之间,各种各样的汽车商业网站冒了出来。

信用与安全保障是汽车电子商务安全不可忽视的问题。关于信用问题,汽车 B2B 业务面对的汽车零配件厂、汽车经销商都是与汽车整车厂有着长期贸易关系的伙伴,可以通过以往的交易记录,对其进行信用等级的评定,有效降低和控制贸易风险。B2C 业务面对成千上万的个人用户,而我国目前还没有建立起完善的信用体系,很难对个人信用进行评定分析,存在很大的交易风险。对于在线支付问题,因为 B2B 的业务次数少、批量大、交易额高的特点,它可以采用银行专线网络支付,从而避开了在线支付。相反,因为 B2C 的业务批次大、批量小、交易额低的特点,使其不可避免地频繁进行在线支付。因此目前针对汽车行业,B2B 较 B2C 有安全和信用上的优势。

二、存在的问题

根据调查,目前汽车电子商务的主要安全问题有:计算机网络安全、商品品质问题、商家的诚信、货款的支付、商品递送、买卖纠纷处理、网站售后服务。以上问题可以归结为计算机网络安全和商务交易安全。计算机网络安全和商务交易安全是密不可分的，两者相辅相成，缺一不可。电子商务一个重要的特点便是通过IT技术来传输和处理商业信息，没有计算机网络安全作为基础，商务交易安全便无从谈起。但是如果没有商务交易安全作为保障，计算机网络再安全都无法达到电子商务的所有要求。

① 密码安全问题。在汽车电子商务的交易过程中必然会涉及到账户密码安全问题，大部分公司和个人受到网络攻击的主要原因是密码政策管理不善。大多数用户使用的密码都是字典中可查到的普通单词姓名或者其他简单的密码。有86%的用户在所有网站上使用的都是同一个密码或者有限的几个密码。许多攻击者还会直接使用软件强力破解一些安全性弱的密码。一旦账户密码被盗取或破译，很可能给企业带来很大的经济损失。

② 网络病毒、木马问题。在经济利益的驱使下，网络上各种病毒木马层出不穷，现今流行的很多木马病毒都是专门用于窃取网上银行密码而编制的。木马会监视IE浏览器正在访问的网页，如果发现用户正在登录个人银行，直接记录键盘输入的账号、密码，或者弹出伪造的登录对话框，诱骗用户输入登录密码和支付密码，然后通过邮件将窃取的信息发送出去。

③ 钓鱼平台。"网络钓鱼"攻击者利用欺骗性的电子邮件和伪造的Web站点来进行诈骗活动，如将自己伪装成知名银行、在线零售商和信用卡公司等可信的品牌。受骗者往往会泄露自己的财务数据，如信用卡号、账户号和口令等。因此，在登录支付资金时，应注意：一是确认该网是否是官方网站，二是仔细核对该网的域名是否正确，三是保证良好的上网习惯，收藏常用的网址，减少网上链接。

④ 硬件数字认证。在电子商务体系构建的过渡时期，道高一尺，魔高一丈。各类病毒层出不穷，木马也在天天更新，今天这种技术安全，明天就不一定安全。因此，数字证书的引入是在线支付安全问题的最终解决方案之一。网上支付不安全，选择网下加以弥补。

以工商银行2003年推出并获得国家专利的客户证书USBkey（U盾）为例。从技术角度看，U盾是用于网上银行电子签名和数字认证的工具，它内置微型智能卡处理器，采用1024位非对称密钥算法对数据进行加密、解密和数字签名，确保网上交易的保密性、真实性、完整性和不可否认性。它顺利地解决了当前网银密码泄漏的问题。有了硬件数字证书的应用，即使密码泄漏了，没有证书，黑客还是不能够使用该账户。

三、安全策略

汽车电子商务要真正成为汽车行业的一种主导的商务模式,就必须从以下几个方面来完善配套措施:

① 尽快推动电子商务的有关细则进行立法;

② 为了确保系统的安全性,除了采用技术手段外,还必须建立严格的内部安全机制;

③ 不断推进网上银行交易的法规建设,并适时调整银行和消费者之间的权利义务关系,强化银行的审查义务和追偿义务,保障消费者财产安全。

安全实际上就是一种风险管理。任何技术手段都不能保证100%的安全。但是,安全技术可以降低系统遭到破坏、攻击的风险。决定采用什么安全策略取决于系统的风险要控制在什么程度范围内。电子商务的安全运行必须从多方面入手,仅在技术角度防范是远远不够的。安全只是相对的,而不是绝对的。因此,为进一步促进电子商务体系的完善和行业的健康快速发展,必须在实际运用中解决电子商务中出现的各类问题,使电子商务系统相对更安全。

第四节 电子商务法律法规

一、电子商务法概述

电子商务法是指,调整电子商务活动中所产生的各类社会关系的法律规范的总和。

1. 电子商务法的调整对象

电子商务法的调整对象是电子商务活动中所产生的各类社会关系。主要包括:

① 交易主体之间的社会关系。这里所称的"交易主体"是指,利用数据电文从事商业活动的当事人,包括商品或服务的提供者,以及商品或服务的接受者。

② 交易主体与提供数据电文服务的中间人之间的社会关系。这里所称的"中间人"是指代表交易一方发送、接收或储存数据电文或为数据电文提供其他服务的人。

③ 提供数据电文服务的中间人与政府监管部门之间的社会关系。

2. 电子商务法的调整范围

电子商务活动的整个过程，包括在信息流、物流、资金流过程中所产生的社会关系都属于电子商务法的调整范围。电子商务法对电子商务活动过程中所产生的各类社会关系的调整，主要是为了解决以下问题。

① 确认交易双方的身份。因为电子商务的一个显著特点就是交易双方所进行的并不是面对面交易，交易双方可能从未谋面，因而确定交易双方的真实身份，对于维护交易秩序、保障交易双方的利益、避免欺诈行为的发生就显得十分重要，这也必然成为电子商务法所要解决的首要问题。

② 确认交易双方的交易内容。电子商务的另一个特点就是，交易谈判和合同的订立全部或部分地通过数据电文的形式进行，无纸化或少纸化是电子商务的一个重要特征，如何保证交易双方所达成的以数据电文形式进行储存的交易内容能够被查询，并且不能够被任意修改，以保证交易内容的确定性，是电子商务法所要解决的另一个重要问题。

③ 保证交易行为的合法、安全、有序。在电子商务活动中，数据电文的使用是必不可少的，而数据电文的生成、发送、接收和储存需要专门的技术设备和技术手段，有着很强的技术性。电子商务的交易主体与提供数据电文服务的中间人之间在技术层面是完全不对等的，因此在电子商务活动中，就需要政府监管部门介入进来，以对提供数据电文服务的中间人进行严格监管，以保证中间人不会利用自身的技术优势来损害电子商务交易主体的利益，从而为电子商务活动提供一个合法、安全、有序的交易环境。

二、电子商务法的特点

电子商务法是针对不同于传统交易方式的电子商务所制定的法律、法规。其具有如下特征。

① 技术性。由于电子商务涉及到数据电文的制作、发送、交换、储存等问题带有很强的技术性特征，作为调整电子商务活动过程中所产生社会关系的电子商务法，必然也带有技术性的特征。

② 安全性。电子商务比传统交易方式更加便捷、高效，但由于各种技术漏洞的存在，其也比传统交易方式面临更大的安全风险，因而，电子商务法的立法目的，就是为了尽最大可能保证电子商务活动的安全、有序进行。强调和确保安全必然是电子商务法的另一重要特征。

③ 复合性。由于电子商务法具有私法和公法的双重性质，因而电子商务法必然具有复合性的特征，即其中既有调整平等主体间社会关系的私法内容，也有调整政府监管部门与被监管对象关系社会关系的公法内容。

④ 开放性。电子商务法还在不断的发展中，必须以开放的态度对待任何技

术与信息媒介，设立开放型的规范，让所有有利于电子商务发展的设想和技巧都能容纳进来。

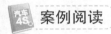 **案例阅读**

新加坡共享单车遭黑客入侵用户个人信息已被泄露

新加坡共享单车 Obike 日前被曝出在全球范围内遭遇了黑客入侵事件，新加坡、悉尼或伦敦的 Obike 用户的个人信息很可能已被泄露。报道称，该入侵事件至少持续了两周时间，许多用户的个人信息，包括姓名、联系方式、照片和地址等已被泄露到互联网上。

到目前为止，此次黑客入侵事件的确切时间尚不清楚，但有中国台湾的安全专家称，他们今年6月就发现了相关泄密信息，并告知给 Obike 公司，但并未得到 Obike 的回复。

此次入侵事件影响了 Obike 在全球范围内的用户。当前，Obike 的业务已拓展到亚太、欧洲和英国的多座城市。

对此，Obike 公司一发言人称："我们已经意识到该问题，并立即采取了行动以解决该问题。此次入侵事件仅影响了我们的一小部分用户，被曝光的个人数据也仅限于用户的姓名、电子信箱和手机号码。我们的应用（App）并不存储用户的信用卡账号或密码等信息。"

该发言人还称，黑客利用了"我们应用编程界面（API）中的一个安全漏洞"。如今，Obike 已经关闭了该 API，并增加了额外的保护程序。

不久前，打车服务公司 Uber 也曝出用户信息泄露事件。去年10月，5700万 Uber 用户和司机的个人信息被泄露。为遮掩此事，Uber 还向黑客交纳了10万美元的赎金。

资料来源：《新加坡共享单车遭黑客入侵用户个人信息已被泄露》，中国电子商务研究中心，http：//www.100ec.cn/，2017年12月8日。

思考：

个人用户如何保证电子商务活动安全？企业用户如何保障电子商务活动安全？

随着电子商务的迅猛发展，越来越多的人参与到电子商务活动中来，已经成为我们快捷生活的一部分。然而，计算机病毒、木马、钓鱼网站及黑客入侵的不断出现，直接影响着电子商务交易，给个人及电子商务企业带来了不少损失，同时也降低了网上交易的信赖度。因此，电子商务安全成为全球最关注的问题之一，如何确保交易安全、个人信息安全及网上支付安全等成为了必须要解决的

第八章　汽车电子商务安全体系

问题。

周鸿祎：网络战已无时不在各国应共建网络安全命运共同体

随着网络技术的迅猛发展，每一个现代人的生活都被笼罩在巨大的网络空间之内，高度依赖网络的正常运转。如果网络中存在任何隐患，一旦爆发就是牵一发而动全身的事，受到冲击的已经不再是某个地区、某个国家，而是全球范围。

近日，360董事长周鸿祎在接受凤凰卫视《领航者》栏目采访时，再次谈到了全球网络安全问题。周鸿祎表示："世界各国政府应该及时制订网络安全方面的共同准则，形成一个网络安全命运共同体，共同打击网络犯罪，打击网络恐怖主义。"

相信大家还没有忘记，就在今年5月，一款名为WannaCry的勒索病毒从欧洲爆发，并蔓延至全球。这种病毒被认为是利用了美国国家安全局的程序漏洞，从而对全球运行Windows系统的计算机发起攻击，波及150多个国家，造成的损失高达80亿美元。

周鸿祎表示，勒索病毒的出现就像是打开了一个潘多拉盒子，它展示了网络武器的威力。过去传统的病毒可能只是"骚扰"你一下，但现在的网络武器可以影响到整个社会的基础服务正常运转。譬如医院的电脑遭到病毒攻击后，本来要做手术的病人无法如期进行，可能就要面临生命危险；再比如机场的电脑遭到攻击，那么大家的订票、出行以及整个交通枢纽都会出现故障，社会秩序被严重扰乱。

在周鸿祎看来，表面上看WannaCry只是一个计算机病毒，但它实际上是美国国家安全局泄露的网络武器。而它本身可能只是美国网络武器库中很微不足道的一个武器，这间接说明美国在网络武器，特别是攻击武器这方面，已经实现了平台化、系统化、专业化、自动化的能力。很多国家也可能因此会意识到自己在网络攻击上的不足，从而展开网络武器的军备竞赛。

"你可以把这次勒索病毒的攻击看成是一次全球网络战的小规模预演。"周鸿祎进一步解释，事实上，犯罪分子除了针对个别电脑网络发起攻击之外，还会针对国家发起网络攻击，网络战已经是无时不在。

面对复杂的网络安全局势，周鸿祎强调，世界各国政府应该制订网络安全方面的共同准则，深化网络空间国际合作，形成一个网络安全命运共同体，共同打击网络犯罪，打击网络恐怖主义。"否则，网络武器的失控比传统武器的失控更容易被不法者掌握，进而形成新的恐怖主义。"（来源：中国经济网）

参 考 文 献

[1] 张耀武. 汽车电子商务. 第2版. 武汉：武汉理工大学出版社，2016.
[2] 张露，张宏. 汽车电子商务. 第3版. 北京：人民交通出版社，2018.
[3] 李洋. 汽车电子商务. 北京：人民交通出版社，2017.
[4] 易传识网络科技. 跨境电商：多平台运营. 北京：电子工业出版社，2015.
[5] 吴泗宗. 汽车电子商务. 北京：机械工业出版社，2007.
[6] 杨坚争等. 电子商务企业模式创新典型案例分析. 北京：中国商务出版社，2018.
[7] 于立新. 跨境电子商务理论与实务. 北京：首都经济贸易大学出版社，2017.
[8] 叶琼伟，孙细明，罗裕梅等. 互联网＋电子商务创新与案例研究. 北京：化学工业出版社，2017.
[9] 黎帝兴. 跨境电子商务. 北京：科学出版社，2017.
[10] 肖旭. 跨境电商实务. 北京：中国人民大学出版社，2015.
[11] 宋润生. 汽车营销基础与实务. 广州：华南理工大学出版社，2013.
[12] 毕思勇. 市场营销. 北京：高等教育出版社，2014.